한 권으로 읽는
아프리카
현대의 정치, 경제, 사회, 문화

헤더 디건 지음 | 김현권·김학수·송정은 옮김

지식의날개

한 권으로 읽는 아프리카

-현대의 정치, 경제, 사회, 문화

지은이 / 헤더 디건
옮긴이 / 김현권 · 김학수 · 송정은
펴낸이 / 이동국
펴낸곳 / 한국방송통신대학교출판문화원
　　　　주소　서울특별시 종로구 이화장길 54 (110-500)
　　　　대표전화　1644-1232　팩스 (02)741-4570
　　　　http://press.knou.ac.kr
　　　　출판등록　1982. 6. 7. 제1-491호

초판 1쇄 펴낸날 / 2015년 7월 25일

책값은 뒤표지에 있습니다.

ISBN 978-89-20-01639-4　03930

출판위원장 / 권수열
편집 / 전준섭 · 김경민
편집 디자인 / 홍익 m&b
표지 디자인 / 최원혁

Africa Today

Culture, economics, religion, security

Copyright ⓒ 2009 Heather Deegan
All rights reserved.
Authorized translation from the English language edition published by
Routeledge, a member of the Taylor & Francis Group
Korean translation copyright ⓒ 2015 by Korea National Open University Press
Korean translation rights arranged with Taylor & Francis Group through
EYA(Eric Yang Agency).

옮긴이 서문

'아프리카 문제'는 '우리 문제'

오늘날의 아프리카(*Africa Today*, 이 책의 원제)는 우리가 이 책을 읽고 있는 순간에도 변화하고 있다. '오늘의 아프리카'는 '어-제의 아프리카'가 되고, '내일의 아프리카'를 조명하는 한 단계에 불과하게 된다.

우리가 지식으로 아는 아프리카, 경험으로 아는 아프리카, 현실의 아프리카 사이에는 언제나 커다란 차이가 있어 왔다. 아프리카에 대한 이해의 출발로서, 경험을 위한 올바른 지표로서, 올바른 관계의 설정을 위한 바탕으로서 이 책을 읽고 토론하고 번역하였다.

소위 '아프리카 문제(African problem)'를 인식하는 입문으로서 이 책은 아프리카 대륙이 안고 있는 다양한 문제를 주제별로 개괄한 것이다. 문화, 경제, 종교, 안보라는 대주제 아래에 이와 밀접하게 관련된 세부 주제를 다루고 있다. 여기에서 다루는 세부 주제, 즉 민주주의, 이슬람교, 개발, 부패, 분쟁, 테러 등은 모두가 서로 밀접하게 뒤엉켜 있다. 또한 이들 주제가 다루는 현상과 사태의 그 근저에서 아프리카의 언어, 역사, 인종·부족, 문화, 제도, 환경과도 밀접한 연관성을 지닌다. 따라서 사회적·정치적·경세적 현상으로 드러나는 사건과 사태가 실은 서로 관계가 있고, 더 다양한 저변 요인의 맥락 속에 있다고 할 수 있다. 이러한 인식틀과 이들 각 요인과 맥락에 대한 이해 없이는 다루고 있는 주제를 본질적으로 정확하게 알기 어렵다는 것이 '아프리카 문제'의 특징이라고 할 수 있다.

이 책은 두 가지 장점을 지닌다. 첫째, 주제별 접근을 함으로써 특정 주제가 부각하는 아프리카 문제를 민감하게 인지하도록 한 점이다. 이러한 주제 하나하나가 모두 전문 영역에 속하는 것으로서 각 분야의 전문가를 우리나라에서 찾기는 어려운 실정이다. 둘째, 각 주제에 대한 논의에 더하여 사례와 통계 분석을 함으로써 자칫 현실에서 괴리되어 관념적이기 쉬운 내용을 현실적 감각으로 처리한 점이다. 여기서 일부 통계가 최신 자료가 아닌 것은 다소 아쉬운 점이다.

이 책을 읽고 토론하는 과정에서 아프리카의 문제가 곧 우리가 당면한 '한국의 문제'라고 인식하였다. 예컨대 조선의 역사와 전통, 일본의 식민지배, 열강의 세력 경쟁에 따른 내전과 난민 및 강제이주자(IDP), 독재, 개발, 민주주의, 산업화, 부패, 안보 등의 문제가 있고, 비록 인종, 종교, 테러의 문제가 부상되지는 않았지만 분단, 지역과 이념의 소모적 분쟁, 정치의 후진성과 사유화, 경제의 극단적 사유화로 인한 빈부 양극화, 엘리트 지배, 환경 파괴, 오염 등의 문제가 이를 대신하고 있거나 비슷한 양상을 보이고 있다. 이러한 면에서 '아프리카 문제'는 곧 '우리 문제'라는 공동체적 인식과 이해의 기반 위에서 대아프리카 접근전략을 다각도로 짜는 것이 중요하다.

또한 21세기의 100년을 생각한다면, 한반도의 통일과 아프리카 문제는 별개의 사안이 아니다. 왜냐하면 북한은 현재 아프리카가 당면한 문제를 그대로 안고 있기 때문이다. 빈곤, 질병, 기아, 보건, 테러, 안보, 독재, 개발, 이념 등의 문제는 북한 이해에도 그대로 적용되며, 통일 이후에 나타날 문제의 상당 부분도 아프리카에서 엿볼 수 있다.

아프리카를 다면적으로 알고 이해할 수 있는 한국어 입문서와 전문서가 별로 없는 상황에서 이 책은 밀물처럼 밀려오는 아프리카 현상에 대한 접근과 전략의 시급성과 거시성을 감안할 때 그 중요성과 의의를 지닌다. 이 책이 아프리카 문제를 실질적으로 이해하는 데 조금이나마 도움이 되기를 기대한다.

지은이 서문

세계가 우려하는 아프리카 문제의 오늘

오늘날의 아프리카에 관한 책을 쓰는 이유는 무엇일까? 그동안 수많은 학자가 학술서와 명저를 통해 큰 찬사를 받으며 아프리카 대륙의 인류학, 역사, 개발, 사회정치적 환경과 국제관계를 분석해 왔다. 그렇다면 현재의 아프리카와 관련해서 중요한 것은 무엇일까? 또한 현안을 인정하고 이해하는 것이 중요한 이유는 무엇일까? 9·11 테러 이후 세계 정세 속에서 아프리카는 정치, 종교, 안보 문제가 서로 뒤섞인 가운데 점차 관심을 끌면서 국제 문제의 기로에 서 있다. 유엔 차원에서 평화와 안보에 대한 아프리카의 시각을 주목하고 있고, 미국의 새천년개발목표는 더 높은 수준의 책임과 투명성에 입각한 분쟁 해결과 굿 거버넌스(善政, good governance)를 강조하고 있다. 그러나 아프리카 대륙은 다음과 같은 점에서 균형을 잃고 있다. 몇몇 국가는 높은 수준의 신뢰와 안정성을 갖춘 반면, 또 다른 국가는 전쟁의 수렁에 빠져 있거나 종교·종족 분열에 휘말려 있다. 최근 몇 년 사이에 이슬람이 급격하게 팽창하면서 테러 행위가 발생했고, 알키에디 동조자와 일부 국가, 정치 엘리트 사이에 연계가 이루어졌다. 따라서 현재뿐 아니라 다가올 미래에 여러 아프리카 국가가 심각한 도전에 직면하고, 이러한 문제가 국제사회에도 상당한 우려를 안겨 줄 것은 분명하다.

『한 권으로 읽는 아프리카(*Africa Today*)』는 아프리카 대륙이 당면한 긴급 현안을 분석한 책이다. 각 장의 주제는 조화를 이루면서 구조적으로 서로 연관되어 있고, 중요한 여러 관심 분야를 분석하고 있다. 이 책은 비록 저자의 경험적 연구에 바탕을 두고 있지만, 한편으로는 사안을 더욱 폭넓은 논의의 맥락 속에 집어넣고자 했다. 따라서 각 장은 기본적으로 특정 주제에 초점을 두지만, 특별 분석을 위해 별도로 선택한 분야도 다룬다. 마찬가지로 몇 가지 특정 사례연구도 제시하였는데, 이 사례연구에서 독자는 관련 사안에 관한 심층적 관점을 보게 될 것이다. 이 사례연구의 목적은 관련 내용의 중요성을 강조하고, 이에 대한 정보를 제공하는 것이다.

제1장은 아프리카의 과거와 현재를 간략하게 고찰함으로써 어제와 오늘을 계속해서 이어 주는 주제를 간추렸다. 제2장은 종교가 아프리카 대륙에 어떤 영향을 미치는지 살펴보고, 사례연구로 북부 나이지리아의 카노에서 벌어진 이슬람교도와 기독교도 간의 충돌을 다룬다. 아프리카 내에서 이슬람의 세력은 막강하며, 이 장은 이슬람과 법, 사회에 대한 담론을 집중적으로 분석한다.

제3장의 주제는 개발로서, 이 문제는 아프리카인의 생활과 삶의 기회에 여전히 중요한 요인으로 남아 있다. 아프리카 대륙의 민주적 환경이 제4장의 주제이며, 제5장은 성(gender) 문제를 다룬다. 일반적으로 알려진 바와 같이 아프리카 여성이 부당하고 불리한 처지에 놓여 있다는 점에서 성은 오늘날 이 대륙의 중요한 사안이다. 게다가 여성은 '가난이 여성의 얼굴을 하고 있다(Poverty wears a female's face)'는 부담까지 안고 있다. 제6장은 엘리트를 둘러싼 문제와 사회에서 쉽게 근절되지 않을 것으로 보이는 부패를 주제로 다룬다. 제7장의 주제는 날이 갈수록 시급해지는 서로 얽혀 있는 두 가지 관심사인 질병과 인간안보이다.

분쟁과 무기, 재건에 관한 연구를 포함하지 않고 오늘날의 아프리카에 대한 책을 쓸 수는 없을 것이다. 따라서 제8장은 전쟁과 폭력이 미치는 영향에 초점을 맞춘다. 이 장은 또한 과거 11년간 전쟁에 시달렸지만, 현재는 발전의 길을 모색하는 시에라리온의 사례연구를 담고 있다. 제8장의 특별 분석 편에서는 수단의 다르푸르 사태를 주제로 삼아 그 분쟁의 궤적을 살펴본다. 테러 행위를 다루는 제9장에서는 특히 이 문제가 아프리카와 국제사회를 얼마나 우려하게 하는지를 고찰한다. 장마다 주제가 특별하고 다르지만, 각 주제는 서로 연관되어 있다. 이 문제는 마지막 제10장 결론에서 다룬다.

이 책 『한 권으로 읽는 아프리카』는 저자가 1990년대 초부터 아프리카에서 수행해 온 현지조사가 없었더라면 출간이 불가능했을 것이다. 이에 저자는 이 과정에서 귀중한 시간을 내어 각종 정보와 인터뷰, 자료를 제공하고 도와주신 모든 분께 감사의 마음을 전한다. 마지막으로, 이 책에 제시한 관점과 시각은 저자 개인의 것임을 밝힌다.

차례

아프리카 국가 지도

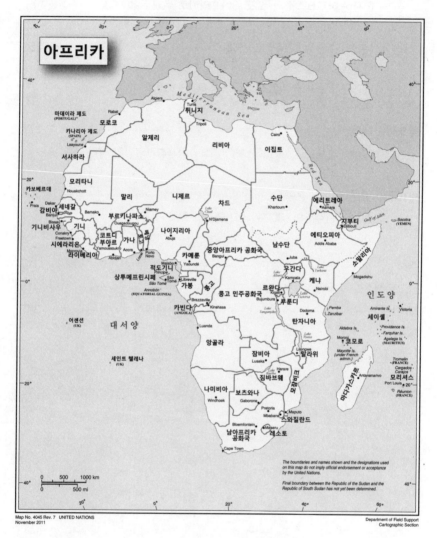

제 **1** 장
어제와 오늘

과거를 돌아봄

10여 년 전 나미비아 출신의 말솜씨 좋은 한 지식인이 어떤 결과가 나오든 간에 더 많은 **아프리카 속성**(africanness)을 아프리카에 돌려주어야 한다고 호소했다(Diescho 1995). 그러면 **아프리카 속성**이란 무엇일까? 다양한 아프리카 문화 사이의 차이를 초월하는 아프리카의 정체성이란 것이 과연 있는 것일까? 아니면 어떤 지배 형태나 다른 지배 형태가 규정해 온 것들을 넘어서는 공통 특징은 있을까? 요컨대, 아프리카를 구분하는 요인이 하나로 묶는 요인보다 더 많은 걸까? 어려운 문제이고, 이에 대한 가능한 답은 특정 관점과 기간에 따라 다를 것이다. 크게 볼 때 아프리카의 역사는 다양하며, 수천 년 전까지 거슬러 올라간다. 북아프리카는 고대 유물로 넘쳐나며, 아프리카의 다른 나라들에서도 고대 건축물과 공예품을 찾아볼 수 있다. 수단에는 피라미드를 비롯한 여러 고고학 유적이 남아 있는데, 만약 이 나라가 평화로운 상태였다면 많은 관광객과 여행자가 이러한 유적을 방문했을 것이다. 특히 656년 아랍제국이 그들의 정복지를 확장한 이래 식민시대 이전까지 아프리카와 중동 사이에는 강한 유대관계가 있었다. 무역과 이민족 간의 결혼, 개종 등을 통하여 이슬람은 사하라 이남 지역으로 퍼져나갔다.[1] 바야르(Jean-François Bayart)의 말을 빌리자면, 이는 초지역적 종교운동으로서 "강력한 사회적 친교 수단"이었다. 한마디로 "지역 공동체 간의 동화과정"이 생겨난 것이다(Bayart 1992 : 177).

　　15세기에 포르투갈인의 탐험과 더불어 유럽이 팽창하기 시작하였지만, 팽창이 절정에 달한 시기는 19세기와 20세기 초·중반이었다. 필드하우스(D. K. Fieldhouse 1973 : 147)는 19세기의 식민지 확장이 재정적 이유나 정치적 이유로 이루어졌다고 보았다. "더 많은 세수를 거두어들이기 위해 관세징수의 범위를 넓힐 기존의 식민지나 교역 기지를 찾았고, 세네갈과 같이 특수한 경우 식민지 세수 확대를 추구하는 동시에 내륙의 이슬람 세력을 두려워했다." 제국주의 열강이 1884년 베를린회의에서 실효적 점령이 수반되지 않은 아프리카 연안 합병은 무효라고 합의했을 때, 아프리카 대륙은 아프리카인에 대한 일말의 존중도 없이 말 그대로 무차별적으로 '분할당했고' 아프리카인은 이처럼 분할당한 식민지에 강제로 배당되었다는 것"은 주지의 사실이다(Clapham 1985 : 17). 〈지도 1.1〉에서 볼 수 있는 바와 같이 유럽의 아프리카 식민 진출은 광범하고도 제멋대로 이루어졌다.

　　자로 잰 듯한 대륙 영토의 재배치는 종족을 갈라놓았다. 예컨대 동아프리카는 두 지역으로 나뉘었는데, 처음에 독일이 지배한 탕가니카(Tanganyika)와, 소말리아 일부와 나중에 케냐가 된 지역을 포함하는 영국 지배령이었다. 식민지 행정당국, 특히 프랑스와 영국은 강력한 이슬람 사회의 존재를 알고 있었고, 그들은 카메룬 및 나이지리아 북부 지역의 풀라니족 출신의 이슬람 토후(emir)와 세네갈의 무슬림형제단과 같은 토착 지도층과 공조하였다. 아랍인과 그들의 아프리카 후손은 탕가니카와

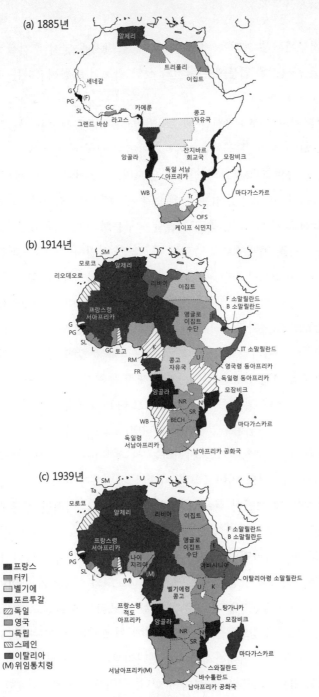

│ 지도 1.1 │ 아프리카의 역사 지도

케냐 정부에서 고위직을 차지하였으며, 식민지배 당시에 건설한 기간시설 및 운송시스템 덕분에 아랍인의 상업 활동이 수월해졌다는 주장도 있다(Haseeb 1985 : 132).

아프리카의 문화유산은 아프리카인 사이의 공통점을 가늠하는 일에서 중요하다. 어떤 분석가는 "아프리카인이 무엇을 공유하든 간에, 우리에게는 공통의 전통문화와 언어가 없으며, 종교어휘나 개념어휘도 공통적이 아니다. 더구나 우리는 같은 인종에 속하지도 않는다."라고 주장하였다(Appiah 1992 : 26). 종교도 집단을 구분하는 데 이용되었다. "접촉과 갈등의 상징적 매개체로서 종교는 아프리카 식민사에서 두드러진 역할을 했다"(Bayart 1993 : 177). 바야르(Bayart 1993 : 190)는 유일신 종교인 기독교와 이슬람교 모두 식민시대이건 그 외의 시기이건 **국가에 대한 오랜 적응 경험**이 있었다고 주장한다. 분명한 것은 특권과 권력, 지위가 몇몇 종족집단에 부여되었고, 이로 인해 아프리카 분할이 아프리카인과 아랍인의 관계에 어떤 영향을 미쳤는지에 대한 논의가 일어났다는 점이다. 예컨대 아랍인, 아랍계 아프리카인, 그리고 다른 종족유산을 가진 아프리카인에게는 공통의 목적이 있었을까 아니면 그들은 다른, 어쩌면 상반된 이해관계를 가졌을까? 전자를 지지하는 시각에서는 "이슬람 세력의 긴 역사의 어느 시기에도 비아프리카 이슬람 지도자가 아프리카 이슬람교도를 통제하는 데 성공한 적은 없었다"고 주장한다. 이러한 상황에서 이슬람이 아프리카의 생활방식, 전통, 관습과 타협적이고 조화로운 관계에 있었으므로 아프리카인의 이해관계에 별다른 위험이 되지 않았다(Yousuf 1986 : 28). 그러한 관점에서 보면, 이슬람교도와 아프리카의 비이슬람교도는 서로 구분할 수 없다. 일부 강력한 아프리카 이슬람교 지도자가 분할당한 영토의 행정업무에서 식민세력에 협조했다면, 이는 다른 아프리카 비이슬람교도의 이해관계를 배신했다기보다는 예속된 사람이 취할 수밖에 없는 유일한 선택으로 보아야 한다. 식민통치는 영토경계를 정하고,

행정 구조를 강요하며, 식민지 자체 경비로 국가 재정 및 교역과정을 통해 유럽 열강에 유리한 식민경제를 도입하였으므로 아프리카 원주민과 아랍계 아프리카인의 이익을 대변하지는 않았다. 일부 학자에 따르면, 식민주의의 기반이 동아프리카에 마련되었을 때 아프리카에 대한 "아랍의 정치적 지배는 종결되었다"(Salim 1985 : 130).

그러나 아프리카 이슬람교도의 이해관계가 다른 토착 아프리카인과 다르다고 본다면 전혀 다른 그림이 나타난다. 즉, 토착적인 아프리카 비이슬람교도에게 피해를 주는 식민세력과 공모라는 그림이다. 여러 종족 집단 중에서 어느 특정 집단에 특권을 부여하는 오랜 식민전략인 **분할통치**(divide and rule)는 이해관계가 동일한 사회에서는 별 의미가 없었을 것이다. 식민당국은 사회 여러 부문의 차이를 인지하고 그에 걸맞은 조치를 취했다. 그들은 특정 집단을 종족으로 인정하고, 사실상 사람들 사이의 차이를 만들어 낸 것이다(Chazan et al. 1988 : 103). 인류학자들은 아프리카사회가 행위의 규범과 범위를 규정하고, 권한의 한계를 수립하는 **가계집단**(descent group)으로 구성된 것으로 보아 왔다. 경우에 따라 이 집단들은 경쟁하면서 서로 싸우기도 하지만, 흥미롭게도 제삼자가 공격해 왔을 때는 같이 뭉치곤 했다. "형제는 물론 서로 다투기도 하지만, 관계가 먼 제삼자가 형제 중의 한 사람과 싸우게 되면 이들은 하나가 되어 싸웠다"(E. E. Evans-Pritchard, Grinker & Steiner 1997 : 5 재인용; 또한 Falk Moore 1994 참고). 다시 말해, 유럽 식민지화이건 신제국주의이건 서구의 경제적 지배이건 간에 인지한 위협의 성격에 따라 인위적 통합이 간간이 이루어졌다는 것이다.

알리 마즈루이(Ali Mazrui, 1933~2014)는 아프리카의 토착 문화와 한편으로는 이슬람과 상호작용 그리고 다른 한편으로 서구 문명과 상호작용이 정치-경제적으로 효과가 있었을 뿐만 아니라, **문화·문명적으로**도 영향을 미쳤다는 사실을 인정한다. 그는 문화를 "한 사회 내에서 인식과 판단, 소통과 행위에 영향을 주고, 이를 규정할 정도로 적극적으로 서로 이어진 가치체계"로 정의하는 한편, 문명은 "지속, 확장, 혁신되어 새로운 도덕적 정서로 승화된 문화"를 아우른다고 본다(Mazrui 1986 : 239). 이는 사항마다 꼼꼼한 검토가 필요한 광범한 규정이다. 마즈루이는 문명이란 단어가 서구와 이슬람뿐만 아니라 토착유산(indigenous legacies)에도 적용될 수 있다고 보지만, 이 용어는 "항상 상대적이고 다소 과장된 것"이라고 경고한다. 정확히 무엇이 문명을 구성하는지에 대해서 논란의 여지가 있지만, 여러 가지 문화를 서로 다른 가치체계로 볼 경우, 이들은 종종 서로 충돌할 수 있다. 특히 그러한 가치체계가 권력과 통제를 둘러싼 경쟁관계에 놓이게 되면 더욱 그렇다. 궁극적으로 마즈루이는 어떤 문화가 더 취약한 문화를 반드시 굴복시키는 '확실한 지배력'을 확보할 것이라고 단언한다. 이후 피지배 문화 내에 문화적 혼란이 발생하는데, 이로 인해 먼저 문화적 항복(cultural surrender) 과정이 나타나고, 뒤이어 문화적 소외(cultural alienation)와 문화적 재생(cultural revival) 과정이 차례로 이어진다. 문화재생은 곧 전통으로 복귀를 의미한다. 본질적으로 아프리카는 "융합과 반발을 하면서 동시에 경쟁적이면서 보완적인 토착 세력과 이슬람 세력, 서구 세력이라는 삼중 유산(triple heritage)"을 물려받았다(같은 책, 239, 21).

식민 후반기에는 마르크스주의와 다양한 형태의 사회주의, 민족자결주의 등이 아프리카 민족주의 운동 내에서 지적인 정치 기류를 지배했다.[2] 미래로 향하는 길은 현실적이면서도 독자적이어야 했다. 범아프리카회의의 의결 중 어떤 것은 자유와 민주주의, 개선의 필요성을 강조하였고, 어떤 것은 아프리카의 해방투쟁을 위한 준비를 부각하였다. "서구 세계가 여전히 힘으로 인류를 통치하려고 한다면, 아프리카인도 자유를 쟁취하기 위한 최후의 수단으로 힘에 호소할 수밖에 없다"(Mazrui & Tidy 1986 : 22). 본질적으로 식민통치에 대항한 아프리카의 투쟁은 유럽의 지배를 종식하기 위해 벌어졌다. 괴란 하이덴(Goran Hyden)[*]은 식민 이후의 아프리카 지도자가 "식민시대의 본질적 경험은 외부인에 의한 현지인의 착취였다"는 생각을 조장하여 공식 법규를 무시하는 **비공식** 맥락을 만들어 냈다고 주장한다. **공식 법규**(formal rules)는 정치적 자유와 경제적 번영을 증진하는 기본 임무의 수행을 포함하는 것이었지만, 아프리카의 새로운 정치 엘리트는 식민지배의 종식을 지상목표로 만들었다(Hyden 2006 : 32). 사람들이 일반적으로 인지하는 식민주의의 목적은 정치적으로 억압하고 경제적으로 착취하는 것이었기 때문에 사람들은 탈식민화가 아프리카에 자유와 번영을 가져다줄 것으로 기대하였다. 이것이 분명 자유를 다소간 가져오기는 했지만, 번영은 여전히 많은 아프리카인이 기다리고 있는 문제이다. 또한 탈식민화는 정치적으로 대중에게 종종 군사정부, 일당제나 당이 없는 체제, 권위주의적 통치자, 심지어 아주 최근까지 **종신대통령** 등을 남겨 놓았다. 〈표 1.1〉은 일부 아프리카 지도자의 정치수명을 요약한 것이다.

┃ 표 1.1 ┃ 아프리카 지도자의 정치수명

정치 지도자	재직 기간	국가
우푸에 부와니(F. Houphouët-Boigny)	1960~1993	코트디부아르
녜레레(J. Nyerere)	1961~1986	탄자니아
트라오레(M. Traoré)	1968~1991	말리
아이조(A. Ahidjo)	1960~1982	카메룬
상고르(L. Senghor)	1960~1980	세네갈
케레쿠(M. Kerekou)	1972~1991	베냉
모이(D. arap Moi)	1978~2002	케냐
무가베(R. Mugabe)	1980~현재	짐바브웨

---

[*] 옮긴이 주 : 스웨덴 출신의 아프리카 정치학자로 원래 이름은 Göran Hydén임.

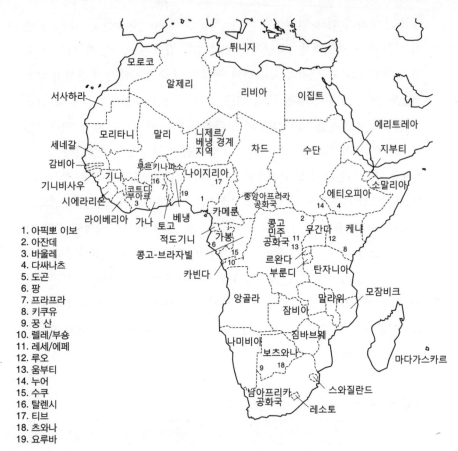

1. 아픽뽀 이보
2. 아잔데
3. 바울레
4. 다싸나츠
5. 도곤
6. 팡
7. 프라프라
8. 키쿠유
9. 꿍 산
10. 렐레/부숑
11. 레세/에페
12. 루오
13. 움부티
14. 누어
15. 수쿠
16. 탈렌시
17. 티브
18. 츠와나
19. 요루바

| 지도 1.2 | 아프리카의 종족집단*

아프리카 국가의 가부장적 정치 환경으로 말미암아 정권 통제와 자원 확보를 두고 경쟁 집단 간의 종족 충돌이 발생하였다. 〈지도 1.2〉는 아

---

* 옮긴이 주 : 영문 명칭은 다음과 같다. 1. Afikpo Ibo(또는 Ibo), 2. Azande, 3. Baule, 4. Dassanetch(또는 Dassanach), 5. Dogon, 6. Fang 7. Frafra, 8. Kikuyu(또는 Gikuyu), 9. !Kung San, 10. Lele/Bushong, 11. Lese/Efe, 12. Luo, 13. Mbuti, 14. Nuer, 15. Suku, 16. Tallensi, 17. Tiv, 18. Tswana, 19. Yoruba.

프리카 대륙의 일부 종족집단을 나타낸 것이다. 시간이 갈수록 국가의 합법성이 사라지고 경제발전이 지연되면서 종족성이 정치성을 띠게 되었다. 패트릭 체이벌(Patrick Chabal)이 주장하듯이, 아프리카에서 폭력은 종종 **잘못된 정치** 때문에 발생한다(Chabal 1992 : 34). 1963년 창설 당시의 아프리카통합기구(Organization of African Unity, OAU)* 헌장은 아프리카 회원국이 "힘들게 쟁취한 독립뿐 아니라 주권과 자국의 영토보존을 공고히 하며, 온갖 형태의 신식민주의에 대항하여 투쟁한다"는 내용을 담고 있다. 그러나 1991년 아프리카통합기구는 아프리카 국가가 민주화를 이룩하고, 자유주의를 확장하며 다당제 정치를 진지하게 수용해야 한다고 적시하였다(Deegan 1996 : 32). 1994년 아프리카통합기구의 정상회담에서 연설한 넬슨 만델라(Nelson Mandela, 1918~2013)가 볼 때, 아프리카는 **집안정리**를 해야만 했다. "우리의 자치방식에 뭔가 잘못된 점이 있다는 것은 우리 아프리카인의 운명 때문이 아니라 잘못 통치하고 있는 우리 스스로의 잘못이라고 솔직하게 받아들여야 한다"(Deegan 2001 : 56).

마즈루이(Ali Mazrui 1986 : 11-12)에 따르면, "아프리카는 지금 전쟁 중이다. 이것은 문화전쟁이다. 이것은 토착 아프리카와 서구 문명세력 간의 전쟁이다. 이것은 비능률, 경영 실패, 부패, 타락의 양상을 띠고 있다." 실제로 지금까지 시도한 모든 현대화 과정은 **부자연스러운 탈아프리카화**(unnatural dis-Africanisation)의 모습을 띠고, 아프리카를 토착적 뿌리에서 실질적으로 떼어 놓고 있다. 그렇지만 사회가치의 대대적 변화 없이 경제가 발전할 수 있을까? 또한 복지와 교육, 문자 문화의 향상으로 새로운 문화가 개화할 수 있을까?

---

* 옮긴이 주 : 아프리카단결기구 혹은 아프리카통일기구라고 부름.

문화와 발전에 관한 전통이론

백 년 넘게 발전으로 인한 사회변화와 문화변동의 관계에 대해 많은 논쟁이 있어 왔다. 국가가 발전하면 과학적 지식을 수용하는 쪽으로 변화하고, 자급농업이 농산물의 상업적 생산으로 진화하여 산업화가 이루어질 것이라고 여겨졌다. 그러나 이러한 변화 때문에 사회와 문화가 크게 달라졌다. 즉, 이 구조적 분화과정이 사회생활과 경제생활의 기존 규범이 파괴되는 전조 역할을 한 것이다. 결국 개발 시기에는 가족과 친족, 종교와 문화의 유대가 약해지고, 이들 요소는 대부분 전통세력으로 간주되었다(Smelser 1966 : 29). 일부 학자는 정치참여를 개발의 문을 여는 열쇠로 간주했고, 그것으로 전통사회와 발전하는 근대국가를 구분하였다. 즉, "전통사회는 사람들을 공동체 내의 유대관계―이 공동체는 서로 분리되어 있을 뿐만 아니라 중심과도 분리되어 있다―를 통해 발전하는 근대국가에서 멀어졌다"(Lerner 1958 : 48-50). 또한 다른 분석가는 개발도상국이 초기에 자립을 위한 급속한 확장과 민주 절차의 도입 중 하나를 택해야 하는 잔인한 선택에 직면한다고 보았다. 서구식 자본축적이 발전에서 중요한 것으로 여겨졌기 때문에 권위주의적인 국가는 국민에게서 잉여생산물을 뽑아내는 데 더욱 주력할 것이라는 주장이 제기되었다. 경제발전이 민주화를 선행해야 했다. "선 발전, 후 민주주의"가 대세였다(Bhagwati 1966 : 53. 또한 수정판 Bhagwati 1995 참고). 립셋(S. M. Lipset 1960 : 71)의 설명에 따르면, "사람들은 경제발전 … 점진적 정치변화, 합법성, 민주주의처럼 서로 연관된 주제 중 어느 측면이 우선하는지 의문을 제기할 수 있겠지만, 이 주제들이 서로 밀착되어 있다는 사실에는 변함이 없다."

분명히 사회적 행위와 사회변화에 대한 태도는 각각의 문화가 중시하는 가치와 신념에 따라 다른 형태로 나타났을 것이다. 또한 사회는 특정 개인과는 무관하게 전체 공동체에 조직적으로 영향력을 행사하는 독립적인 문화체계 구조로 형성되어 있다(Billington et al. 1991 : 4). 이렇게 문화요소는 사회 안에서 전반적인 통합기능을 담당한다. 그러나 문화와 사회구조 사이에는 복잡한 관계가 존재한다. 에밀 뒤르켐(Émile Durkheim, 1858~1917)에 따르면, "사회의 구성원이 공통으로 지니는 바람직한 사회에 대한 관념인 사회적 가치는 최고 수준의 일반성을 지닌다"(Wolff 1960 : 122). 가치와 규범은 문화체계 안에 나타나고 "사람들이 일정한 상황에서 정해진 바대로 행동하는 방식"을 규정한다(Parsons 1968 : 399). "공동체의 다른 구성원과 어느 정도 공유하는 명확한 가치체계"가 필요하다(같은 책). 그러나 사회변화의 복잡한 과정으로서 근대화는 이전의 문화체계와 가치구조를 해체할 수도 있다(Deutsch 1953 : 35).

〈표 1.2〉에서 보듯이, 농경문화/농경사회와 산업사회의 직접적인 구분은 이러한 국가 형태의 차이를 분명하게 보여 준다. 반봉건적 사회로부터 본질적으로 계급에 기반을 둔 분화된 사회로 이동은 "모든 사람은 동일한 기본적 토대에서 평가해야 한다"는 보편 원칙을 공동 가치로 삼을 때 일정 수준에 도달했다고 볼 수 있다(Sutton 1963 : 67). 그러나 한 유형의 사회에서 다른 유형의 사회로 이동하는 것이 어떻게 가능할까? 발전 단계에서 자주 수반되는 몇 가지 기술적, 경제적, 생태적 변화과정은 다음과 같이 명확하게 분석할 수 있다.

▌표 1.2 ▌ 사회 유형의 비교

농경사회	신입사회
• 배타적 관계가 우세 • 안정된 현지 집단 • 제한된 사회적 유동성 • 상대적으로 단순하고 안정적인 직업 분화 • 존중받는 계층체계	• 보편적 성취 규범이 우세 • 고도의 사회적 유동성 • 잘 발전된 직업체계 • 성취에 근거한 열린 계급체계 • 시민단체의 활성화

- 기술 : 단순하고 전통적인 기술에서 과학적 지식을 응용하는 방향으로 변화
- 농업 : 자급농업에서 상업적 농산물 생산으로 진화. 즉, 수익작물의 도입 및 비농산물의 구매와 임금노동의 도입
- 산업 : 인력/동물 노동력의 사용에서 시장 메커니즘에 따른 산업화/공장 생산으로 전이
- 생태 : 농장과 촌락에서 도시 중심부로 이동

(Smelser 1963 : 32-33)

발전이 도시화와 식자율 증가, 경제 확대와 매스컴의 노출을 요구하므로 사회의 제도적 틀은 급격하게 발전하는 생산력 증강에 직면하여 끊임없는 시련에 적응해야만 했다. 진보와 합리성이라는 이상(理想)과 결부된 경제적 근대화는 전통적 신념과 생활방식, 권위적 형식을 제거하는 것을 염두에 두었다. 물론 이 과정에는 여러 가지 어려움이 있었는데, 가치체계가 관례적 규범(prescriptive)의 경향을 보인 전통사회에서 특히 심했다(Bellah 1966 : 188). 관례적 규범체계의 특징은 "가치 위임의 명료성, 특수성, 유연성이 결여되었다는 점이다. 동기부여는 … 거의 생활 전반을 관장하는 상대적으로 구체적이고 광범위한 규범 때문에 묶여 있다." 근대사회에서는 어느 정도의 유연성을 경제, 정치, 사회 영역에 도입해야 했지만, 관례적 규범 사회에서는 종교체계가 그러한 모든 영역을 규제하려고 했다. "따라서 가족이나 교육제도는 말할 것도 없고, 전통사회의 경제제도나 정치제도의 변화는 궁극적으로 종교적 함의를 갖는 경향이 있었다"(같은 책 : 189). 실제로 이슬람사회에서는 전통문화가 곧 종교를 의미해서, "무엇이든 이슬람교에 기반을 둔" 것으로 생각되었다(Rustow 1970 : 452). 종교, 전통, 발전의 관계는 점점 더 복잡해지는데, 문화가 근대화 과정을 억제할 수 있는 역량이 있으면 더욱 그러하다.

벨라(R. B. Bellah)는 경제발전을 위해서 가치체계의 조직이 어떻게 바뀌어야 하는지 탐구했다. 그는 사회의 가치체계나 문화가 관례적 규범유형에서 '원리 원칙적(principial)' 형태로 변화해야 한다는 결론을 내렸다. 경직된 전통사회는 경제, 정치, 사회 부문의 변화가 일어날 수 있도록 유연한 환경으로 바뀌어야 한다. 관례적 규범사회와 원리 원칙적 사회의 참된 구분은 사회의 신념체계에 달려 있다. 원리 원칙적 국가에서는 종교체계가 경제, 정치, 사회생활 전반을 세세하게 규제하려 하지 않는다. 이는 종교가 한 사회의 문화에서 사라진다는 것이 아니라 단지 그 기능이 변화한다는 것을 의미한다. "근대사회에는 종교와 사회이념의 층위가 구별되는데, 이 구별이 이 두 층위를 더 유연하게 만든다"(Bellah 1966 : 188). 이러한 구분으로 사회, 경제, 정치 개혁가는 문화적·종교적 이단자로 간주되지 않고도 세속적인 사상과 어울릴 수 있다.

상당한 논쟁을 불러일으킨 또 다른 문제는 사회체계가 어떻게 변화하고 발달했는지에 관한 것이다. 〈표 1.3〉에 발전 모델과 유기적 모델의 두 가지 변화 모델이 제시되어 있다. 발전 모델은 주로 경제 모델로, 국가가 계획하고 관장한다. 종종 반(半) 이념적 접근방식을 취하는 발전 모델은 산업화와 통제된 변화 국면에 주안점을 둔다. 반대로 사회나 외부의 압력과 영향에 반응하는 유기적 모델은 적응능력이 있고, 점진적인 변화 과정으로 이동한다.

‖ 표 1.3 ‖ 사회변화 모델

발전모델	유기적 모델
• 국가 주도	• 갑작스러운 출현
• 계획적	• 조정
• 단계적	• 적응
• 경제적	• 사회압력에 대응
• 산업화	• 외부적 추진
• 통제	• 점진적 변화

진보를 "사회이동과 서구의 모든 물질적 효용을 포함한 경제적 성공에 대한 기회"로 간주하는 지식계층, 고위직 공무원과 진보를 "땅의 분배, 학교, 무상 의료시설, 수입 증대"의 관점에서 보는 질병과 가난에 맞서는 농민으로 나누어졌다(Bellah 1966 : 188). 비록 농촌사회가 진보를 받아들일 준비가 되었다고 해도 정부나 외부 주체가 이를 가져다줄 것으로 기대했기 때문에 진보를 앞당기기 위한 자체적 노력은 하지 않았다. "그 대신 그들은 혁신을 수동적으로 받아들였고, 변화의 주체가 없어져 예전의 방식대로는 돌아가지 않았다"(같은 책 : 53-54). 한편 미발전 지역에서 생산은 대개 혈연 단위로 이루어졌다. 자급농업이 주종을 이루었고 그 외의 산업은 보완 역할을 하는 가운데, 여전히 친족 및 촌락과 연계되어 있었다. 그래서 근대화는 과거의 영향력으로부터 자유롭지 않다. "전통은 변화 세력과 변화의 수용 사이에서 중재 역할을 한다"(Welch 1967 : 20). 농민 생활의 기저에 놓인 전통적인 토착 지식이 "촌락의 모습을 규정하고, 이를 유지한다"(Fuller 1969 : 115).

　　그러나 일부 경제양식은 경제체제의 전환과 분화에 단선적으로 접근한다. 예컨대 이주노동은 임금 노동자인 동시에 옛 공동체 생활 사이에 이루어지는 일종의 타협이라는 점에서 그러하다(Smelser 1966 : 31). 이러한 부분적인 경제 분화는 전통적인 경제생산양식의 포기에 대한 사람들의 저항 때문에 일어난다. 어떤 단계에 가서는 가족의 역할과 경제적 구심성이 줄어들 수밖에 없다. 점진적으로 나타날 수도 있는 이 과정은 발전에서 반드시 필요한 부분이다. 에밀 뒤르켐은 제도와 법치를 사회의 중요한 지도 원리로 보았다. "드러나건 드러나지 않건, 법적이건 관습적이건 규칙의 통제체계"는 사회적 행위를 더 넓은 체계에 걸맞은 행동으로 제한하는 데 필요하다. 규칙은 공동체의 공통적인 가치체계가 구현된 것이므로 개인에게 **도덕적 권한**을 행사할 수 있다. 사회제도는 이러한 **도덕적 권한**의 실행에 적합한 수단이다(Parsons 1968 : 407 인용).

사회변동과 전통

가족과 확대친족집단은 자체 이득을 위해 여러 경제적 기능을 수행하며, 그러한 유대관계는 노동력 확보의 주요 기반이 된다. 사회 분화체계는 친족관계, 성, 종족성, 영토의 지역성에 초점을 맞추는 인간 경험의 양상에 주로 집중된다. 삶의 기회는 특정 가족이나 종족으로 태어나면서 부여된 지위에 따라 달라진다. 예컨대 자급농업이나 가내공업과 같은 단순한 형태의 경제조직에서는 경제적 역할과 가족의 역할이 거의 구분되지 않는다. 전근대적 사회는 친족의 지위나 토지 통제, 또는 추장제나 또는 문화적으로 강력하고 중요한 집단과 사회·정치통합을 결합한다. 사람들의 자의식은 종종 혈연, 인종, 언어, 지역성, 종교, 전통의 현실에 매어 있다 (Geertz 1967 : 168). 한 사회이론가에 따르면, 더 넓은 영역에서 얻는 일시적인 경제적 이득과 관계 없이 이런 뿌리 깊은 정서, 즉 근본적인 안도감은 반드시 경제력에서 비롯한 것이 아니라 촌락의 일원이라는 소속감에서 비롯한 것이다.

> 이곳에는 항상 농부가 기댈 수 있는 친척과 같은 혈연으로 이루어진 사람들이 있다. 이곳은 여러 세대를 거쳐 내려온 땅이다. 이곳은 구전지식과 전통을 통해 농부를 유아 시절부터 길러 온 친숙한 세계이다. 마을에는 다른 곳에서는 발견할 수 없는 정서적 형태의 안도감이 존재한다.
>
> (Fuller 1969 : 116)

이러한 원초적 본능은 강력하며, 변화에 저항할 수 있다. 막스 베버 (Max Weber, 1864~1920)가 주장했듯이, 사회적 행위는 "행위의 실패와 수동적 묵인" 모두를 포함한다(Roth & Wittich 1968 : 22).

산업화가 촌락에서만 이루어지거나 촌락이 가족주의적 산업경영의 틀 안에서 형성될 때는 "많은 사회관계와 친족관계가 산업적 조건 아래에서 지속될 수 있다"(Smelser 1966 : 35). 그러한 공동체가 겪는 어려움은 정치적 권위가 혈연관계와 거의 일치하기 때문에 개혁과 발전을 저해할 수 있다는 점이다. 비록 사람들이 더 넓은 세상에서 자신의 경제활동으로 영향을 받을 수는 있지만, 외지에서 마을로 돌아오면 이곳의 일반적 생활방식에 다시 쉽게 젖어든다(Fuller 1969 : 179). 에드워드 실스(Edward Shils, 1910~1995)의 연구에 따르면, 경제적 저개발 국가는 "합의를 보는 데도 후진적"인데, "중앙기관이 보상과 기회를 공정하게 할당할 능력이 있다고 믿을 정도로 신뢰 방식이 통합되지 않았다는 의미에서 그렇다"(Shils 1975 : 179). 그 결과 "시민과의 관계가 밀접"하지 않으며, 원초적인 유대관계 이상으로 발전하려 하지 않는다.

전통적 기준을 근대화에 가장 **완고한 방해물**로 인식하며, 그것이 위협받을 경우에는 변화에 대한 심각한 불만과 반대를 불러일으킬 수 있다(Smelser 1966 : 37). 그러나 실스는 **전통**과 **전통적** 세력에 대한 총체적 본질을 검토했다. 그의 주장에 따르면, 특정한 행위와 신념을 용인하는 까닭을 설명하려는 사람은 그렇게 행동하고 믿고자 하는 바람을 부추기는 "전통이 있다"고 한다. **전통적**이란 개념은 상대적으로 느리게 변화하거나 "과거에 있었던 행동을 참조하여 행위를 정당화하려는 경향이 만연한" 사회를 가리키는 데 쓰인다. 그러나 실스는 이러한 접근방법에 의문을 제기하고 다음과 같이 주장한다. "전통의 본질적 내용은 많이 연구하였으나, 전통성은 별로 연구하지 않았다." 전통적 신념의 재생산 방식과 기제에 대한 면밀한 조사가 필요하다. "전통이란 특정한 사회구조를 바탕으로 한 신념이며, 시간과 함께 이루어진 합의이다"(Shils 1975 : 183-86). 그는 "전통적 신념과 행동의 순차적 구조 자체가 신념과 그것이 지닌 정당성의 상징적 요소 또는 그것을 수용할 수 있는 토대가 될 수 있다고 주장한다." 달리 말해, 그는 과거가 하나의 모델이 된다고 설명한다. "우리는 전에 해

온 방식대로 해야 한다"거나, 혹은 "늘 그렇게 해 온 방식이므로 지금도 전에 한 것처럼 관례대로 해야 한다"(같은 책 : 186). 과거가 현재와 지속적인 연관성을 갖기 위해서는 **전승** 혹은 **파생**의 과정이 있어야 한다. 이 과정을 통해 이전 사람이 받아들인 신념을 다음 세대에 전달한다. 전통적으로 전승한 신념은 가장 기본적인 형태로 권장하고, 별 생각 없이 수용한다. 그것은 그냥 거기에 있는 것이다.

어떤 대안도 생각할 수 없다. 즉, 받아들일 수밖에 없다. 전통적 신념은 과거와 과거의 특정 시점에 대한 애착, 전체 사회체계에 대한 애착 또는 과거에 존재한 것으로 전해지는 특정 관습에 대한 애착을 담고 있다.

과거 사회의 도덕적 공정성이나 우월성을 역설하고, 현재나 미래의 행위가 과거의 신념이나 행동 양식에 따라 이루어져야 한다고 강력히 주장하는 것이 바로 전통적 신념이다(같은 책 : 196). 또한 실스는 이러한 신념이 "세속적 권위자인 연장자와 조상뿐만 아니라 현재의 삶을 통제하는 보이지 않는 힘에 대한 경건한 마음가짐도 표현한다"고 주장한다. 흥미로운 것은 불과 최근 10여 년 사이에 "아프리카를 다시 아프리카로 되돌리자"라는 목소리가 나왔다는 점이다. 이 말은 현대세계가 아프리카 문화와 불편한 관계에 있으며, 이를 소외하려고 한다는 것이다.

수 세기에 걸친 강압적인 동화 기간에도 불구하고 우리의 옛 지식 유산은 실천적인 것이든 이론적인 것이든 사라지지 않았다. 만약 그랬다면, 우리에게는 수공예, 베짜기 기술, 도기 제작, 바구니 만들기, 요리, 금속 가공, 강우 기술, 전통 의술, 점술법, 계산법 등 그 어느 것도 남아 있지 않을 것이다.

(Hountondji 1995 : 7)

막스 베버에게 중요한 것은 권위의 문제였으며, 권위가 다양한 사회에서 어떻게 유지되는가 하는 것이었다. 그의 주장에 따르면, 권위는 "정통성이 확보되고, 오래된 규칙과 신성한 권력을 통해 사람들이 그 정통성을 신뢰하면 전통적이라고 부를 수 있다"(Roth & Wittich 1968 : 226). 베버는 이러한 종류의 조직화한 규칙을 가장 단순한 것으로 간주했는데, 이는 두 가지 방식으로 합법화하는 통치자의 명령도 포함한다.

- 그들이 명령의 내용을 규정하고 그것이 정당하다고 믿는 일부 전통적 관점
- 개인은 무조건 복종해야 한다는 사실에 기반을 둔 일부 전통적 특권의 관점

(같은 책)

사회와 종교

자급농업이나 가내공업과 같이 단순한 종류의 경제체제 아래에서는 모두가 혈연관계의 구조에 놓이기 때문에 경제적 역할과 가족 역할에는 거의 구분이 없다. 그러나 경제가 발전함에 따라 몇몇 종류의 경제 행위가 가족-공동체의 복합체에서 사라진다. 예컨대 농업생산 방식이 다양화하면서 소비와 생산 공동체 사이에 격차가 생겨난다. 이전의 비경제적 기반에서 교환된 상품과 서비스가 서서히 시장으로 들어온다. 혈연관계의 경제 행위가 없어지면서 나타나는 결과는 과거의 가족 기능이 사라진다는 점이다(Smelser 1966 : 31). 이러한 변화에 이어서, 가족이 갖는 여러 가지 역할에서 가족을 분리하는 몇몇 과정이 나타난다. 가족에 대한 연장자와 친척의 직접 통제가 약해지고, 가족 내 관계가 달라진다. 가족 분화가 시작하

면, 가족 성원의 생산적 역할을 "지리적으로, 시간적으로, 구조적으로 가정에서의 고유한 역할"과 분리한다(같은 책 : 35). 베버에 따르면, "친족 집단의 집단적 자조(自助)는 자신들의 이해관계를 침해하는 것에 대한 가장 전형적인 반응 방식이다"(Roth & Wittich 1968 : 366).

현대화와 관련해서 나타나는 구조적 변화로 인해 사회질서가 분열한다. 가족 분화는 새로운 행위와 규범, 보상과 제재를 요구하는데, 돈, 정치적 지위, 직업에 따른 명성이 그것이다. 이는 전통, 종교, 종족, 친족체계가 주로 지배하는 과거의 사회활동 방식과 종종 마찰을 일으킨다. 전통적 신념은 예를 갖추는 속성이 있으므로, 공동체는 현세의 권위와 초자연적 영역에 경건한 태도를 보이는 경향이 있다. "경전학습과 같은 신성한 학습에서 성자와 사제가 전통적 태도로 칭송"받는 것처럼 말이다. 실스는 '경외감'이 신성한 믿음과 관련하여 생겨난다고 보는데, 그것은 이 믿음을 "생존에 가장 중요하고 기본적인 것"으로 보는 것을 나타내기 때문이다.

신성은 개인이나 집단 또는 외부의 물리적인 비인간 세계의 특성일 수 있다. 중요한 것은 이러한 특성이 우리 삶의 이미지와 우주, 그리고 우주의 올바른 질서에서 중요한 상징을 구체화하거나 이들 상징과 연관되어 있다는 사실이다. 신성한 사물은 시간을 초월하여 지속적으로 영향력을 갖는다. 이것은 과거나 미래가 특별한 의미를 지닌 시간 요소를 가질 때는 마찬가지이다.

(Shils 1975 : 197-98)

신앙과 제의(祭儀)라는 두 범주의 종교 현상은 근본적인 것으로, 전자는 사고와 연관되고 후자는 행동이나 실천과 연관된다. 뒤르켐은 사회의 통일성을 확인하는 데 있어 종교 제의의 중요성을 강조하였다. 뒤르켐에게 사회란 "종교 제의의 상징의 기저에 있는 현실"인데, 왜냐하면 그것은 "도덕적 성질을 띤 것으로서 제의적 태도의 원천으로 작용할 수 있는 유일한 경험적 현실이기 때문이다." 텔컷 파슨스(Talcott Parsons, 1902~1979)는 이러한 행위를 "사회 안에서 특별히 **사회적** 요소를 구성하는 공통의 궁극적 가치관의 표현으로 해석했다"(같은 책 : 433). 그는 뒤르켐의 제안을 심오한 통찰로 보았다. 확실히 이 지적은 사회의 토대인 공통적 가치체계를 마련하는 데 있어 종교가 갖는 사회적 중요성에 대한 그의 분석에서 나타나는 중요한 실마리이다. "왜냐하면 상당히 굳건한 체계인 공통적 가치체계─종교도 부분적으로 그 가치체계의 표현이다─가 없이는 사회와 같은 것이 존재할 수 없기 때문이다"(같은 책 : 434). 근본적인 도덕적 의무감은 일련의 공통적 가치에 기초한 규칙체계의 준수와 유지를 바탕으로 사회적 구속에 대한 의식을 만들어 낸다. 뒤르켐에게 종교생활의 목적은 어떤 형태로든 "인간을 고양하여 인간이 단지 순간적인 욕망을 따랐을 때의 삶보다 더 나은 삶을 살도록 하는 것"이다(Lukes 1988 : 474). 어떤 의미에서 이것은 아프리카인을 개종하려 한 많은 기독교 선교사 단체의 목표이기도 했다.

베버는 종교를 일종의 **카리스마적인** 힘에서 비롯한 것으로 생각했다. 카리스마란 용어는 특정한 자질이 있는 개인에게만 적용할 수 있다. 이에 따라 그 개인은 비범한 인물일 뿐만 아니라 종종 신성하고 초자연적인 초인의 특질을 부여받은 사람으로 간주되었다(Roth & Wittich 1968 : 241-42). 베버는 미개 환경에서는 이러한 것을 마법의 힘과 예언자에 의존했으며, 추종자나 사도가 이를 유지한다고 보았다. 그는 카리스마가 정통성과 직접적인 관련이 있다고 보았지만, 이 개념을 더 확대해서 사회변화와도 관련지었다.

따라서 예언자는 스스로 전통적 질서나 그것의 일정한 측면을 의도적으로 반대하고, 자신의 지위를 위해… 신의 의지와 같은 도덕적 권위를 주장하는 지도자이다. 사람들은 그의 말을 경청하고, 그의 명령이나 선례를 따라야 할 의무가 있다.

(Parsons 1968 : 663)

근대국가의 발전과정에는 구조적 요소와 문화적 요소가 모두 나타난다. 어쩌면 구조적 변화가 더 분명히 드러날지 모른다. 왜냐하면 그러한 변화 없이는 사회, 정치, 경제의 발전이 이루어질 수 없기 때문이다. 이와 달리 문화적 요소는 좀 더 복잡하다. 근대화는 종종 정치 엘리트 혹은 여전히 파편적이고 일관성 없는 전통적 행위규범에 얽매인 더 넓은 사회의 방해를 받는다. 이러한 상황에서는 근대성을 자체적으로는 좋은 것으로 생각할 수 있지만 현실적인 삶의 모습으로는 보이지 않을 수 있다. 다시 말해서 사람들은 실질적인 사회변화의 필요성은 인정하지 않으면서 추상적 개념으로만 근대성을 생각할 수 있다. 가치와 신념, 행위 모두는 발전에 대한 잠재의식을 일깨워 주고, 어느 정도 발전의 기틀을 잡아 준다. 국가통합은 "문화적, 사회적으로 별개인 집단을 하나로 묶는 과정"을 가리킨다. 반면에 **통합 행위**는 "공동의 목적을 위해 조직적으로 함께 일하고, 이러한 공동 목적의 달성에 기여하도록 행동하는 개인의 각오와 관련이 있다"(Weiner 1967 : 150). 지속적인 도시화와 높은 식자율, 경제성장과 매스컴의 영향을 받은 대중은 한목소리로 정부 서비스를 요구하고 있다.

오늘날의 아프리카

그렇다면 오늘날의 아프리카는 어디에 있을까? 그리고 현대세계에서 아프리카의 속성이 나타내는 것은 과연 무엇일까? 오늘날 **아프리카**는 국제적이고 세계화된 환경과 연관될 수 있는 이 대륙의 모든 양상을 확인하고, 광고하고, 장려하고, 비난하고, 보도하거나 환기하는 **상표**처럼 사용하는 경우가 대부분이다. 언론의 머리기사를 장식하는 것은 폭력, 분쟁, 빈곤, 강간, 에이즈가 아니면 정치실패, 무기거래, 부패 혹은 테러 등이다. 따라서 아프리카는 매우 혼란스러운 문제와 난관에 봉착해 있으며, 토니 블레어(Tony Blair) 전 영국 총리의 예리한 지적대로 "세계의 양심에 난 상처"로 간주되었다(*The Times*, 2005. 3. 25). 왕립아프리카협회의 회장인 리처드 다우든(Richard Dowden)이 단도직입적으로 "희망 없는 대륙"으로 묘사한 아프리카는 무능의 붓으로 새카맣게 먹물로 칠한 것으로 보인다(Dowden 2000). 그러나 **아프리카 속성**이 뭐 어떻단 말인가? 그것은 희망이나 낙관주의에 관한 실질적 전망을 제시하는가?

아프리카 속성이 좋은 삶의 기회와 함께 국가의 활력을 보여 주는 것이라면 〈표 1.4〉, 〈표 1.5〉, 〈표 1.6〉에 나와 있는 수치는 정신이 번쩍 들게 만든다. 물론 **아프리카 속성**이란 것이 이러한 사회-경제적 지표가 제시하는 것과 똑같지는 않지만, 이 통계만 봤을 때 우리의 통찰력은 흐려진다. 예컨대 원유가 풍부한 앙골라의 유아 사망률은 1000명당 140명이다. 남녀 중등학교 등록률(남녀 각각 70%, 75%)이 가장 높은 나라 중의 하나인 보츠와나는 에이즈로 몸살을 앓고 있어서 남성과 여성의 기대수명이 각각 38세와 40세에 불과하다.

부르키나파소에서는 15세 이상 남성의 82%와 여성의 92%가 글을 읽고 쓸 줄 모른다. 가장 높은 인구 증가율(4.2%)을 보이는 나라 중 하나인 소말리아는 심각한 정치, 경제, 치안 상황 때문에 의료보건 세출의 재정 비율이 GDP의 1.2%에 불과하다. 인구 1억 2700만 명에 원유가 풍부한 나이지리아조차 건강 지원을 위한 재정 비율이 0.8%에 불과하다. 표에 나온 국가들의 기대수명을 살펴보면, 가나 여성의 기대수명은 59세에 불과하지만 가장 장수하고, 잠비아 남성은 32세로 가장 일찍 사망한다.

┃ 표 1.4 ┃ 사망률과 식자율 지표*

국가	유아 사망률 (정상 출산 1000명당)	기대수명(연령)		문맹률(15세 이상), %	
		남성	여성	남성	여성
부룬디	107	40	41	42	56
에리트레아	73	51	54	–	–
에티오피아	100	44	46	52	66
케냐	69	43	45	10	21
말라위	115	37	37	24	51
모잠비크	122	36	39	38	69
소말리아	118	46	49	–	–
우간다	86	45	46	21	41
탄자니아	100	42	44	15	31
잠비아	105	32	32	14	26
앙골라	140	38	41	–	–
카메룬	88	45	47	23	40
차드	115	43	45	46	63
보츠와나	57	38	40	24	18
나미비아	60	42	45	16	17
베냉	93	48	53	45	74
부르키나파소	93	45	46	82	92
감비아	81	52	55	–	–
가나	58	56	59	18	34
말리	119	48	49	73	88
니제르	126	45	46	75	91
나이지리아	79	51	51	26	41
세네갈	61	50	55	51	70

주 : (–)는 해당 자료 없음.

---

* 옮긴이 주 : 각국의 최신 지표는 미국중앙정보국(CIA)에서 제공하는 World Fact-book, www.cia.gov/library/publications/the-world-factbook/ 참고.

| 표 1.5 | 인구, 사회 및 경제 지표*

국가	총인구 (백만) 2004	평균인구 성장률(%) 2000~2005	도시 인구율 (%)	도시 성장률(%) 2000~2005	초등교육 지출률 (1인당 GDP %)	건강 지출률 (GDP %)
부룬디	7.1	3.1	10	6.5	11.6	2.1
에리트레아	4.3	3.7	20	5.8	−	3.7
에티오피아	72.4	2.5	16	4.1	−	1.4
케냐	32.4	1.5	39	4.4	0.9	1.7
말라위	12.3	2.0	16	4.6	−	2.7
모잠비크	19.2	1.8	36	5.1	−	4.0
소말리아	10.3	4.2	35	5.7	−	1.2
우간다	26.7	3.2	12	3.9	−	3.4
탄자니아	37.7	1.9	35	4.9	−	2.0
카메룬	16.3	1.8	51	3.4	8.5	1.2
차드	8.9	3.0	25	4.6	9.5	2.0
가봉	1.4	1.8	84	2.7	4.7	1.7
수단	34.3	2.2	39	4.6	−	0.6
보츠와나	1.8	0.9	52	1.8	6.0	4.4
나미비아	2.0	1.4	32	3.0	22.1	4.1
남아프리카공화국	45.2	0.6	57	1.4	14.3	3.6
베냉	6.9	2.6	45	4.4	10.1	2.1
코트디부아르	16.9	1.6	45	2.6	14.9	1.0
감비아	1.5	2.7	26	2.6	−	3.2
가나	21.4	2.2	45	3.2	−	2.8
기니	8.6	1.6	35	3.8	9.2	1.9
기니비사우	1.5	2.9	34	5.4	−	3.2
말리	3.0	3.0	62	5.1	14.4	1.7
니제르	12.4	3.6	22	6.1	16.8	1.4
나이지리아	127.1	2.5	47	4.4	−	0.8
세네갈	10.3	2.4	50	3.9	13.8	2.8
시에라리온	5.2	3.8	39	5.6	−	2.6
토고	5.0	2.3	35	4.0	11.0	1.5

주 : (−)는 해당 자료 없음.

* 옮긴이 주 : 각국의 최신 지표는 미국중앙정보국(CIA)에서 제공하는 World Factbook, www.cia.gov/library/publications/the−world−factbook/ 참고.

▌표 1.6 ▌ 교육과 생식건강 지표

국가	중등학교 등록률(%)		출산율 (15~19세 여성 1000 명당)	피임법 사용률(%)	
	남성	여성		1종 이상 이용	현대적 방법
부룬디	12	9	50	16	10
에리트레아	33	22	115	8	5
에티오피아	23	15	100	8	6
케냐	34	30	78	39	32
말라위	39	29	163	31	26
모잠비크	16	10	105	6	5
르완다	15	14	50	13	4
우간다	19	15	211	23	18
탄자니아	−	−	120	25	17
잠비아	27	21	145	34	23
앙골라	21	17	229	6	5
카메룬	36	29	121	19	7
차드	17	5	195	8	2
수단	34	30	55	8	7
보츠와나	70	75	91	40	39
나미비아	57	65	78	29	26
남아프리카공화국	83	90	66	56	55
베냉	35	16	107	19	7
부르키나파소	12	8	136	12	5
감비아	40	28	125	10	9
기니	41	34	76	22	13
말리	−	−	191	8	6
니제르	8	5	233	14	4
나이지리아	−	−	103	15	9
세네갈	22	15	86	13	8

15~19세 여성의 1000명당 출산율은 니제르가 233명으로 가장 높은데, 이는 10대 소녀의 출산율이 전체 출산의 4분의 1을 차지하는 것을 의미하는 동시에 중등학교 등록률은 5%에 불과한 이유를 설명해 준다. 피임법의 이용률은 모잠비크가 가장 낮아서 6%만이 어떤 방식을 통해서든 피임을 하며, 그중 5%만이 현대식 피임법을 사용한다.

이러한 통계를 토대로 판단할 때, 알리 마즈루이의 설득력 있는 표현대로 "아프리카는 전쟁 중"인 것 같다. 그러나 현재 아프리카는 자신과의 싸움을 하고 있고, 이 대륙의 인구와 전쟁을 벌이고 있는 것으로 보인다. 사회–경제적 진보는 현대사회에서 필요하지만, 이것만으로는 충분하지 않다. 현 시대의 초점은 굿 거버넌스와 지속가능성, 투명성, 인권, 정직, 성 평등에 맞춰져 있다. 경제적, 정치적, 사회적 불평등은 여러 세대에 걸쳐 발전을 억압하고 있고, 과거 문화의 정통성을 회고하는 일 역시 미래를 위한 최선의 방법이 아닐 수도 있다. 칭송받는 작가인 에메 세제르(Aimé Césaire 1956, 1913~2008)의 생각은 다르지만 말이다. "미래로 가는 가장 짧은 지름길은 과거의 심연을 지나는 길이다(La voie la plus courte vers l'avenir est celle qui passe par l'approfondissement du passé)." 그러나 경제, 정치, 사회, 문화 등의 영역에서 나타나는 아프리카 문제와 관련한 현 상황은 체념과 절망에 빠진 것처럼 보였다(2007년에 굿 거버넌스에 관한 유엔회의[UN Conference on Good Governance]에서 정부와 시민사회, 민간부문 간의 토로 보고서; EISA 2007b 참고).

물론 그 누구도 서구 식민주의나 1980년대와 1990년대의 경제자유화 정책을 통해 실시한 대출로 많은 아프리카 국가에 엄청난 부채와 재정위기를 초래한 세계은행과 국제통화기금의 과도한 구조조정 프로그램에 관한 변명은 내놓지 않고 있다. 이와 마찬가지로, 최근 아프리카 대륙에 미치는 아랍 문화의 영향도 그렇게 우호적이지는 않다. 비록 마즈루이가 문화적 동화를 추구하는 과정에서 "비이슬람 지역의 영향력이 커질 수 있다"고 주장했지만, 그는 급진적인 이슬람 어젠다의 맥락에서 중동이 자금을 지원하는 것보다 구조설계(architecture)의 영역에서 이 영향력이 발생할 수 있다고 믿었다. 요약하면, 아프리카의 삼중 유산은 과거에 그랬던 것처럼 오늘날에도 여전히 유효하고 연관성을 갖는다. 따라서 오늘날 제기되는 질문은 이것이다. "이런 유산이 오늘의 발전과정에 여전히 영향을 미칠 것인가?"

제 2 장
종교

국제 문제에서 종교가 갖는 힘은 오늘날 국제사회의 주된 관심사이다. 더 구체적으로 말해, 중동 이외 지역에서 이슬람의 성장은 이슬람교도와 기독교도 사이에 발생하는 폭력과 함께 국가와 지역사회를 위협하며 불안하게 만든다. 그런 현상은 아프리카에서 더 많이 일어난다. 그러나 아프리카에서 이슬람교나 기독교는 신흥 종교가 아니다. 이 두 종교가 지닌 유산은 깊고도 심오하다. 이번 장은 두 유일신 종교와 더불어 그들이 아프리카 대륙과 어떻게 상호작용을 하는지 논의하고자 한다. 사례 연구는 북부 나이지리아의 카노(Kano)에서 발생한 이슬람교도와 기독교도 사이의 갈등을 아프리카 지역 연구에 근거해 집중 조명했다. 또한 이슬람의 법과 사회에 대한 별도의 분석은 이슬람에 대한 사전 이해를 돕기 위한 것이나.

이슬람과 기독교

아랍과 아프리카의 유대관계는 장기간 이어져 왔다. 실제로 오늘날 아프리카와 아랍 관계의 기원은 초기 인류와 문명의 역사에 뿌리를 둔다. 아랍은 이슬람이 종교로 태동하기 전, 예멘 및 오만과 강력한 통상관계를 형성하며 아프리카 동부와 북동부에 정착했다. 북아프리카에서는 서기 656년 아랍 제국이 정복 활동을 벌이면서 이슬람이 등장했다. 이슬람 국가는 가나와 말리를 포함한 다른 지역에도 등장했다(Yousuf 1986 : 13). 동부 아프리카에서 초기 무슬림은 해안을 따라 소왕국을 건설하면서 정착하였다. 이렇게 아프리카에서 이슬람의 전파는 지역과 교역로의 접근성에 따라 다양한 양상을 띤다. 이슬람의 침투 효과는 정착 형태와 종족 간의 결혼 범위에 따라 다소 차이가 난다. 모로코, 알제리, 튀니지, 리비아, 이집트 등 북부 아프리카의 이슬람 국가 이외에도 시에라리온, 코트디부아르, 가나, 토고, 베냉, 나이지리아, 카메룬, 중앙아프리카공화국, 에티오피아, 소말리아의 북부 지역을 가로지르는 위도 10도 위쪽의 아프리카는 거의 대부분 무슬림이 장악하고 있다. 이 위도선은 또한 수단과 차드의 비무슬림 지역도 대략 분리한다. 이 위도선 북쪽에 위치한 감비아, 세네갈, 말리, 니제르, 모리타니는 압도적으로 무슬림 국가이다(Barrett et al. 2001 ; 〈지도 2.1〉참고).

"아랍인은 아프리카에 침입해 아프리카인을 노예로 만들고 이슬람으로 개종할 것을 강요했다"(Wai 1985 : 62). 이 문장을 보면 중동 아랍과 아프리카 토착민의 관계가 전혀 평화로웠던 것 같지 않다. 이와 정반대로 아프리카인은 아랍인의 노예로 사는 경우 외에는 아랍 지역을 침범하는 일이 없었다. 결과적으로 공통점을 찾기 힘든 매우 다른 사회적·환경적 배경의 가치체계를 가진 아랍인과 아프리카인 사이에는 긴장이

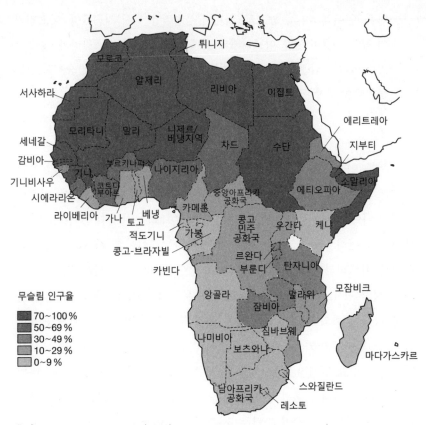

무슬림 인구율

- 70~100 %
- 50~69 %
- 30~49 %
- 10~29 %
- 0~9 %

출처 : *The World Factbook* (2005).

┃ **지도 2.1** ┃ 아프리카 내 무슬림 인구

형성되었다(Wai 1985 : 62). 그러나 이런 관점은 아랍인과 아프리카인의 가까운 관계 수립을 추구하는 또 다른 사람의 반박을 받았다. 그들은 "사하라 이북은 아랍 아프리카, 이남은 순수 아프리카라는 언어적 기준"으로 아프리카를 보는 것은 전적으로 잘못되었다고 주장한다(Musa 1985). 아프리카 대륙의 이 두 지역은 종족적으로, 문화적으로 구분될 수 없다.

이들 지역 사이의 인구 이동은 수 세기 동안 꾸준히 진행되어 왔다.

인적, 언어적, 지적, 종교적, 사회적 상호작용 역시 지속했다. 아프리카의 뿔을 비롯한 동부 아프리카와 함께 사하라 이북 아프리카와 바로 그 밑의 사하라 남부 아프리카는 이슬람과 아랍어로 강력하게 뭉쳐져 단일 문화권을 형성한다.

(Musa 1985 : 70)

　서부 아프리카의 몇몇 신흥 국가에서 이슬람이 "어느 정도의 문화적 획일성"을 증진하는 것처럼 보였지만, 아프리카 대륙의 모든 아프리카인과 아랍인 사이에 전반적인 공통점이 존재하는지에 대해서는 의문이 제기되어 왔다(Grove 1978 : 88). 어떤 학자는 "차이를 배제하기보다 아랍인과 아프리카인이 독립된 정체성을 갖고 있다는 사실을 인정하는 것이 적절하다"고 주장하면서 "아프리카 문화나 아프리카인의 문화적 발전을 아랍 문화와 동일시하는 것은 옳지 않다"고 결론을 내린다(Zebadia 1985 : 81). 아프리카 내 이슬람 유산이 진화하는 과정에서 아랍인과 아프리카인의 주요 접점은 "통상, 전쟁, 개종"이었다(Yousuf 1986 : 13). 나이지리아인은 '지역 전통과 문화에 지울 수 없는 상처'를 남기고, '자신들을 흑인 아랍인'으로 바꾸려고 하는 '사하라를 넘나들며 교역하는 무슬림 외국인의 영향력'에 대해 확실히 비판적이었다. 19세기 중반, "사하라를 횡단하는 무슬림 세력은 하우사 왕조를 몰아내고 그 자리에 신정(神政) 제국을 세웠다"(Ugowe 1995 : 94). 실제로 교회선교회(Church Missionary Society)는 그들이 '명목상 무슬림'으로 본 하우사인을 개종하고 싶어 했지만 실패했다(Walsh 1993 : 13). 현재 북부 나이지리아에서는 비정부 기구(NGO)인 하우사 문화연구센터와 카노 소재 바예로 대학(Bayero University)이 아랍의 영향력에서 하우사어를 되찾기 위한 연구를 진행하고 있다(Muazzam 인터뷰 2005).[1] 다양한 "사회정치 조직이 아프리카 식민 시대 이전에는 존재했다"(Cammack et al. 1991 : 34). 언어적 증거를 사용한 연구는, 가령 부룬디인이 "우리가 생각한 것보다 훨씬 더 오래전에 광범한 영역에서 지역 통상체계를 운영해 왔고" 그 관행은 아랍인이 도착하기 전에 이미 성립된 것이라고 주장한다. 부룬디인은 상당히 먼 곳에서 갖가지 물건을 갖고 와서 '다양한 형태의 교환관계'에 참여했지만, 아랍인의 도래와 함께 아랍의 교역관습은 아프리카에 이미 존재한 거래방식과 중첩되었다. 이를테면 상인은 금속과 소금 거래를 부양하기 위해 상호보완관계를 유지했지만, 의복 거래처럼 서로 경쟁이 붙었을 때는 토착 부룬디인이 불이익을 당했다(Wagner 1993).

우리는 이슬람과 아프리카의 관계에서 여러 흥미로운 면을 발견하게 된다. 루이스 브레너(Louis Brenner)에 따르면, 그 때문에 몇몇 힘겨운 질문이 제기되기도 한다. 첫째, 이슬람은 아프리카 전반의 세속적 관점에 도전한다. 둘째, 흑인의 문화적 정체성과 역사를 주장하고, 서구 또는 이슬람과 상종하지 않는 아프리카 중심주의 학파를 약화한다. 셋째, 마르크스주의 전통에 입각한 아프리카 발전을 위한 정치-경제적 필수 사안을 공격한다(Brenner 1993). 확실히 아프리카의 역사는 복잡하고 다차원적이며, 편협한 해석을 허용하지 않는다. "아프리카 대륙의 거대한 열대 지방과 남부 지역을 횡단한 고대 흑인은 발전에 발전을 거듭했다"(Davidson 1994 : 3. 또한 Nugent 2004 ; Gordon & Gordon 2001 참고). 그러나 동부 아프리카와 서부 아프리카의 결합에 대한 전망은 "어떤 수단을 동원해서라도 아랍인과 아프리카인 사이의 관계를 단절하려는" 유럽의 패권 강화 야욕과 식민주의를 비난한다(Zebadia 1985 : 180). 유럽 확장의 시초를 15세기 포르투갈의 탐험으로 볼 때, 포르투갈인의 아프리카 서부 해안 정착과 초기 아랍 상인의 아프리카 동부 해안 정착과정에서 교역 지역을 중심으로 도시가 생겨나고, 종족 간의 교혼(交婚)이 함께 이루어진 것을 발견할 수 있다. 그러나 아프리카 대륙의 유산을 추적하는 과정에는 매우 상이한 영향, 비동질적 영향이 부각된다. 이는 아프리카가 정부 및 행정에 대해 서로 다른 접근방식을 취한 수많은 유럽 열강의 식민정책과 식민통치를 경험했기 때문이다. 선교사 역시 가톨릭, 감리교, 연합장로교, 성공회 등 여러 교파의 폭넓은 스펙트럼을 보여 준다. 사하라 이남 아프리카의 기독교는 식민 이전, 식민시대, 식민 이후의 단계를 거치며 성장했다. 포르투갈 가톨릭교도는 서부 해안을 가로질러 아프리카에 발을 들인 첫 유럽인이었다. 기독교는 15세기에 상인, 관료와 함께 서아프리카 해안에 들어온 포르투갈 로마 가톨릭 사제에 의해 현재의 나이지리아 지역에 있던 베냉 왕국에 소개되었다. 수많은 교회가 포르투갈 사회와 소수의 아프리카 개종자를 위해 세워졌지만, 포르투갈인이 철수하면서 가톨릭 선교사의 영향력은 줄어들었다. 실제로 일부 나이지리아인은 이슬람을 보는 것처럼 기독교 선교를 바라보았다. 다시 말해 "나이지리아인을 검은 유럽인으로 만들려는 외부 세력"으로 본 것이었다(Ugowe 1995).[2] 1490년에 콩고 왕국이 기독교 왕국이 되었지만, 19세기 초엽에는 에티오피아인, 콥트 이집트인, 그 외 콩고 제국(오늘날 콩고공화국([콩고 - 브라자빌], 서부 콩고민주공화국) 주민을 제외한 극소수 아프리카인만이 기독교를 추종하고 있었다(www.bethel.edu/~letnie/AfricanChristianity/ 참고).

　　1800년대에 선교 사업은 크게 성장했다. 가톨릭 선교 원정대가 서부 아프리카, 특히 세네갈과 가봉에서 활발하게 활동했고, 1804년에는 개신교 선교사가 시에라리온에서 선교 사업을 이어받았다. 이 시기에 특히 중요한 사건으로는 1807년 노예소유의 폐지와 1834년의 노예매매 금지를 들 수 있다. 아프리카 서부 해안을 따라 운행하는 노예 무역선에서 해방된 일부 과거의 노예가 개신교 선교사가 된 것처럼, 노예매매와 자유 노예의 개종 강요를 불법화한 것은 중요한 현상이었다. 시에라리온에서는 과거의 노예가 서아프리카 개신교의 중심이 되었다. 1840년대에는 사제와 독실한 여신도의 선교집단을 중심으로 가톨릭 활동이 부활했다. 아프리카 내 교회 설립에는 다음 세 단체가 중심축으로 작용했다. 사제의 선교 사명이 추가되면서 성령신부회(Societé des Pères du Saint-Esprit)로 알려진 1845년에 설립된 성모성심회(Congrégation du Saint Coeur de Marie)와 1856년에 설립된 아프리카 선교회(Societé des Missions Africaines), 1868년에 설립되어 아프리카 파견선교사회로 알려진 아프리카 성모선교회(Societé des Missionaires de Notre Dame d'Afrique)가 그것이다(Walsh 1993 : 7). 성령신부회와 아프리카 파견선교사회는 오늘날에도 아프리카에서 활발한 활동을 벌이고 있다.

20세기 초반, 기독교의 성장세가 이슬람을 앞지른 것이 목격됐지만 20세기 후반에 다시 역전되었다. 1900년에 1000만이던 기독교도의 수는 2000년대 초에 2억 5000만으로 늘어났지만, 아프리카 이슬람교도의 수는 이보다 많아서 1900년 3400만에서 2000년 무렵에는 3억에 육박했다(Barrett et al. 2001). 아프리카 정치 쟁탈전은 '가톨릭교회에서 반복'되어 나이지리아 라고스의 아프리카 선교회는 1884년 골드코스트, 1895년 아이보리코스트, 1906년 라이베리아로 활동 범위를 넓혔다(Walsh 1993 : 15). 기독교 선교단이 성공한 열쇠 중 하나는 교육이었다. 제프 헤인스(Jeff Haynes)는 당시의 선교사에 대해 다음과 같이 설명했다.

> 그들은 그리스도의 사랑을 가르치는 것만으로는 충분치 않다는 것을 깨달았다. 대다수 아프리카인이 영적 도움만큼이나 물질적 도움을 필요로 한다는 것을 알게 된 것이다. 그래서 선교사는 아프리카 개종자가 읽기와 쓰기 능력을 갖추고 물질적 지식, 기술, 행복을 향상할 수 있는 방법을 찾도록 하는 데 관심을 기울였다.
>
> (Haynes 2007 : 304)

확실히 "(기독교를 비롯한) 새로운 개념은 아프리카인에게 유용하다고 판단될 때에만 수용되었다. 유용하지 않은 것은 수용되지 않았다"

(Ayandele 1966 : 505). 식민화는 교육과 학교를 늘려 달라는 요구를 불러왔다. 개신교도가 선교 초기부터 읽기와 쓰기 능력, 교육, 성경 읽기를 강조했지만, 식민 권력의 출현은 읽기, 쓰기 능력을 통한 사회적·정치적·경제적 지위의 취득까지 의미했다. 가톨릭과 개신교 학교가 급속도로 확산됐고, 학교는 신세대 선교 개종자가 되는 주요 방도가 되었다. 학교교육을 받은 기독교 신세대는 교육을 받았고, 관료사회에서 사무직으로 일할 수 있다는 점에서 이전의 노동자 개종자 1세대와는 달랐다. 1950년대 아프리카 선교회의 연례보고서는 아동이 점점 농사일에서 벗어나 학교로 오는 세 가지 근본 이유를 명쾌하게 지적했다. 첫째, 학교에 온 아동은 돈과 더 높은 사회적 지위를 보장하는 직업을 구할 수 있다. 둘째, 정규교육을 받은 사람, 즉 학교를 다닌 사람만이 관공서와 회사에서 사무원이나 직원으로 채용될 수 있고, 영어를 말하고 쓸 수 있는 사람은 통역도 할 수 있다. 셋째, 공무원 관리직은 책임 있는 사람처럼 보이게 하고, 존경심을 갖게 하며, 고향 마을에서 높은 위치를 차지하게 한다(1993년 Walsh에 인용된 조스[Jos] 교구의 1955~1957년 연례보고서). 아프리카의 대다수 가톨릭교도는 정식교육과 성직을 받지 않았어도 복음을 전파한 아프리카 흑인 전도사 덕분에 개종할 수 있었다. 이 흑인 전도사는 기독교도의 수를 늘려야 할 책임이 있었는데, 특히 나이지리아의 이보랜드에서는 1900년에 5000명이던 가톨릭사회가 1912년에는 7만 4000명으로 증가했다 (Walsh 1993). 알리 마즈루이(Ali Mazrui 1986 : 285-86)는 아프리카 지도자 1세대 대다수가 선교 학교에서 교육을 받았다고 주장한다.

식민 관료와 선교 단체의 관계는 다양한 양상을 띠었다. 어떤 단체는 벨기에령 콩고나 특정 시기의 프랑스령 서부 아프리카의 경우처럼 식민 권력과 매우 밀접한 관계를 맺었다. 바야르(Bayart)는 기독교 개종이 교회와 국가의 강력한 유대에서 비롯한 결과일 수 있다고 주장하면서, 키갈리 (Kigali)의 가톨릭 대주교가 1985년까지 집권당 중앙위원회 위원으로 있던 르완다를 그 예로 지적했다(Bayart 1993 : 189). 그러나 이런 사례가 도처에 널린 것은 아니었다. 식민주의 정치기관과 간접통치 체제는 완전히 세속적이었고, 그런 면에서 봤을 때 (선교가) 합법성을 취득하게 된 궁극적 기원은 교회가 아니라 식민권력이었다. 예컨대 영국의 지배를 받은 북부 나이지리아에서는 주민을 설득하려고 하는 선교사를 결코 호의적으로 바라보지 않았다.

> 우리는 기록을 통해 1906년부터 주민이 여러 이유를 들어 선교사를 자신의 거주지에서 쫓아내려고 하는 것을 볼 수 있다… 어떤 이는 무슬림 통치자(emir)를 핍박하는 폭군이 되었다… 선교사는 주민의 영향력과 경쟁하는 것 같았다. 더 가난한 사람과 가까이 지내는 사람이 억압받는 민중의 지도자가 되는 것처럼 말이다.
>
> (Ayandele 1966 : 515)

14개 지방으로 분리된 북부 나이지리아의 각 지역에는 상주 담당자가 배치되었다. 때로는 선교사가 식민 권력과 너무 밀접한 관계를 맺지 않는 것이 유익할 때도 있었다. 프랑스가 바티칸과의 외교관계를 종결했던 것이나, 종파를 퇴출하고 식민지에 배치된 선교사에게 보조금 지원을 중단한 예처럼 말이다. 식민지 잔류가 허용된 선교사는 식민행정부와 거리를 두는 것이 도움이 된다는 것을 깨달았다. 한 가톨릭 사제는 다음과 같이 썼다. "흑인은 식민 권력이 우리에게 적대적이고, 우리 가톨릭교가 프랑스령 수단에 거주하는 백인의 종교가 아니라는 사실을 모르지 않았다"(Hastings 1994 : 431).

이슬람은 이전부터 존재한 교역로를 따라 발전한 것처럼 보이지만, 일부 개종은 지하드(jihad, 성전)를 통해 이루어졌다. 〈글상자 2.1〉을 참고하라. 〈글상자 2.2〉에서 볼 수 있듯이 아프리카에는 다양한 이슬람 교파가 존재한다.

1804년, 셰이크(Sheikh) 우스만 단 포디오(Usman dan Fodio, 1754~1817)는 전통 신앙을 포기하고 이슬람에 헌신하려 하지 않는 하우사 왕들에 맞서 지하드를 이끌었다. 1804년과 1812년 사이에 풀라니의 지역 사제단과 분노한 하우사 농민의 지원을 받은 지하드는 소코토 지역, 카치나, 카노, 자리아, 카자우레, 누페, 카타군, 아다마와, 곰베, 바우치, 다우라, 자마레, 일로린에 정치적·종교적 통치권을 수립했다. 이 지역 각각은 이슬람 토후가 다스리는 토후관할지역(Emirate)이 되었다. 셰이크 단 포디오(Sheikh dan Fodio)는 수도인 소코토의 칼리프(Caliph)의 권위로 **꾸란**(Qu'ran)에 따라 국민을 통치하라는 명령이 적힌 권력의 깃발을 각 지도자에게 발행했다. 그렇게 해서 소코토의 칼리프가 다스리는 풀라니 제국이 시작되었다.

출처 : Ugowe(1995).

알하지 우마르 탈(Al-Hadji Umar Tal, 1797~1864)은 푸타 잘롱(오늘날 기니)을 벗어나 세네갈 지역에서 자신의 첫 대규모 지하드를 이끌었고, 1854년에는 카르타의 밤바라 왕국을 물리쳤다. 이슬람 정화를 기본으로 하는 탈의 지하드는 '진정한' 신앙 수립과 그가 공격한 '소위' 이슬람 국가에서 접한 왜곡 행위의 근절을 목표로 한다. 그런 면에서 그의 지하드는 우스만 단 포디오(Usman dan Fodio)의 그것과 상당히 유사하다. 확실히 우스만의 가르침에 영향을 받은 것이다.

출처 : Callaway & Creevey(1994 : 21).

수피교단은 1960년대에 "아프리카 내 이슬람 실천의 가장 중요한
형태"라는 시각이 커지면서 상당한 관심을 불러 모았다(Soares 2007a :
320). 벤저민 소아레스(Benjamin F. Soares)는 세네갈에서 수행한 연구를
분석한 뒤 이런 가정에 의문을 제기한다(Soares 2007a : 319-26 ; Cruise
O'Brien 1971; Gellner 1980 참고). 무리디야(Muridiyya, Mourides로도 표
기함) 형제단은 무하마드 이븐 하비브 알라(Habib-Allah)에게서 1850년
세네갈에서 태어난 아마두 밤바(Ahmadu Bamba, Amadou Bamba로도 표
기함)에 의해 설립되었다. 그는 모리타니를 여행하다가 셰이크 시디아
(Sheikh Sidia)에게 감화를 받아 1886년에 자신의 교단을 설립했다. 무리
디야 형제단은 그들의 **칼리프**에게 절대적 충성을 바쳤고, "맹목적 복종과
고강도 노동"으로 다른 형제단과 구별되었다(Callasay & Creevey 1994 :
22). 당시에도 무리디야 형제난은 근면하고 독실하게 비쳤지만, 반드시
지하드에 관심이 있었던 것은 아니었다. 노동이 기도를 대체할 수는 없지
만, 무리디야 형제단은 "추종자가 지도자에게 반드시 행해야 할 복종에
준하는 형태로서 노동을 특히 강조했다." 어니스트 겔너(Ernest Gellner,
1925~1995)는 무리디야 형제단과 그들의 잘 조직된 농업 노동력을 "시오

니스트(Zionist) 운동과 매우 유사한 것"으로 보았다(1980 : 111-12). 소아레스는 무리디야파가 "수피 교단의 정통 아프리카 이슬람"을 대표한다고 간주되는 사실이 매우 흥미롭다고 말한다. "역사상 특정 이슬람에 대한 여러 담론과 사하라 이남 아프리카 무슬림사회 내부의 다양한 실천 양상"이 간과되어서는 안 된다(2007a : 325). 바질 데이비드슨(Basil Davidson, 1914~2010)은 다음과 같이 주장한다.

> 카디리야(Qadiriyya)나 티야니야(Tiyaniyya) 같은 역사적 형제단을 통해서든, 팀북투(Timbuktu)나 젠네(Djenne) 같은 도시의 유명 이슬람 학교에서 공부를 하든, 아프리카의 이슬람은 예언자 무하마드의 가르침과 신이 만든 신성한 합헌적 법률체계로 간주되는 샤리아(Sharia)의 가르침을 지키고 옹호한다… 아프리카의 많은 무슬림은 고대 신앙과 이슬람의 실천으로 엄격하게 되돌아가는 것이 구원이라고 믿는다.
>
> (Davidson 1994 : 274)

그러나 다음의 질문을 제기해야 한다. '고대 신앙과 이슬람의 실천'이란 과연 무엇일까? 제2장 이슬람, 법, 사회 분석에서는 종교 내부의 동시대적 담론 일부를 개략적으로 소개한다.

독립

1950년대와 1960년대에 대다수 아프리카 국가의 독립은 신흥국가를 점령하고 있던 역학 관계에 새로운 틀을 형성했다. 난제는 기본적으로 두 가지이다. 콰메 응크루마(Kwame Nkrumah, 1909~1972) 박사가 주도하는 가나의 사회주의자 인민당 대회(CPP)의 첫 선거공약 선언문이 언명하듯이 독립국가 내부의 단결과, 그에 따른 국민통합 및 그와 동시에 일어나는 민족적·종교적 분파의 약화가 바로 그것이다.

정당제도는 오랫동안 지속되었다. 전 세계의 진보적 정부 형태에 부합하는 사회주의자 인민당 대회는 민족주의, 부족주의, 종교에 기반을 둔 정치적 정당 형성에 반대하고, 그것에 맞서기 위해 모든 합법적 수단을 이용할 것이다. 모든 신앙을 존중하는 종교적 관용의 전통을 지닌 우리나라에서 종교조직이나 교파가 정치적 정당의 성격을 띠는 것은 바람직하지 않다. 기독교도든 이슬람교도든 종교교리를 정치적 목표와 연관시키고, 종교적 관용을 거부한 대중은 그에 대한 법적 책임을 져야 한다. 종교적 광신을 부당하게 이용한 정치가를 타도하라.[3]

1956년에 벨기에 콩고 엘리트(Belgian-Congolese Elite)의 성명서역시 "이교도, 가톨릭교도, 개신교도, 구세군, 이슬람교도가 공익 프로그램에 동의할" 수 있는 국가통합의 필요성을 주장했다(Okuma 1963 : 70). 그러나 당시 콩고 대통령이던 파트리스 루뭄바(Patrice Lumumba, 1925~1961)가 아랍계 아프리카인을 "콩고인의 삼촌"(Okuma 1963 : 70)이라고 묘사한 반면, 하우사와 풀라니의 고향인 북부 나이지리아의 상황은 사뭇 달랐다. 그들은 반서구주의자, 즉 '극단적 광신 이슬람교도'였다. 그들은 자신과 다른 종교적 믿음을 가진 자를 대놓고 멸시했다(Awolowo 1965). 확실히 국가적 동의를 통한 민족국가 개념의 수립은 "단 하나의 북부, 단 하나의 민족"을 외치는 북부인민회의(Northern People's Congress) 정당의 우선 사항이 아니었다(Clapham 1985 : 33). 1950년대와 1960년대에 줄리어스 녜레레(Julius Nyerere, 1922~1999)의 사회주의 지도방침에 따라 이 섬이 탕가니카(탄자니아)에 합병된 독립 아프리카 국가로 선포되면서 잔지바르의 아프리카인과 아랍인 사이의 민족 갈등은 더욱 극심해졌다. 그러나 북부 수단의 이슬람교도와 남부의 물활론자, 수단 전 지역의 기독교도 사이의 분규는 1956년 독립선언 이전에 이미 시작되었다. 종교, 지역, 영토, 정치적 곤경은 독립 초기 사하라 이남 아프리카 전체에 닥친 문제였다.[4] 프랑스어를 구사하는 서부 아프리카와 적도 아프리카는 정치운동을 구분했다. 1946년에 프랑스령 수단(현재 말리)에서 열린 아프리카민중연합대회(Rassemblement Démocratique Africain, RDA)는 이슬람 신앙보다 마르크스의 분석과 연구를 통해 알려진 정치 개념을 제시했고, 이는 영토의 경계를 허물었다. 이렇게 광범한 기반을 둔 다국적 연합(multi-state association)의 목표는 "아프리카 각국의 정치, 경제, 사회, 문화적 특성의 확인을 통해 식민주의 해방 및 권리와 의무의 평등에 기반을 둔 국가와 국민의 자유협정 조약이었다"(G. D'Arboussier, Emerson & Kilson 1965 : 79 재인용).

반면 1950년대 초에, 케냐에서는 마우마우 운동(Mau Mau)이 시작되면서 민족 갈등의 공포가 심화되었다. 아프리카인과 민족적, 문화적으로 연결된 스와힐리 아랍인은 이 운동에 양면적 반응을 보였다. 아프리카인의 열망에 공감하면서도 자신의 이익에 위협이 되지 않을까 염려한 것이다. 아프리카 지도자들은 노예매매에서 아랍의 역할에 대해 비난 섞인 반응을 보였고 관계는 악화되었다(Throup 1998). 우간다에서는 단지 이슬람교도라는 이유만으로 이디 아민(Idi Amin, 1925~2003) 대통령을 지지하는 아랍인과 아랍계 아프리카인에 대한 공개적 비난이 난무했다. 리비아와 사우디아라비아 역시 이디 아민 정권을 지지했고, 정권이 무너지자 유혈폭동이 일어났다. 독립과 이후 몇 년 사이에 갈등은 명백하게 존재했다. 아프리카 이슬람교도의 이해관계가 비아프리카 이슬람교도와 같은지에 대해서는 대답하기 힘들다. 각 지역사회는 본질적으로 매우 다른 전통의 교육을 받았다. 그러나 독립과 국가 건설은 모두에게 쉽지 않은 도전이었고 매우 다르게 인식되었다. '서구 유럽문명'이 도래했을 때, 북부 나이지리아의 대다수 무슬림이 '낙오'되고 국민 단결의 요구에 저항하는(Deegan 1996 : 20) 것처럼 보인 반면, 기독교도와 남부 수단의 물활론자는 모든 면에서 준비 태세가 훨씬 뒤처졌다. 그들은 북부 나이지리아의 노골적인 이슬람 및 아랍화 정책에 취약했다(Nugent 2004 : 82).

이 시점에서 1952년에 가말 압델 나세르(Gamal Abdel Nasser, 1918~1970)의 반식민주의 혁명을 달성한 이집트를 언급해야 한다. 나세르는 사하라 이남 아프리카와 관계를 인식하고 있었다.

> 우리는 아프리카 대륙의 처녀림까지 지식과 문명의 빛을 확산하는 우리의 의무를 절대 포기할 수 없다. 아프리카는 기이하고도 소란스러운 혼란의 장이 되었다. 이제 우리는 아무 관계가 없다고 자신을 속이며 단순히 구경꾼으로만 서 있을 수는 없다.
>
> (Deegan 1996 : 21 인용)

1952년 이후, 아프리카 민족주의 지도자들이 이집트로 초대되었고, 나세르와 여러 아프리카 정치 지도자 사이의 결속이 공표되었다. 아프리카 무슬림에 대한 이집트의 지원과 관련된 주의사항 역시 마련되었다. 이집트는 루뭄바 대통령을 옹호하기 위해 콩고에 병력을 파견하고, 나이지리아 연방정부를 지지하는 식으로 분리 독립운동을 저지했다. 또한 본질적으로 이슬람 국가의 소멸을 의미하는 잔지바르와 탕가니카의 통합을 지원했다. 당시 이슬람이 꾸란 언어와 아랍어 교육, 장학금, 마드라사(madrasa, 이슬람학교)와 모스크 건립 등 교육적 임무를 수행하면서 신흥 아프리카 국가와 이집트의 관계에 모범을 보여 주는 문화세력이던 것과는 달리, 이집트는 이슬람 연합 창설이나 신설 아프리카 국가의 국민단결을 저해할지 모르는 무슬림 단체를 양성하려는 시도를 거의 하지 않았다. 그런 활동은 제9장에서 보듯이 훗날 다른 중동 국가가 시행하게 된다.

전통 종교

아프리카에서 기독교와 이슬람 확산은 개종과 개종과정을 통해 믿음을 계속 전파한 신앙의 맥락에서 이해해야 한다. 아프리카 전통종교에도 신성, 영혼, 숭배 의식이 존재한다. 예컨대 나이지리아에서 "이보(Ibo 혹은 Igbo로도 표기함)어로 하나님은 추쿠(Chukwu, 가장 위대한 자), 즉 최상의 영혼, 최고의 영혼, 최상의 정신력, 최고의 정신력을 가리키거나 또는 치네케(Chineke, 창조자)를 가리킨다"(Ugowe 1995 : 45). 종교 개종은 수많은 아프리카 국가에서 저항을 받았다. 나이지리아의 거마이족(Goemai people)은 이슬람이나 기독교로 개종하려는 무슬림 단체 및 기독교 선교사의 시도에 특히 저항적이었다. 나이지리아 사목연구소(Institute of Pastoral Affairs)의 소장이던 잘라스 왈시(Jarlath Walsh)에 따르면, 이러한 거마이족의 고집은 조상에게서 물려받은 전통종교에 대한 그들의 만족에 기인한다(인터뷰 1998). 거마이족의 종교는 국민의 삶과 행복을 지키려는 욕망에 근거한다. 사람들은 카렘(Karem, 남성 신)과 마트카렘(Matkarem, 여성 신)이 인간사 대부분을 책임지고 있다고 믿으며, 이 신들을 달래기 위한 의식을 수행한다. 거마이족에게 기독교는 현세의 삶에는 아무 관심이 없고 사후에만 관심이 있는 것처럼 보인다. 축적가능한 물질적 이익과 무관한 새로운 종교는 거마이족 사람들에게 아무 의미가 없다. 이렇게 독립적인 이른바 이교도는 1820년부터 와세(Wase)의 무슬림 왕의 이름뿐인 지휘권 아래 놓여 있었다. 그리고 우스만 단 포디오의 지하드를 계승하는 차원에서 나이지리아 북동부 주인 바우치(Bauchi)의 야쿠부(Yakubu)가 그 지역을 정복해 후계자 핫산(Hassan)에게 지휘하게 했다. "거마이족은 그 통치를 인정하지 않았다. 그래서 대부분의 경우 와세 왕이 통치를 해야 했다"(Connolly 인터뷰 1998). 세네갈의 이슬람 수피 교단은 "마법, 신비주의, 지도자에 대한 개인적 애착"을 허용하는 것으로 보이는데(Callaway &

Creevey 1994 : 4), 이는 아프리카의 전통신앙과도 일맥상통한다. 아프리카 전통주의자 사이에는 조상신에 대한 믿음이 널리 퍼져 있어서 "짐바브웨의 쇼나족은 조상신을 바드무(Vadzimu), 줄루/은데벨레족은 아마도지(Amadhozi)로 불렀다. 이 조상신은 돌아가신 부모의 영혼으로 대개 사후 1년 뒤에 열리는 특별 의식에서 만날 수 있었다"(Moyo 2001 : 303). 마법신앙은 아프리카에 널리 퍼져 있고 "마법사, 마녀, 화난 조상의 영혼을 불행의 주요 원인으로 생각한다"(Moyo 2001 : 303). 마법의식이 믿음과 감정을 지탱한다는 생각은 아주 오래된 것으로, 그 의식은 "자신을 둘러싼 세상에 대한 진정한 이해가 없는 논리적이지 못한 사람들, 자연적 원인과 초자연적 원인을 구별할 줄 모르는 사람들"이 거행했다(Yinger 1970 : 73). 그러나 마법 수행에 의지하는 것은 현대의 문제를 전통적 형태로 처리하려는 아프리카사회의 고투를 보여 주는 것인지도 모른다. 바야르는 광신적 종교의식이 대중화된 것은 이슬람과 기독교가 아프리카에 강한 충격을 주었기 때문일 수 있다고 주장한다. 그런 관점에서 이 현상은 자신의 문화유산을 보호하고 주장하기 위한 아프리카인의 시도로 볼 수 있다(Bayart 1993 : 187-89). 마법의식, 즉 마법사와 주술사의 행위는 아프리카 역사의 중요한 단면을 보여 준다. 그런 의식이 비이성적이고 비과학적이라는 의견에도 불구하고, 아프리카사회에서 정통성을 유지하고 있다. 선교단체는 그런 의식을 **진정한** 아프리카의 것으로 보고 주술의식에 잠시 참여하는 성직자와 종교 인사의 수가 늘어나고 있다는 사실을 10년 전에 보고했다(Connolly 인터뷰 1998). 우간다의 21년 내전을 야기했고 악질적 행위로 익명 높은 신의 서항군(Lord's Resistance Army)의 대표로 유엔 국제형사재판소에 의해 기소된 조지프 코니(Joseph Kony)마저도 우간다를 십계명에 근거한 신정국가로 바꾸기 위해 '영혼'과 교신했다고 한다.[5] 암브로스 모요는 말한다(Ambrose Moyo 2001 : 325).

정체성의 위기를 몰고 온 초기 선교사와 식민 권력이 아프리카 문화와 종교를 파괴하려고 시도한 것은 역설적이게도 아프리카 전통종교의 지속적 수행을 아프리카 문화의 주요 요소로 격상하는 결과를 낳았다.

사례 연구 : 나이지리아 카노의 종교 집단 간 충돌[6]

1987년에서 1993년 사이에, 이슬람교도와 기독교도의 점차 심각해지는 갈등의 결과로 나이지리아에서 3000명이 살해되었고 "공공연한 종교적 폭력 사태"의 대부분이 이 나라의 북부에서 일어났다(Haynes 2007 : 213; Wakili 2001). 사례 연구에서는 대도시 카노를 1990년대 이슬람교도와 기독교도의 갈등으로 고통받는 곳으로 본다(〈글상자 2.3〉 참고). 영국의 식민통치 기간과 1930년대까지 기독교 선교단체는 무슬림과 전통문화를 오염하거나 타락하게 만들 수 있다는 이유로 거부되었다. 그러나 남부 나이지리아 이주민이 카노에 정착하면서 도시에는 기독교도가 늘어나기 시작했다. 카노에 정착하려고 한 "가톨릭교회 역시 카노의 개신교도가 겪은 것과 비슷한 문제에 직면했고" 그들의 활동이 "남부인에게 국한되고 이슬람교도는 전도하지 않는다"는 조건하에 1925년 사봉가리(Sabon Gari)*에 세인트 엘리자베스 교회를 세울 수 있었다. 사봉가리는 "유럽인과 남부인, 선교사를 위해 이교도와 이슬람교도의 정착지 외곽에 위치한 곳이다." 이슬람이 '북부 기독교도에게 무시무시한 장애물'인 것을 알아차린 가톨릭교회는 이슬람 지역에서 전도를 시도하지 않았다. 이는 개신교교회의 활동과 반대되는 점이었다. 개신교는 "무슬림을 개종하기 위해 전도를 시도했지만, 아무 결과도 내지 못했다"(Walsh 1993 : 58-59, 172).

---

* 옮긴이 주 : 'Sabon Gari'는 하우사어로 '신도시(new town)'라는 뜻임.

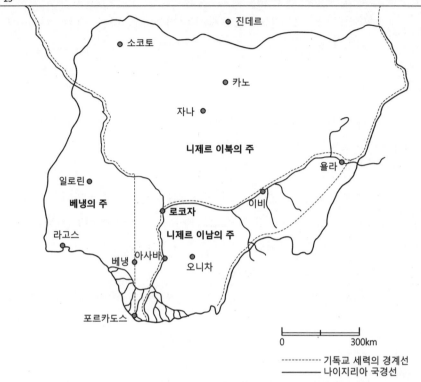

| 지도 2.2 | 1894년 나이지리아의 기독교 지도

그러나 일부 나이지리아 분석가의 관점은 이와 다르다. 그들은 이종교 간 분쟁의 토대가 무슬림 왕국에 기독교 복음주의가 허용되던 식민시기에 구축되었다고 본다. "바로 그때부터 비무슬림 지역사회라는 주머니에서 새로운 개종자를 꺼내려는 기독교와 이슬람의 다툼이 시작된 것이다"(Wakili 2001 : 46). 이와 또 다른 관점을 지닌 나이지리아 분석가도 있다.

나이지리아의 기독교 선교사는 나이지리아를 기독교 세계로 만드는 종교적 목표를 달성하기 위해 두 가지 전쟁에 참여하고 있다는 사실을 깨달았다. 하나는 전통종교와 맞서는 전쟁이고, 다른 하나는 이슬람에 맞서는 전쟁이다.

(C. N. Unah, 같은 책 인용)

그래서 1991년의 갈등은 오랫동안 경쟁관계이던 두 세계적 종교 사이에서 벌어진 또 다른 분쟁 사례 정도로 여겨졌다.

1991년 10월, 이슬람교도가 대다수인 도시 카노에서 최대 규모의 복음대회를 주최하려고 한 기독교도의 시도는 이슬람에 대한 기독교의 또 다른 공격으로 간주되었다. 그것은 이슬람교도의 영토를 침범하려는 기독교도의 시도나 다름없었다.

(Kano State of Nigeria, *Report of Kano Disturbances*, 1991. 10, 같은 책 : 47 재인용)

▌글상자 2.3 ▌ 나이지리아 카노의 간략한 역사(〈지도 2.2〉 참고)

카노는 하우사랜드(Hausaland) 고원 혹은 수단 사바나 지역에 위치한다. 기술된 역사는 초대 왕인 바가우다(Bagauda)가 통치를 시작한 기원전 999년으로 거슬러 올라간다. 야지(Yaji) 치세(1301~1340)에 원주민과 교혼을 통한 정착과 통합 과정을 거쳐 하우사나 풀라니족과 구분되는 독자적인 카나와족을 탄생시킨 말리 이주민 왕가라와(Wangarawa)의 유입과 그들이 미친 영향의 결과로, 이슬람은 이 국가의 종교가 되었다. 카노의 확장과 제도의 급속한 발전은 무함마드 룸파(Muhammad Rumfa, 서기 16세기) 치세에 절정에 달했다. 그는 이슬람 학자들을 지원했고, 아직도 현존하는 유명한 쿠르미(Kurmi) 시장과 일명 기단 룸파(Gidan Rumfa, 하우사어로 '룸파의 집'이라는 뜻)라고 알려진 곳을 세웠다. 그의 치세에 카노의 성문법(Tag ad din Fima Yqib Ala'al Maluk, 왕자의 의무에 관한 종교의 최고봉)이 만들어졌다. 셰이크 무함마드 알마길리(Sheikh Muhammad al-Maghili)가 기술한 이 헌법은 카노의 정치 및 종교기관에 중요한 문헌이 되었다. 북아프리카와 사하라 지역 출신의 다른 이주민은 과거에도 그랬고 지금도 여전히 카노를 사회, 종교, 언어의 용광로로 만들고 있다. 19세기에 카노는 토후 관할지역 및 소코토 회교국(Sokoto Caliphate)의 상업 중심지로 기능했다. 이곳에서 상인은 신기술을 유입하며 영향력을 발휘했다. 일례로 마콰라리(Makwarari)라는 구역에는 하우사족과 수단 이주민 후손의 혼혈로 파링 카노(Farin Kano, 하얀 천) 매매 전문가인 말람 알리 잘라바(Mallam Ali Jallaba)가 있었는데, 그의 이름은 그 지역과 수단에서 입는 길게 흘러내리는 의복을 일컫는 데 여전히 사용된다. 카노는 거대한 배후지와 면, 담배, 인디고, 대규모 곡물 농장이 있는 그 지방에 경제적으로 중요했다. 또한 카노는 천, 가죽, 콜라너트, 노예, 소금의 매매와 생산으로도 알려져 있었다. 인디고 염색을 하는 우물 모양의 장소와 천 생산, 전통 염색, 농업생산은 오늘날에도 존재하고, 쿠르미(Kurmi) 시장은 상인으로 북적거린다.[a] 19세기에 유입된 시리아와 레바논 이주민은 호텔, 빵집, 카페의 주인으로 이곳 경제에 주도적인 역할을 담당하며, 사회의 중요한 요소로 작용하고 있다. 전통 도시 외곽에 있는 팍게(Fagge)에도 이와 비슷한 국제 환전시장이 있는데, 중개인을 통해야 하기 때문에 방문자의 접근이 쉽지 않다.

카노에는 44개의 지방정부와 700~900만의 인구가 있다.[b] 그곳은 도심지로 성장하면서 남부 나이지리아의 이민자는 물론 이웃국가 니제르와 수단의 이민자를 계속해서 끌어들이고 있다.

출처 : Muazzam 인터뷰(2005).

주 : a-저자는 2005년에 인디고 염색 우물과 쿠르미 시장을 방문함.
　　b-1991년 인구조사로 추정한 수치임.

그러나 이 사건의 본질은 정확히 무엇이었을까? 공식 보고서에 따르면, 독일인 성직자인 라인하르트 봉케(Reinhard Bonnke) 목사가 1991년 10월 15일에서 20일 사이에 카노에서 기독교 부흥운동(crusade)을 제안하였고, '50만 명 이상의 대표와 참가자'가 운집할 것으로 예상되었다. 하루나 와킬리(Haruna Wakili)는 이 사건을 두 단계로 설명한다.

첫 단계는 1991년 10월 14일 월요일 아침 일찍, 수천 명의 이슬람교도가 살라툴 하자(Salatul Hajah, 중요한 시기에 하는 무슬림 특별 기도)를 위해 꼬파르 마타(Kofar Mata)에 모여들면서 시작되었다. 이 짧은 기도는 신에게 기독교 부흥운동의 개최를 막아 달라고 부탁하기 위한 것이었다. 이어 중대한 종교 문제와 관련해 무슬림 통치자의 도움을 구하기 위해 통치자의 궁으로 향하는 평화행진이 시작되었다. 시위는 카노의 모든 주요 종파와 종교집단에 영향을 미친, 일부 젊고 급진적인 무슬림 학자들이 주도하였다.

(같은 책 : 42)

무슬림 통치자가 부흥운동을 막기 위해 모든 조치를 취하겠다고 약속하자 시위자들은 해산했다. 그러나 두 번째 단계는 "첫 단계와 다른 양상을 띠었다." 목격자의 보고는 평화시위가 "이슬람교도와 기독교도 사이의 폭력 양상을 띤 종교분쟁으로 이용되고, 변질되고, 악화되었다"고 주장한다. 이 결과는 '행렬 맨 끝'에 있던 시위자들이 반대 방향으로 이동해 팍게를 지나 '사봉가리로 직진'하면서 일어났다(같은 책 : 42). 앞에서 언급했듯이 사봉가리는 기독교도가 대다수인 지역이다. 시위대는 점점 늘어났고, 그들은 이 지역에 모여들면서 알라후 아크바르(Allahu Akbar, 신[알라]은 위대하다)와 바마소(Ba ma so, 우리는 [기독교를] 원하지 않는다)를 외치기 시작했다.

위험한 무기를 들고 있던 폭도들은 백화점과 호텔, 상점, 교회, 그리고 기독교도로 보이는 거리의 남녀를 무차별 공격했다. 이보인(Igbos)이 주로 운영하는 몇몇 상점과 가판이 약탈되고 파괴되었다. 격렬한 위기의 순간에 교회, 호프집, 호텔 역시 파괴되었고, 양측의 수많은 사람이 피격되거나 폭행을 당하고 부상을 입거나 살해당했다.

(Police investigation report, KIIB Kano, 1991. 10,
같은 책 : 43 재인용)

유혈 충돌이 발생한 다음 날, 사봉가리의 기독교도가 이슬람교도에 대한 반격으로 모스크와 이슬람교도의 소유물을 공격하기 시작했다. 한편 무슬림 단체는 '민병대'를 조직해 도시 반대편에서 행진하며 "기독교도를 색출하고 그들의 소유물을 공격"했다. 이 사태는 경찰과 나이지리아 군 부대가 '단호하게 폭력 사태를 진압하면서' 겨우 막을 내렸다(같은 책).

수많은 나이지리아인은 분노했다.

오늘날 나이지리아의 종교 현장에서 당혹스러운 것은, 종교의 차이가 종교적 자유와 관용이라는 전통적 유산을 거스르며, 정치적 파벌싸움, 예배소의 방화와 기물 파손의 구실로 사용된다는 점이다.

(Ugowe 1995 : 106)

실제로 침례교 목사인 비트러스 조슈아 프랍스(Reverend Bitrus Joshua Fraps)가 1993년 카노에 도착했을 때 주민의 반응은 '부정적'이었다. 그는 "거듭 자신의 대전제에서 벗어나" 결국 안전을 고려해 이동식 막사에 침례교회를 세워야 했다(인터뷰 2005). 1991년의 인명 손실은 막대했다. 공식 자료는 200명의 인명 피해를 예상했지만, 실제 수치는 다음의 이유 때문에 제대로 파악하지 못했다. "희생자는 불에 타거나 더 이상

사용하지 않는 우물이나 호수에 던져졌다. 교회 16개와 모스크 3개가 파괴되었고, 558개소의 상점이 약탈, 훼손 또는 전소되었다. 200개가 넘는 차량이 불에 타거나 훼손되었고, 주택 192채가 폭력 사태로 부분적으로 또는 완전히 파괴되었다"(*Report of Kano Disturbance*, Wakili 2001 : 43-44 재인용). 당연히 많은 사람이 그곳을 떠났다. 그들은 "남부인이나 이보인 뿐만 아니라 중부 지역(Middle Belt)* 출신자, 북쪽에 거주하는 비무슬림 소수민이었다"(같은 책 : 44). 와킬리(Wakili)는 이것이 카노의 과거 폭동 양상과 다소 다르다는 사실을 알아냈다. 과거에 하우사 이슬람교도와 동맹관계이던 소수 기독교도가 이제는 '종교적 폭행의 대상'이 되었다는 사실이 그 예이다.

종교 분쟁의 원인

이 격렬한 폭발의 원인을 설명하고 이해하는 과정에서 가능성이 있는 네 가지 촉발 원인을 발견할 수 있다. 사회 – 경제적 문제, 분쟁가능성을 다루는 국가구조의 취약성, 종교 경쟁과 극단주의, 외부 요인이 그것이다. 첫 번째 원인인 카노의 사회-경제적 환경은 이미 우려되는 상황이었다. 대다수 사람이 사회의 어두운 단면을 언급했다.

> 청년 세대를 위한 계획과 조직의 실패에 실망한 청년이 사회에 멋지게 보복한 것이다. 발전하는 대도시의 혼란스러운 분위기에 갇힌 청년이 할 수 있는 것은 거리를 배회하거나 폭력에 의지하는 것밖에 없었다.
> (Muazzam 인터뷰 2005; Umar 인터뷰 2005 참고)

---

* 옮긴이 주 : 북부와 남부 나이지리아 사이의 중간 지역을 말하며, 수많은 소수민족이 거주함.

1991년의 폭동으로 체포된 100명 이상의 수감자 대부분이 '13~30세의 아동과 청년'이었고 그들 대다수가 실직 상태였다. 이는 1991년 3월 카찌나(Katsina)에서 일어난 종교폭동으로 체포된 수감자의 면면과 유사했다(Police investigation report, Wakili 2001 재인용). 대규모 지역사회 기반조직(community-based organization, CBO)인 야카사이 주문타('야카사이 형제단'을 의미)는 실무학습을 통한 훈련의 필요성을 인식했지만 일부 젊은이는 기본적 기술도 습득하지 못했다. 교육 수준이 높아졌다고 해도 대다수가 그 혜택을 완전히 누리지 못했던 것이다. 전통 꾸란학교(Traditional Quranic School, TQS) 체제에서도 위기가 감지되었다. 이슬람 신앙을 배우기 위해 보낸 **알마지라이**(Almajirai, 전통 꾸란학교의 학생들을 일컫는 용어)가 사실상 '거리의 아이들… 거지, 행상'이 되어 버린 것이다. 이런 결과를 초래한 주요 요인으로 지적되는 경제 문제는 "사회적 폭발", "일련의 시위 및 폭력 행위"에 크게 일조한 것으로 보였다(Sule-Kano 2004 : 9).

사회-경제적 난관이 폭력의 첫 번째 원인이라면, 이제 두 번째 요인에 주목해 보자. 적절한 교육수준과 건강관리, 일반 공공서비스를 제공해야 하는 지역 당국의 취약성이 그것이다. 이런 환경에서 지역사회의 기반조직은 일반적인 공공서비스를 제공하면서 지역 당국을 대체하는 수준으로까지 운영되었다. 사실상 44개의 지역 정부를 대체하는 야카사이 주문타는 치료소와 병원, 심지어 식료품까지 공급했다. "주민이 지역사회의 기본조직의 도움을 받을 수 있게 하는 것이 이들 조직의 목표이다"(Umar 인터뷰 2005). 이로써 공급 부족의 간극이 메워질지 몰라도 외부에서는 이런 형태의 조직이 "특정 고객에 한정되고"(Muazzam 인터뷰 2005), "정부의 특별 허가에 달려 있다"고 본다(Kawu 인터뷰 2005). 그러나 야카사이 주문타는 영국의 국제개발부(Department of Internationl Development)와 유엔아동기금(UNICEF)에서 자금을 지원받았고, 지역사회에서 역할을 국제적으로 인정받았다. 카노 정부는 샤리아(Shari'a)를 시행하는 샤리아 위원회 아래에 있고, 히즐라(Hizlah) 이사회가 그 지역의 도덕적인 문제를 담당한다. 공공 축제를 비롯한 모든 행사는 이 위원회의 허가를 반드시 받아야 한다.[7] 샤리아 법의 시행은 여러 우려를 불러일으켰다. 어떤 사람은 이에 동조하지 않는 주에서 기독교와 이슬람의 관계가 불편해져 긴장 상태에 이를 수 있다고 주장했고, 또 다른 사람은 샤리아 법의 도입이 비즈니스에 영향을 미쳐 남부 및 동부 나이지리아의 투자가 철회될 수 있다고 주장했다(Kukah 1993; Fraps 인터뷰 2005). 초기에 대다수 사람은 부자가 자카트(zakat, 자선활동)를 통해 빈자에게 자신의 부를 나누어 줄 것이란 기대로 샤리아 법을 지지했다. 그러나 카노의 무슬림 통치자가 이슬람 학교에 기부를 한 것 이외에 일반적으로 재원은 거의 양도되지 않았다.

세 번째 원인인 종교 경쟁과 극단주의는 이슬람과 기독교 단체 모두의 현상으로 보인다. 반론이 있기는 하지만 "1980년대와 1990년대의 종교분쟁과 폭력, 당시의 이슬람과 기독교의 부흥주의와 근본주의의 출현 사이에는 직접적인 관계가 있는" 것처럼 보인다(Wakili 2001 : 45). 경제 문제로 인해 한 인기 있는 근본주의자가 북부 나이지리아로 돌아와 이란의 재정지원을 받고 있는 것으로" 국제적으로 알려졌다(BBC Summary of World Broadcasts AL/2116 1994. 10. 3, Deegan 1996 : 120 재인용). 1991년 3월 카찌나에서는 나이지리아 무슬림 형제단 운동의 국가적 지도자 말람 이브라힘 야쿠바 엘 자크 자키(Mallam Ibrahim Yakuba El-Zak-Zaky)의 추종자인 말람 야쿠바(Mallam Yakuba)가 주도하는 종교분쟁이 일어났다(Wakili 2001 : 39). 무슬림 지도자는 이슬람교도를 도발하고 공격하는 기독교도의 행위를 언급했다. 당시는 나이지리아의 참여를 압박하는 이슬람회의기구(Organization of the Islamic Conference, OIC) 때문에 지역사회 간의 긴장이 증가하고 있을 때였다(Deegan 1996; 이 책의 제9장 참고). 그러나 카노 폭동의 도화선이라는 맥락에서 기독교의 '도발'과 '공격'은 과연 무엇이었을까? 어느 면에서 이것은 종교적 자유의 프리즘을 통해 바라봐야 할 것이다. '도발'은 "예수를 위한 카노(Kano for Jesus) 라고 적힌 현수막 아래 있는 복음 십자군"을 보유한 기독교 단체와 밀접한 관계가 있는 것으로 인식되었다. 그것은 이슬람교도와 이슬람을 겨냥한 기독교의 의도적 도발로 보였다(Kano State of Nigeria, *Report on Kano Disturbances*, 1991. 10).

그러나 흥미롭게도 가톨릭 지역사회와 무슬림청년조직 국가위원회 (National Council of Muslim Youth Organizations)는 카노 소요의 원인을 만연한 사회-경제적 스트레스와 청년실업으로 보았다(Wakili 2001 : 47-48; Musa 인터뷰 2005 참고). 그러나 가장 중요한 요인이 있는데, 카노 주민이 여러 기독교 교파에게 보인 차별적인 관용이었다. 카노의 가톨릭 성당은 수녀원까지 세울 정도로 성장했지만, 복음주의 개신교 단체는 별로 환영받지 못했다. 주민의 눈에는 개신교 단체가 가톨릭 지역사회보다 더 근본주의적으로 보였던 것이다. 이는 1991년 나이지리아 헌법 조항인 종교적 권리와 예배의 자유에 대한 논쟁을 일으켰다. 어떤 종교의 전도사이든 헌법의 보호를 받으며, 종교적 표현 및 예배의 자유를 행사할 수 있었다. 그러나 무슬림은 기독교도가 '기독교에서 구원을 찾는 무슬림'이라고 적힌 포스터나 현수막을 부착하는 것을 '고도의 도발이자 선동' 행위로 보았다(Kano State of Nigeria, *Report on Kano Disturbance*, 1991. 10). 카찌나에서 일어난 종교분쟁은 1990년에 출간된 코믹 잡지 『펀 타임스 (*Fun Times*)』만화에 등장하는 대사 '유명한 창녀랑 결혼할래?'가 도화선이 되어 일어났다. 여기서 유명한 창녀는 예언자 무하마드와 예수 그리스도 모두를 의미했다. 덴마크 만화와 무하마드라는 별명이 붙은 스웨덴의 테디 베어에 대해 보인 최근의 격렬한 반응에 대한 메아리로, 무슬림은 나이지리아의 한 이슬람 분파의 주도로 "예언자를 조롱하고 모욕하는" 만화 출간에 항의하는 시위를 벌였다(Wakili 2001 : 39).[8]

나이지리아의 이슬람 운동은 나이지리아의 헌법과 법률을 인정하지 않는다고 주장했다. 카찌나의 이슬람 운동 지도자 말람 야쿠부 야하야(Mallam Yakubu Yahaya)는 다음과 같이 주장했다. "무슬림 법의 지배를 받는 이슬람교도인 나는 신성한 꾸란의 권위 이외의 그 어떤 권위도 용납하지 않는다. 나는 연방정부를 인정하지 않고, 주 정부와 주 정부의 법을 인정하지 않는다"(*African Concord*, 1991. 4. 22 : 26, 같은 책 : 55 재인용). 카노에서 "무슬림 급진단체와 온건단체는 **샤리아** 법이 나이지리아의 주 세속법(世俗法) 위에 있다는 **샤리아** 법 지상주의에 기반을 두고 연합했다"(같은 책 : 55). 그러나 이전에 등장한 샤리아를 주창하는 포스터나 선언문이 2005년도에 자취를 감춘 것을 보면, 이는 변화하고 있는 것 같다. 기본적으로 종교가 정치와 결탁하면, 대다수 신자는 그것이 가져오는 이익에 대해 실질적인 관점을 취하게 된다. 그것이 야카사이 주문타(Yakasai Zumunta) 같은 형제단이 학교, 병원, 일자리, 식료품 공급의 중요성을 인정하게 된 이유이기도 하다. 열악한 위생상태, 노출된 변기, 부족한 물 공급은 지역사회 역량강화 프로젝트가 카노 주의 4개 지역사회를 조사하면서 밝혀낸 우려사항 중 일부에 불과하다(Salihu 2003 : 31). 정치가는 주민의 실질적 요구를 다루어야 하는데, 그것은 샤리아 법의 수호가 이런 긴급한 요구사항을 해결해 주지 않기 때문이다.

결국 외부 환경을 고려하지 않을 수 없다. 국제적 사건 역시 1990년 사담 후세인(Saddm Hussein)의 쿠웨이트 침략 이후 중동에서 전개된 문제만큼이나 중요성을 띤다. 유엔 결의안에 따라 쿠웨이트 내 이라크군 축출을 목표로 한 1991년 걸프전쟁이 격렬하게 진행됐다. 당시 한 보고서는 다음과 같이 보고했다.

나이지리아의 안보기관은 무슬림의 대의명분을 위해 싸우는 유력한 무슬림 지도자 아부바카르 구미(Abubakar Gumi)가 북부 지역의 무슬림 시위를 중단시켰고, 모든 이슬람교도에게 국가를 도울 것을 권고했다. 나이지리아 기독교연합의 지도자는 걸프 위기로 나라의 평화가 파괴되는 불상사가 일어나지 않게 해 달라고 국민에게 호소했다.

(Deegan 1996 : 112 재인용)

더 우려되는 것은 2001년 9월 11일에 미국을 공격한 것에 대한 반응이다.

오사마 빈 라덴(Osama bin Laden)의 이미지에 대한 수요는 어마어마하다. 그 수요는 결코 충족되지 않을 것처럼 보인다… 이 열병은 개인에 대한 흠모보다는 이념과 더 관계가 있다. 이곳 대부분의 이슬람교도에게 빈 라덴은 영웅이다. 그는 미국을 똑바로 바라보고 '지옥에나 가라'라고 말할 수 있는 이슬람교도이기 때문이다.

(Muhammed 2002 : 51)

그러나 카노의 무슬림은 미국 국제개발처의 혜택과 미국이 그 지역에 제공하는 기타 재원을 역시 인지했다. 그들은 카노 거리를 지나는 성조기로 덮은 차량을 향해 손을 흔들었다(Aulam 인터뷰 2005). 북부 나이지리아에서 이슬람과 기독교도의 관계가 앞으로 어떻게 전개될지는 여전히 의문으로 남아 있지만, 한 가지 사안만큼은 국가적 차원에서 합의된 것처럼 보인다. 즉, 정치적 측면에서 나이지리아는 수단이 겪은 것과 같은 경험으로 고통받고 싶어 하지 않는다는 점이다.

[분석] 이슬람, 법과 사회

샤리아는 서기 8세기와 9세기에 무슬림 율법가가 발전시킨 이슬람의 종합적이고 체계적인 법규로, 꾸란과 무하마드의 순나에서 유래했다. 그러나 모든 시기의 주요 율법 논쟁과 종파 분리는 무엇이 정말 법적인 행동인지 또는 행동이어야 하는지와 관련해서 무슬림을 갈라놓았다. 이후 무슬림 권위자는 수많은 법의 개혁과 관용, 비이슬람교도와의 화해를 시도했지만, 현대의 근본주의자는 이러한 개혁과 관용에 단호히 반대한다. 그들은 절도 행위자의 오른손을 절단하고, 간통 또는 우상 숭배자에 대해 채찍질을 가하거나 돌을 던져 죽이는 극단적으로 가혹한 처벌을 내린 중세 샤리아의 규정을 언급한다.

(Davidson 1994 : 274-275)

이 인용문에 담긴 주장을 더 깊이 분석하기 위해서는 신앙의 차원에서 살펴보아야 한다.

이슬람 초기

이슬람은 그 자체가 종교이고, 정치이며, 총체적 삶의 방식이다. 따라서 이슬람이 사회와 맺는 관계는 강력하다. 이론적으로 이슬람 국가는 영토상의 개념이라기보다 공동체적 개념이고, **샤리아** 법은 공적·사적 영역에 영향력을 미친다. 모든 정치적·경제적·사회적 사건은 이 종교법의 관할 아래에 있다. 이런 특정 조건에서 이슬람교는 개혁에 저항하고, 모든 영역의 현상 유지를 목표로 하는 것처럼 보일 수 있다. 실제로 지금까지 논의한 이슬람교는 사회의 기본 양식을 동결하는 능력을 갖고 있다. 실질적 의미에서 "현존하는 것이 계속 존재해야 하는 것이다"(Pfaff 1967 : 106).

이슬람은 또한 국가라는 한계를 넘어 무슬림을 통일해야 한다. 한 종교 지도자는 금요일 설교에서 "이슬람교에서 영토상의 경계는 존재하지 않는다"고 주장했고(Ahmad 1991), 1990년대 말에 수단의 핫산 알투라비(Hassan Turabi)*는 "이슬람의 이상(理想)은 같은 혈통과 관습, 거주지, 관심사, 도덕적 목표를 토대로 뭉친 자유로운 사회집단과 같다"고 말했다(인터뷰 1997). 이런 국가체제는 회교국(Caliphate)이 권력을 장악해 복원하고 재정립하여 무슬림 공동체를 통합하는 정치 형태를 취하게 된다. 다시 말해, **샤리아**에 순응하는 정치체제 아래 이슬람교의 통일된 질서가 구축된다. 회교국은 자유로운 이주와 고전적인 회교국에 대한 추억처럼 뿌리 깊게 자리 잡은 이슬람 전통을 보존하면서 **움마**(umma, 이슬람 공동체)의 중앙기관으로 기능한다. **움마 무하마디야**(umma muhamadiyya)라고 하는 이 이상적 인간사회는 "처음에는 미약하고 위태롭지만, 신의 직접적인 도움과 예언자의 행위로 말미암아 성장하는 규율집단"을 의미한다(Arkoun 1994 : 53). 〈글상자 2.4〉와 〈글상자 2.5〉를 참고하라.

〈표 2.1〉은 이슬람이 지정한 동료와 관계, 즉 "인간의 행복과 평화, 진보, 번영을 위해 절대적으로 필요한" 것에 대한 개요를 서술했다(Surty 1995 : 16). **알우크와흐**(al-ukhuwwah), 즉 형제애를 강조한 것도 있다.

---

* 옮긴이 주 : 원문과는 달리 본명이 'Hassan al-Turabi'이므로 역서에서는 '핫산 알투라비' 혹은 '알투라비'로 칭함.

이슬람 연대는 서로 모르는 이들을 혈연으로 맺어진 형제보다 더 강한 형제애로 결합한다.

형제애는 두 심장을 화합하게 만드는 알라의 위대한 축복 중 하나로, 이는 알라의 축복이 없으면 절대 불가능하다(8 : 63).

이 고귀한 형제애의 관계를 통해 두 낯선 이는 빗살처럼 결합될 수 있다. 바로 거기에서 사랑과 협동정신, 나눔, 희생, 이해, 관용이 태어난다(49 : 10, 3 : 103, 33 : 5).

(같은 책)

모하메드 아르쿤(Mohammed Arkoun)은 이상 공동체의 개념이 다소 비현실적이라고 말한다. 신화 속 환상은 특권층, 즉 이상적인 공동체의 조건과 영적 특성을 규정하는 제자와 동료가 이상적으로 변환한 모든 사건과 말을 통해 현시되고 유지된다(Arkoun 1994). 생각은 동시대 현실과 연결되어야 한다. 이슬람의 수행법인 알슈라(al-shura, 협의)는 더 넓은 무슬림 공동체와 연결하기 위한 수단으로서 "인접한 공동체, 중간 거리의 지역복합체와 원거리의 보편적 집단"이 통합해서 균형을 찾는다(Turabi 1993; Turabi 인터뷰 1997 참고). 이슬람에 따르면 "사회의 모든 구성원은 지역적으로든, 국제적으로든 형제단의 끈에 단단히 묶여 있다." 그러나 모든 인간사회에는 어떤 식으로든 정부 형태가 내재되어 있게 마련이다. "통제도 없고, 지도(指導)도 없고, 규제도 없는 사회란 있을 수 없기 때문이다"(Dunleavy & O'Leary 1991 : 1). 사회조직이 "신의 법에 의해 짜였다"고 해도 이슬람에서 사회 구성원 각자의 권리와 의무는 "정의와 평등, 조화, 자연조건을 바탕으로 신의 허가를 받아 배정된다"(Surty 1995 : 20). 모하메드 아르쿤은 "신자와 비신자, 아홀 알키탑(ahl al-kitab, 책에 등장하는 사람들, 즉 예수와 기독교도)" 등 모든 사회 구성원의 권리와 의무에 관한 신학적 · 사회-정치적 문맥을 제시하는 장으로 꾸란 제9장을 제시한다

▌글상자 2.4 ▌ 예언자 무하마드

서기 570년 아라비아의 메카(Makkah)에서 예언자 무하마드는 또 다른 예언자인 이스마엘(Ishmael)의 후손인 바누 하심(Banu Hashim)의 집안에서 태어났다. 그가 태어나기도 전에 아버지 압둘라(Abdullah)는 세상을 떠났고, 할아버지 압둘 무탈립(Abdul Muttalib)이 그를 돌보았다. 그가 6세였을 때 어머니 아미나(Aminah)가 세상을 떠났고, 그로부터 1년 뒤에는 할머니가 돌아가셨다. 결국 삼촌인 아부 탈립(Abu Talib)이 그를 양육했다.

그는 메카의 부유한 미망인 카디자(Khadijah)의 무역사업을 맡아 정직하게 수행했고, 결국에는 카디자의 청혼을 받아 결혼했다. 이 예언자는 당시 메카의 다신교와 부당한 사회관습을 우려했다. 평화를 추구한 그는 메카의 빛의 산에 있는 동굴 히라(Hira)에 가서 혼자만의 시간을 자주 가졌다. 40세가 되던 해, 그는 그곳에서 가브리엘 천사에게서 꾸란의 계시를 받았고, 그때부터 그는 이슬람의 메시지를 전파하기 시작했다.

메카인은 이슬람의 메시지를 기존의 종교와 특권, 지위, 권한에 대한 위협으로 여겼다. 이슬람 메시지가 확산될수록 메카인의 분노와 적대감은 커져만 갔고, 무슬림은 신앙을 실천하기 위해 메디나(Madinah)로 이주해야 했다. 무슬림의 발전을 두려워한 메카인은 무하마드를 살해할 계획을 세웠고, 이 음모를 알아차린 이 예언자는 서기 622년에 메카에서 메디나로 이주했다. 예언자 무하마드의 이주는 이슬람 역사의 전환점이 되었고, 그날부터 이슬람의 달력이 시작되었다. 메디나는 무하마드를 환영했다. 이 예언자는 그곳에 모스크를 세웠고 소박하게 살 수 있는 마당이 있는 작은 집을 지었다. 그는 죽어서 그곳에 묻혔다.

예언자 무하마드는 이슬람 국가를 세우고, 무슬림을 신성한 법 아래에 결집하였다. 자신의 정치적·종교적 권위 아래 입법, 사법, 행정 기능을 결합한 것이다. 그는 단순하고 소박한 삶을 영위했다.

무하마드는 겸손하고, 진실하고, 신뢰할 수 있고, 사려가 깊고, 다정한 사람이었다. 그는 아이들을 좋아했고 모두에게 공손하고 정중했다. 그의 연설은 감미롭고, 명쾌하고, 간결하고, 생각과 지혜로 가득 차 있었고, 듣는 이의 심장을 꿰뚫었다. 그는 뛰어난 기억력과 실질적 지혜, 독창적인 천재성을 지녔고, 부자와 빈자, 흑인과 백인, 강자와 약자를 동등하게 대우했다. 그는 진실의 수호와 정의 구현으로 인해 자신의 삶이 위태로워지는 것을 두려워하지 않았다.

출처 : Surty(1995).

▌글상자 2.5 ▌ 예언자 무하마드의 역사관

예언자 무하마드는 글을 읽지 못하는 문맹 아랍인이었지만, 상황 판단이 빠른 사업적 두뇌와 부유한 미망인의 재산을 물려받았고, 성인이 되어서는 종교적 소명을 자각하는 삶을 살았다. 그는 윤리적 측면에서 아랍 법규를 훨씬 능가하는 신앙을 설파했다. 그는 아라비아의 정치 지도자가 되어 세계 종교를 설립했고, 추종자의 뜨거운 열정을 일깨워 로마 제국의 절반과 그 외의 많은 땅을 정복했다. 아라비아의 불안한 환경과 막연한 국민적 숙원은 무하마드의 의지와 상관없이 그를 정치적 통치자로 만들었다.

그의 가르침은 유대교와 기독교의 원천을 차용했다. 구약성서를 수용하고 그리스도를 신성한 임무를 지닌 인간 예언자로 보았다. 그러나 단지 이것만으로는 그의 윤리적·정치적 원칙을 설명하기 힘들다. 그의 인생의 성패를 결정한 것은 바로 그의 인격이었다. 그는 인간을 통찰하고 다룰 줄 아는 범상치 않은 재능을 지녔다. 그의 진실성에 대해서는 함부로 논쟁할 수 없다. 그는 광신적 믿음을 갖지 않았고 사기도 치지 않았다.

출처 : Bury(1921).

┃ 표 2.1 ┃ 이슬람교가 지정한 동료와 관계

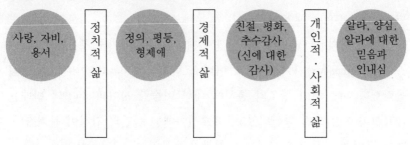

출처 : Surty(1995).

(Arkoun 1994 : 55).

그러나 초기 우마이야 왕조(Umayyad dynasty)의 통치자는 강력한 중앙집권 왕국인 아랍 제국을 발전시켰다.

> 비잔티움(로마 제국과 페르시아 지방의 동부)의 진보한 정부기관과 관료체제는 아랍 이슬람교도의 요구를 받아들여 거기에 맞추었다. 현지 공무원과 관료는 주인인 이슬람교도를 돕고 안내하기 위해 존재했다. 개종과 동화과정을 통해 언어, 문화, 국가, 사회가 아랍화되고 이슬람화되었다. 아랍어는 행정언어가 되었을 뿐만 아니라 오늘날 북아프리카와 중동과 아프리카 지역 대부분의 공통어가 되었다.
>
> (Esposito 1994 : 42)

우마이야 왕조는 통치 활동을 정당화하기 위한 수단으로 이슬람을 이용한 반면, 칼리프는 "신앙의 수호자이자 보호자로서 이슬람 규칙을 현실에 적용하였다"(같은 책). 여느 제국과 마찬가지로 사회는 필연적으로 분열되었고, 비아랍 이슬람교도와 비이슬람교도에 대한 불평등으로 그들은 부당한 대우를 받는다는 느낌을 가졌다. 이는 아프리카 지역에서도 마찬가지였다. 그러나 교역은 중요했고 반드시 필요한 것이었다. 꾸란이나

예언자의 말씀 그 어디에도 무신자와 교역하는 것을 금지하는 구절은 없다(Horden & Purcell 2004 : 156).

결국 서기 661년부터 750년까지 지속된 우마이야 왕조는 수도 다마스쿠스(Damascus)가 함락되고, 아바스 회교국(Abbasids)이 세워지면서 몰락했다. 우마이야 왕조의 통치에 대한 이슬람 시아파(shi'i)의 반대는 페르시아(이란)까지 확산되었고, 페르시아에는 불만의 감정이 불거졌다. "인도유럽계 혈통의 활기차고 호전적인 농부였던" 페르시아인(De Burgh 1961 : 29)은 이슬람교도가 되었다. 그들은 키루스(Cyrus) 2세 시절로 거슬러 올라가는 고도로 발달한 오랜 문명의 역사를 지닌 민족이었다. 아케메네스 왕조(Achaemenids)의 한 씨족에 속한 키루스 2세는 바빌론을 정복하고, 서기 553년에 스스로를 페르시아 왕으로 불렀다. 그러나 "아바스 왕조는 시아파가 아니었다. 그들은 무슬림 공동체의 리더십이 예언자 무하마드의 후손, 즉 이 예언자의 딸 파티마(Fatima)에게 있다고 주장하며 우마이야 왕조에 반대했다"(Sonn 1990 : 37). 아바스 왕조는 바그다드에 수도를 세우고 동쪽 지역까지 통치했고, 우마이야 왕조는 안달루시아(서부 에스파냐)와 서아프리카의 일부를 계속 통치했다. 이는 "아랍에 대한 페르시아"의 승리, 즉 "아라비아의 정치적 민족주의에 대한 종교의 승리"였다(De Burgh 1961 : 418). 19세기 무렵, 지중해의 네 열강 중 두 열강은 서쪽에, 나머지 두 열강은 동쪽에 위치했다.

서쪽에는 샤를마뉴 대제의 후손이 통치하는 기독교 제국과 코르도바(에스파냐) 우마이야 왕조의 무슬림 통치자들이 다스리는 이슬람 왕국이 있었다… 동쪽에는 콘스탄티노플이 통치권을 갖고 있던 기독교 제국과 바그다드의 아바스 회교국이 있었다.

정치적 중력은 "한편으로는 동부 제국과 에스파냐 이슬람교도를, 다른 한편으로는 서부 제국과 아바스 왕조"를 연합하는 경향이 있었다(같은 책 : 419). 아바스 왕조는 "독보적 영광과 경제적 번영"으로 인해 초기 "이슬람 문명의 전성기"로 간주한다(Esposito 1994 : 52). 아바스 왕조는 이슬람의 학문과 교육, 모스크, 문화와 예술은 물론이고 샤리아 법도 발전시켰다. 우마이야 왕조는 이슬람 법체계를 효율적으로 시행하지 못했다는 비판을 받은 반면, 아바스 왕조는 교역, 상업, 공업, 농업을 통해 이룬 부와 자원으로 눈부신 발전을 이룩했다. 존 에스포시토(John Esposito)가 밝혔듯이, 울라마(Ulama, 종교학자)는 훨씬 더 많은 영향력을 지닌 "전문적인 엘리트 종교지도자, 무슬림사회의 명백한 사회 계급이었다. 그들의 특권과 권한은 이슬람 학문, 즉 예언자와 법의 전통인 꾸란의 연구에서 비롯하였다." 그렇게 그들은 율법학자이자 교육자, 이슬람법과 전통의 해석자이자 수호자가 되었다. "초기 율법가가 법을 발전시키는 동안 카디(qadi, 판사)는 법을 집행했다. 그런 식으로 이슬람의 사법체계는 굳건해졌다"(같은 책 : 54).

> 아라비아와 아라비아의 예언자가 낳은 이슬람교는 아바스 왕조 시대에 단순한 신앙체계와 숭배의식에 머무르지 않았다. 그것은 국가, 사회, 법, 사상, 예술의 체계이기도 했다. 그것은 종교와 통합과정을 거쳐 결국엔 사회의 지배적 요소가 된 문명이었다.
>
> (Lewis 1966 : 133)

그러나 터키의 오스만 술탄이 이끄는 이슬람 제국은 이슬람의 행동수칙에 심각한 영향을 미쳤다. 인구의 상당수가 비이슬람교도였던 오스만 제국은 이런 공동체를 엄격한 종교적 토대의 법적 틀 안에 가두는 것이 매우 힘들다는 것을 깨달았다. 그 결과 이중의 법체계가 전개되었는데, 하나는 샤리아 법의 지배를 받는 법체계이고, 다른 하나는 관습에 기초한 법체계였다. 오스만 제국에서 사회의 법률조직은 국가 정체성과 양립될 수 없었다. 각각의 종교적 공동체 또는 밀레트(millet)*는 자체적인 사법적·정치적 독립단체를 형성했다. 오스만 제국은 공법으로 시민을 통치했지만, 각 밀레트는 개인의 지위와 가족법을 존중하는 자치체제로 사회를 분열하는 경향이 있었다. 8세기 무렵 오스만 제국의 권력과 번영은 현대화된 서구의 경제, 군사, 정치적 권한의 심각한 도전을 받았다. 결국 오스만 제국은 제1차 세계대전 시기에 붕괴되었다. 그러나 이슬람사회에 대한 개념은 새로이 해석되었다. 이집트의 지식인 리파아 바다위 라피 알타흐타위(Rifa'a Badawi Rafi' al-Tahtawi)는 "이 세상에서 다음 세상의 행복을 보장하는 마슬라하(maslaha, 사회복지)를 확립하기 위해 분투하며, 신의 의지를 행하는 것"이 사회의 목표라고 주장했다. 그러나 타마라 손(Tamara Sonn)의 설명처럼, 알타흐타위의 마슬라하에 대한 기술은 "종교수행은 물론 국민의 전반적 생활조건 향상과 부, 만족을 가져오는 경제활동에 기반을 둔 정의롭고 진보적인 사회"에 대한 묘사이기도 했다(1990 : 37). 알타흐타위는 와탄(watan, 지역)의 개념도 언급했는데, 이는 움마(umma)라는 단어로 지칭되는 신도의 공동체라기보다 지리적 장소를 가리키는 것이었다.

지역 형제단 위에 국가적 형제단을 둔 같은 와탄 회원은 명예 및 부와 관련해서 와탄을 발전시키고 완성하기 위해 협력해야 할 도덕적 의무를 지닌다.

(Al-Tahtawi, Hourani 1970 : 79 재인용)

---

* 옮긴이 주 : 오스만 제국에서 공인한 비이슬람 종교 자치체를 의미하며, 제7대 술탄인 메흐메트 2세(재위 1451~1481) 시대에 설치했다고 전해짐(출처 : 두산백과).

이는 세네갈의 형제단, 특히 무리디야(Muridiyya) 형제단에서 두드러지게 나타난 감정이다(제2장 앞부분 참고).

오스만 제국의 쇠퇴기에 아랍인은 지배에서 벗어나고 싶어 했다. 일부 사람은 종교 부흥운동으로 눈을 돌려 진정한 이슬람 회교국을 수립하고자 한 반면, 또 다른 일부 사람은 민족주의를 통한 독립을 추구했다. 자말 알딘 알아프가니(Jamal al-Din al-Afghani, 1838~1839)는 과학과 논리를 되찾아 이슬람을 혁신하자고 주창했다. 그는 그렇게 함으로써 이슬람이 서구를 물리칠 수 있을 것이라고 주장했다. 이슬람은 예배와 법, 정부, 사회를 아우르는 포괄적 삶의 양식이었다. 즉, 이슬람의 정체성 확립과 확고한 이슬람 연대가 필수였다. 알아프가니는 종교의 침체를 비판하면서 이즈티하드(Ijtihad, 이슬람법에 대한 독립적 분석과 해석)를 요구했다. 그러나 범이슬람 세계를 주장한 그 역시 국가적 독립의 필요성을 인식했다. 일부 민족주의자는 입헌주의 정치방식을 통해 흩어진 제국의 국민을 하나의 '국가적' 공동체로 통합하여 구축하기를 바랐지만, 국제 정세는 과거에 분할된 지배권을 미래 발전의 배경으로 제시했다. 1920년 이후 아랍 지역에서 분리된 터키는 무스타파 케말 아타튀르크(Mustafa Kemal Atatürk, 1881~1938)의 주도로 진보에 대한 전혀 다른 접근을 시도했다. 중동의 다른 지역은 유럽 식민주의 권력과 직면했다. 존 에스포시토는 새로운 접근법을 찾거나 서구의 관념을 고찰하기 위해 이슬람 자료를 해석한 사람들을 현대화의 공헌자로 여겼다(Esposito 1994 : 155). 그러나 다른 분석가는 이 의견에 별로 동의하지 않는다. "방대한 이론적 토론에도 불구하고 이슬람교 원칙에 기반을 둔 실행 가능한 현대사회의 모델은 만들어지지 않았다"(Banani 1961 : 151).

현대의 정치공동체의 대다수 이론에서 발견되는 국가와 사회의 구별은 부분적으로 각 영역 내의 사회관계를 분석적으로 구분하는 데 크게 입각해 있다. 국가는 정치 지도자와 관료제를 유지하는 권력을 합법적 질서라고 믿는 개인의 행동에 지배권을 행사한다. 합법성은 지배권을 행사하는 자와 그에 종속된 사람들이 공유하는 개념이다. 그러나 관습적이고 전통적인 사회에서는 친밀한 이해관계를 기초로 관계가 이루어진다. 부족, 가족, 친족, 종교집단, 다시 말해 원초적 충성심에 근거하는 집단이 형성되는 것이다. 그러나 현대국가는 공적 권위를 지닌 지위로 격상하면서 원초적 충성심과 상관이 없어졌다. 입법, 사법, 행정 차원의 의사결정은 특정 개인과 관련 없는 규칙에 종속되었고, 사회적인 이해관계에서 독립했다. 절대 전제주의 통치(absolutist forms of rule)에서는 정권의 합법성이 전체 인구보다 국가 관료와 관련이 있다. 정치적 안정 역시 이해관계가 있는 지역 권력을 확인해 주는 관료에 달려 있고, 그들의 가치관과 부합할 수 있게 정치체제는 중대한 혼란 없이 제 기능을 유지해야 한다. 그러나 발전과 함께 중산층의 정치적 요구가 증가하면서 국가정책에 적절하게 영향을 미치는 포괄적 공동체의 개념이 더욱 인정받게 되었다. 선거구민은 단순한 통치를 받는 것이 아니라 참여체제를 상징한다. 마찬가지로 국가 자체도 점점 새로운 사회의 한 요소로 간주되었다. 국가는 기계적인 사회조직일 뿐만 아니라 권위를 지닌 체제이기 때문이다. 통합 영역을 지배하고 다른 조직과 다른 관료체제를 소유한 비개인적이고 추상적인 국가는 근대성과 동의어가 되었다. 헌법은 시장의 자율성과 유산자의 특권을 보호하고, 일관된 법 집행과 사회질서의 유지에 관한 국가 이념을 명백히 표현하기 위해 제정되었다. 에밀 뒤르켐(Emile Durkheim)은 두 개의 상반된 사회 형태를 제시했는데, 하나는 구성원의 삶의 기본조건이 동질적이고 농업으로 연명하는 작고 단순한 획일적인 기계적 사회이고, 다른 하나는 각 영역이 전체에 의존하는, 즉 전체가 하나로 기능하는 결속 사회인 유기적 사회이다. 그는 국가가 개인을 사회조직과 관습에서 자유롭게 하는 합리적 단체로 기능해야 한다고 보았다(Durkheim 1982 : 53). 아프리카의 취약한 국가는 종교와 종교의 형식적 통치체계를 중시한다. 또한 이슬람의 전통적 관점은 종교와 세속을 구분할 수 없다고 역설한다. 그러나 중동과 아프리카에서 이 그림은 국가주의와 세속주의, 파벌주의로 인해 복잡하게 얽혀 있다. 종교적 이해관계와 관심사는 국가와 경제발전에 기반을 둔 이해관계와 관심사와 상당한 정도로 충돌하기 때문이다.

이슬람과 자유주의

19세기에 발전한 자유주의는 단순한 경제적 개인주의 그 이상의 것이 되었다. 다시 말해 도덕적·사회적 자유와도 관계를 맺게 되었다. 개인은 전통적 가치에 의문을 제기할 수 있는 권리를 지니게 되었다. 보통 선거권과 시민권으로 이해되는 자유민주주의는 20세기까지 대다수 서구 민주국가에서 완벽하게 수립되지 않았다. 그러나 시장사회가 민주주의를 요구하며 압박하기 시작했는데, 이는 자유주의가 항상 개인의 동등한 권리와 평등한 기회 제공을 역설했기 때문이다. 계급보다 개인의 권리를 우선시하는 자유민주 토대 위에서 민주주의를 요청하였고, 전반적으로 받아들여졌다. 국가의 존재와 시민권과 관련한 의무 역시 수용할 준비가 갖추어졌다. 다원주의 체제는 자유주의와, 다음에 제시하는 다수의 가치관의 수용과 동일시된다. 행정 기능과 입법 기능을 분리하는 법규, 언론의 자유, 결사의 자유, 집회의 자유 등 국민의 자유 수호, 정치적 관용과 반대권의 행사, 정부의 정기적 선거 실시, 일인일표, 동일 규모의 선거구 등 정치적 평등이 그것이다. 다양한 집단이 경쟁하는 다원주의 사회가 다양성과 반대를 강조하고 특정 사안에 대한 집단의 반대를 장려한다고 해도, 사회규칙과 관련해 모든 집단이 준수하는 최우선의 책무가 반드시 존재해야 한다. 한 집단이나 정당, 조직이 정치체제에 대해 갖는 적대적 생각은 사회에 대한 위협으로 간주된다. 그렇다면 반대는 자유로운 다원주의 사회의 핵심 요소이지만, 이는 이러한 반대가 국가구조를 약화하거나 위협하거나 전복하지 않을 때에만 그러하다. 그러나 이슬람과 자유주의의 관계란 무엇일까? 한 분석가는 두 개의 이슬람 자유주의가 존재한다고 말한다.

첫 번째 이슬람 자유주의는 바람직한 자유 이슬람 국가의 개념을 찾는다. 이는 자유민주주의 국가가 이슬람 정신과 일치하기 때문이지만, 정치 문제와 관련해 이슬람이 특정 요구사항을 별로 갖고 있지 않기 때문이기도 하다. 두 번째 이슬람 민주주의 형태는 자유헌정(의회, 선거, 시민권 등)뿐 아니라 사회복지정책의 수립 또한 옹호한다. 이는 이슬람 민주주의 형태에 부합하는 이슬람 헌법이 없어서가 아니라 구체적 이슬람 입법에 근거해서 이루어지며, 그들은 모두 이슬람 정본(正本)과 초기 칼리프 체제의 역사적 사건 등에서 추출할 수 있다.

(Binder 1988 : 243-44)

그러나 다른 주석자는 다른 관점을 제시한다.

대부분의 무슬림 국가는 서구의 정치, 경제, 교육, 법률 개발의 모델을 채택했지만, 국민은 거기에 내포된 가치를 지적으로나 정신적으로 완전히 수용하지 못한다. 소수 엘리트가 서구의 세속적 관점과 가치체계에 완전히 동화되었다고 해도 국민 대다수는 세속적이고 이성적인 관점을 내면화하지 못했다.

(Esposito 1994 : 195)

자유주의 제도는 다원주의, 개인주의, 자본주의, 불가지론, 경험주의, 실용주의, 공리주의, 관용 등 특정 원칙에 기반을 둔다. 중요한 것은 국가와 종교 사이에 존재하는 관계의 유형이다. 자유주의에서 국가는 종교와 분리된다.

서구의 자유주의는 특히 발전의 맥락에서 봤을 때, 자체적으로 비난을 받아 왔다. 다원주의 체제는 부분적이고 무익한 것으로 간주되었고 강력한 중앙집권 국가를 옹호했다. 민주주의는 자유주의와 별로 관계가 없는 것처럼 보였다. '경쟁적이고 자본주의적인 개인주의'는 '도덕적 가치와 존엄, 인간애'에 대한 옹호 차원에서 거부해야 했다. 자유주의가 문제인 것은 '소유욕이 강한 개인주의'를 강조하고, 사회가 개인 사이에서 맺어지는 일련의 시장관계보다 나을 바 없다고 가정했기 때문이다(Macpherson 1973 : 165). 이런 관점은 일부 담론에 불과하고 다음과 같이 보는 사람도 있다. "민주주의의 자유화 과정은 중요한 요소이다. 그 과정에 다수결 원칙이나 정당의 경쟁과 같은 자유주의의 필수사항은 물론 자본주의의 발전과 계급 형성, 계급 갈등의 개념이 포괄되었기 때문이다"(Joseph 1987 : 20). 그러나 아프리카로서는 이런 자유주의를 완전히 포용하지 않았다고 주장할 수 있다. 아프리카의 더 비옥한 기반은 오히려 민족주의에서 찾을 수 있다.

고(故) 에드워드 사이드(Edward Said, 1935~2003)는 '현대화한' 이슬람교도와 '극단주의' 이슬람교도가 다르지 않다고 보았다. 그는 이슬람 선언에 나오는 이념적 기초를 면밀히 분석·검토하고자 한 나스르 아부 제드(Nasr Abu Zeid, 1943~2010)*의 글을 언급했다. 아부 제드는 이슬람교도가 다음과 같은 이념에 근거해 있다는 이유로 그들의 진술을 비판했다.

- '종교'와 '사상'의 동일시와 '목표'와 '수단'의 동일시
- 모든 현상을 단 하나의 기본원리나 원인으로 환원하여 설명. 이는

---

* 옮긴이 주 : 원 표기는 Nasr Abu Zayd임.

사회현상은 물론 모든 과학현상에도 마찬가지임.

- 부차적 텍스트를 일차적 텍스트로 전환하여 '과거'나 '전통'이 둘 중 어느 하나의 전횡에 의존하는 것. 대다수의 경우 부차적인 텍스트는 일차적 텍스트와 거의 동등한 신성함 부여
- 무시해도 좋은 사소한 것을 제외하고 그 어떤 거부 의견도 수용하지 않는 절대적 확신과 지적 조소
- 하룬 알라시드(Haroun al-Rashid, 763~809)[*] 칼리프나 오스만 제국의 칼리프 체제의 황금기에 구현했던 찬란한 과거를 슬퍼하는 데서 보이는 역사적 차원의 회피나 무지

(Zeid, 1994 : 409-410 인용)

사이드는 아부 제드가 이슬람 세계에 '새로운 비판적 의식의 각성을 보였다'고 생각한다. 그의 접근법은 비록 유럽 방식이 반영된 것이기는 하지만, 지역적 문제와 보편적 문제 모두를 제기하면서 '아랍과 이슬람 전역에서' 수용되었다. 무엇보다도 그는 "무슬림 전통에서 수 세기 동안 존재한 회의적이면서도 긍정적인 조사 태도의 전형적 예를 보여 주었다"(Said 1994 : 같은 쪽). 모하메드 아르쿤(Mohammed Arkoun)의 목표는 아랍 국가가 아닌, 이슬람의 사유와 철학적 사유의 구분이 사라지는 민주국가의 수립이었다. 그는 무슬림 지식인에게 동시대 세계의 윤리와 정치 문제를 숙고함으로써 이슬람 세계에 공헌할 것을 요구했다. "맹점, 결점, 불합리한 추론(non sequiturs), 소외를 야기하는 통제, 반복하는 현대성의 취약점은 과연 무엇일까? 우리는 모든 형태의 행동과 중재 의견, 논리적 체계에 대해 이의를 제기해야 한다"(Arkoun 1994 : 119).

그렇다면 이슬람에서 자유주의 개념이란 과연 무엇일까? 찰스 쿠르

---

[*] 옮긴이 주 : 아바스 왕조의 제5대 칼리프로 23년간 통치함.

즈먼(Charles Kurzman)의 생각이 옳다면, 다음의 세 기준을 들 수 있다.

(1) 이슬람 교육은 기본적으로 자유롭다.
(2) 이슬람 교육은 자유주의에 대해 중립적이다.
(3) 자유주의와 전통 이슬람 사이에는 갈등이 있지만, 상호 재해석의
    과정을 통해 조화를 이룰 수 있다.

(Kurzman 1999)

어느 면에서 이슬람의 해석은 과거와 미래를 모두 다룰 수 있는 열쇠이다. 바인더(Binder 1988 : 357)는 이슬람의 '근본주의와 자유주의' 요소가 "동일한 종교적 근원을 갖고 있고, 빈번히 동일 유형의 추론방식을 채택하며, 대개는 동일한 권위적 선언에만 전념해 있어서 둘 사이의 차이점을 찾아내기 힘들 때가 있다"고 말했다. 한편 수단의 전직 외교관인 압델와하브 엘아펜디(Abdelwahab El-Affendi)는 "자유민주주의가 **진정한** 이슬람의 기준을 제공할 수 있을지에 대한 질문에 대답하기 힘들다"고 말했다.

그럼에도 최근 다양한 형태의 이슬람 부흥은 이슬람 내에 갈등과 모순을 야기했다. 한 분석가는 역사상 "정치적 쇠퇴기마다 변화의 위협에 맞서기 위해 이슬람의 이상을 강조했다"고 주장한다. 아부바케르 바가데르(Abubaker Bagader, 1994 : 118)는 1980년대와 1990년대에 이슬람이 부각된 이유에 대한 설명으로 네 가지를 들었다. (1) 이란의 무슬림 형제단과 이슬람 혁명이 새로운 사상으로 현대세계와 대면하여 거둔 성공적 대응, (2) 아랍 민족주의의 후퇴와 지속되는 사회적 · 경제적 위기, 지배 엘리트의 합법성 약화, (3) 아랍세계의 불균등한 현대화 과정이 전통집단을 혼란에 빠뜨리고, 새로운 차별적 사회계급을 양산, (4) 아랍 이슬람교도 사회의 엘리트 내부에 세속주의 확산.[1] 그러나 이런 도전에 대해 이슬

람은 다소 혁명적이고 정신적이고 의식적이고 지적인 여러 단체를 통해 자신을 드러내는 식으로 반응했다. 바가데르(Bagader)는 종교적 신앙과 경건함, 복장 규정, 행동을 강조하는 전통집단 사이의 차이점을 간파했다. 무슬림 형제단은 정치적 견해를 공공연하게 드러내고, 급진주의 단체는 이슬람 국가를 건설하기 위해 다른 무슬림 단체와 극단적으로 대치하는 것에 찬성하며, 점진적 변화를 거부한다. 일부 지식인과 작가는 이슬람이 역동적이고 순응적이며 해석에 열려 있지만, 전통주의자와 개혁주의자 사이에는 갈등이 존재하는 것으로 보았다(Goytisolo 1996).

그러나 이러한 다원주의적 요소의 이면에는 무슬림사회가 **타크와**(taqwa, 알라와 공정함에 대한 두려움)를 다소 잃어버렸다는 우려가 존재한다. 타크와를 잃는 순간, 사회에는 불복종과 범죄가 등장한다. 이슬람에서는 어떻게 하면 **타크와** 상태로 되돌아갈 수 있는지가 중요한 문제이다(Ahmad 1991). 이 밖에도 이슬람 성서에 등장하는 **알아들**(al-'adl, 공정성)의 상실에 대한 우려가 있다.

샤리아 법

공정성의 개념은 법체계에 대한 논의를 자주 불러일으킨다. 그것은 형태와 구조, 목적이 다양하다. '법은 무엇인가'라는 더 일반적인 질문의 맥락에서 봤을 때, 그에 대한 대답은 모순을 보인다.

(1) 관습적 도덕의 공식적 표현 또는 그에 대해 국가가 강제해야 하는 부분
(2) 지배 계급의 이해관계를 보호할 수 있는 규칙 체계
(3) 법적 구속력 또는 의무감을 고수하는 규칙 체계

(4) 정의 실현을 목표로 하는 규칙 체계

(5) 이성으로 발견할 수 있는 규칙 체계

(6) 주권의 명령

(7) 법원의 결정 판결

(8) 강압적 제제가 뒷받침하는 규칙 체계

꾸란에서 이슬람의 샤리아 법은 '영적 법'과 '신성법 체계', '신앙과 수행방식'의 개념과 연관되어 있다(Abdul Mannam omar, *Dictionary of the Holy Qur'an*, http://en.wikipedia.org.wiki/Sharia 인용). 그러나 법학자 사이에서 샤리아의 기본 개념이 "법률 문헌과 일반 문헌에서 완전히 혼동되어 있다"는 논란이 불거졌다. 근본적 난점은 이슬람에서 계시된 것과 계시되지 않은 것을 융합하는 데서 드러난다(L. Ali Khan. 같은 책). 〈표 2.2〉와 〈표 2.3〉은 이슬람의 토대와, 알라와 개인이 맺는 관계의 본질에 대한 개요를 보여 준다.

▌표 2.2 ▌ 이슬람의 토대

출처 : Surty(1995).

▌표 2.3 ▌ 알라와 개인이 맺는 관계

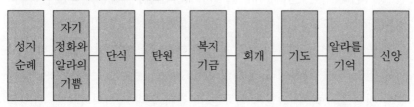

출처 : Surty(1995).

┃표 2.4┃ 이슬람의 권위 있는 출처 : 꾸란

- 꾸란은 말 그대로 '읽기'와 '모음집'을 뜻한다. 그것은 과거에 등장한 모든 성서의 본질의 집대성이다.
- 꾸란은 영원히 인간을 지도하는 내용을 포함한 알라의 말씀이자 보편적 메시지이다.
- 꾸란은 아라비아 반도에서 23년간 예언자적 사명을 수행하는 동안 예언자 무하마드에게 계시되었다. 그것은 지난 1400년 동안 문서와 기억을 통해 초기 아랍어로 보존되어 왔다.
- 꾸란은 114 수라(sura, 장)와 6616 아야(ayah, 행), 7만 7934개의 단어로 구성되어 있다. 그것은 법률, 윤리 및 기타 이슬람 개념의 권위를 인정받은 것으로 간주된다.
- 신앙과 올바른 행위의 실천은 꾸란에서 비롯된다.
- 꾸란은 모든 인간 존재가 순결하게 태어났고, 자신의 행동에 책임을 진다고 단언한다.
- 꾸란은 음주, 이자, 도박, 간음, 압제와 부패를 금지한다.
- 꾸란은 이교도에게도 관용의 정신을 갖고 친절하게 대하라고 명령한다.

출처 : Surty(1995).

이슬람의 토대는 다음 두 가지 양상을 포함한다.

- 권위 있는 출처 : 꾸란과 순나
- 세 가지 기본 개념 : **알타우히드**(al-Tawhid, 알라의 유일성), **알리살라**(al-Risalah, 예언자), **알아히라**(al-Akhira, 내세의 삶)

〈표 2.4〉와 〈표 2.5〉는 이슬람교의 두 권위 있는 출처인 꾸란과 순나를 정리한 것이다. 알타우히드(al-Tawhid, 알라의 유일성)의 기본 개념은 알라가 이슬람교도의 삶에서 차지하는 '중심 위치', 즉 '알라에게 속한 통치권'을 의미한다. '인류의 통일'을 강조하는 것은 이것이 '보편주의적 지평을 열어 주기' 때문이다. 알리살라(al-Risalah, 예언자)는 예언자에게 복종할 것을 요구하며, 그들의 목표는 '인간과 알라 사이의 올바른 관계를 세우는 것이다.' 알아히라(al-Akhira, 내세의 삶)는 '인류에게 내세가 무엇

┃표 2.5 ┃ 이슬람의 권위 있는 출처 : 순나

- 알라의 예언자이자 메신저인 무하마드의 행위, 모범, 활동, 말씀은 순나로 간주된다.
- 꾸란은 예언자에게 네 가지 다른 역할을 부여했다.
  1. 그는 꾸란의 해설자이다(16 : 44).
  2. 그는 입법자이다(7 : 157).
  3. 사람들은 그에게 복종해야 한다(3 : 32, 132; 4 : 49, 64, 80).
  4. 그는 모든 이슬람교도의 처신의 본보기이다(33 : 21; 59 : 7; 4 : 65).
- 꾸란은 예언자에 대한 복종을 알라에 대한 복종과 사랑으로 간주한다(3 : 31).
- 예언자가 합법적인 것으로 보는 것과 금지하는 것은 모두 지켜야 한다(59 : 7; 24 : 51).
- 예언자는 인류의 안녕에 지대한 관심을 갖는다. 그는 동정적이고 자비롭다(9 : 128; 33 : 45; 34 : 28).
- 예언자는 하느님의 계시를 숨기지 않는다. 그는 신의 뜻에 최초로 투항한 자이다(5 : 67; 6 : 14).
- 꾸란은 원칙을 담은 책이기도 하다. 이는 순나로 번역되어 꾸란에 대한 주석으로 사용된다. 순나는 꾸란의 가르침을 실천한 것을 기록한 것이다. 하디스(Hadith) 문학은 예언자가 동반자의 삶을 변화시키기 위해 평등과 정의, 진실과 신의 법에 기초하여 인권과 가치, 미덕을 어떻게 고양했는지를 보여 준다.

출처 : Surty(1995).

보다 중요하다'는 것을 강조한다. 인간은 '일시적이고 세속적인 삶에서 알라와 동료 인간'에 대한 의무를 반드시 의식해야 한다. 영생, 즉 내세는 다음과 같은 것을 포함한다.

- 부활일
- 심판일
- 천국
- 지옥

마침내 죽음은 이 세상의 삶을 마감하고 내세의 삶을 향한 여행을 시

작한다(Surty 1995 : 7-11).

샤리아 법의 포괄성은 그것이 인간의 정신적·육체적 행복에 필요한 모든 것을 제공한다는 믿음에 기인한다(http://wikipedia.org/wiki/Sharia; 〈표 2.6〉참고). 그러나 이슬람에서 법의 개념은 권위주의적인 것으로 나타난다. "이슬람사회의 헌법이라고 할 수 있는 샤리아 법은 예언자에게 계시된 신의 의지이다." 한 분석가에 따르면, 이는 기독교 원리의 이슬람식 버전, 즉 신은 유일한 지도자이자 입법자이므로 '지고자의 뜻이 곧 법이다'라고 볼 수 있다. 따라서 "법을 위반하거나 등한시하기만 해도 사회질서의 규칙 위반을 넘어 신에 대한 불복종 행위이며 죄악이고, 종교적 처벌을 받게 된다"(Gibb 1950 : 4-5). 깁(H. A. R. Gibb)은 샤리아가 이질적인 법률 관행, 즉 "아랍의 관습법과 메카의 상법, 메디나의 농법, 정복 이후 꾸란에 추가하거나 수용한 시리아 로마법(Syro-Roman law)"에 기초하기 때문에 절대로 "공식 법규가 될 수 없다"고 본다(같은 책).

그러나 10세기 무렵, 이슬람의 법률사상은 이슬람 제국 여러 주요 지역의 주도적 율법학자를 중심으로 발전했고, 공식적인 네 학파로 진화되었다. 이들 학파는 방법론과 순나 해석의 유연성 정도에 따라 각기 다

┃표 2.6 ┃ 샤리아 법

예배 행위, 이바다트('ibadat)	인간 상호작용 : 세속적 거래, 무아말라트 (mu'amalat)
1. 정화 의식(우두, wudu) 2. 기도(살라, salah) 3. 단식(사움, sawm ; 라마단, Ramadan) 4. 자선행위(자카트, zakat) 5. 메가 성지순례(하지, hajj)	1. 금융거래 2. 기부행위 3. 상속법 4. 결혼, 이혼, 자녀양육 5. 음식과 음료, 의식을 위한 도살과 사냥 포함 6. 처벌 7. 전쟁과 평화 8. 사법적 문제

른 모습을 보였다. 율법학자, 즉 푸카하(fuqaha. fiqh, 법학)는 그들 사이의 실질적 합의인 이즈마(ijma)를 채택했다. 이즈티하드(Ijtihad, 해석적 사고)는 오랫동안 이슬람법을 지지해 왔지만, 이 시기에 중단되면서 푸카하만이 권위를 갖고 이슬람법을 지지할 수 있었다. 역사가 이븐 칼둔(Ibn Khaldun, 1332~1406)은 이러한 발전을 차후의 분석을 가로막는 닫힌 문으로 묘사했다. "새로운 피크(fiqh, 법적 사고)가 없었고, 이즈티하드를 할 수 있다고 주장하는 사람은 모두 배제되고 차별을 받았다. 현재 모든 이슬람법은 이 네 학파로 구성된다"(Sonn 1990 : 40 인용). 〈글상자 2.6〉에는 아프리카에서 확산되고 있는 이슬람 형태인 와하브파(Wahhabism)의 안내에 따른 사우디아라비아의 샤리아 법 해석을 설명해 놓았다. 법이라는 개념은 권위주의적 정치구조와 리더십을 가진 아프리카 국가에 많은 문제를 일으킬 수 있다. 이런 환경에서는 형식적 규칙과 의무를 강조하는 샤리아 법이 용인될 수 있고, 어쩌면 반드시 필요한 것 같기도 하다. 예컨대 2007년에 소말리아에 엄격한 이슬람 법정을 도입하자 많은 이들이 혼란스러운 사회에 법률을 집행한다는 기대감으로 이를 환영했다.

처벌과 지하드

여성의 지위에 대한 관심으로 "무슬림 자아의 케케묵은 가부장적 틀에 억눌린 여성의 정체성을 포함하려는 지배적인 경향"이 드러났다(Chatterjee 2006 : 61).[2] 그러나 수난의 움마당(Umma Party) 대표로 한때 국가 지도자이던 알사데그 알마흐디(Al-Sadeg Al-Mahdi)는 이런 경향은 이슬람과 아무 관계가 없다고 말한다. 또한 그는 꾸란이 '다양성과 인간성'을 중시하고, '인간에게 자율권 부여'를 추구한다고 주장하면서 이슬람의 '진정한 비전'을 나열했다.

- 이슬람을 제대로 알아야 한다. 무하마드는 파벌주의가 아닌 인도주의의 메신저였다.
- 대립해서는 안 된다. 종교는 공존해야 하고 다원주의적이어야 한다.
- 이슬람은 타인을 배제해서는 안 된다. 이슬람은 타인과 합의해야 한다.
- 꾸란은 한 나라의 헌법이 될 수 없다. 꾸란에 대한 더욱 미묘한 해석이 필요하다.
- 지하드는 공격 형태가 아니다.

(Al-Mahdi 2006)

| 글상자 2.6 | 사우디아라비아 사법체계의 기원

기원

사우디아라비아 사법체계의 관리와 적용에서 **울라마**(Ulama, 종교지도자)는 중요한 역할을 담당한다. 압둘 아지즈(Abdul Aziz) 왕은 왕국의 서쪽 지역, 즉 히자즈까지 통치를 확장하는 과정에서 세 가지 별개의 사법체계와 마주쳤다.

(1) 오스만 제국 성향의 히자즈(Hijaz)법
(2) 나즈드(Najd)법, 왕(Amir)은 법의 최후 결정권자로서 행동해야 한다.
(3) 부족의 법

1927년에 왕의 칙령으로 사법체계를 통합하고, 사법기관을 다음 세 위계 범주로 분류했다.

(1) 원정 법원
(2) 샤리아 법정
(3) 사법 감독위원회

와하브파 운동

무하마드 빈 압둘 와하브(Muhammad bin Abdul Wahhab, 1703~1792)
는 오스만 제국 시대에 여러 아랍지역을 여행하는 동안 진정한 이슬람 신앙
에서 벗어난 사례를 자주 목격하고, 이슬람을 순수한 형태로 재수립하겠다는
목표를 세웠다. 와하브 운동은 압둘 아지즈 알 사우드(Abdul Aziz Al Sa'ud,
1876~1953) 왕의 사우디아라비아 수립과 관련이 있다. 그는 와하브의 교리가
꾸란과 순나에 기반을 둔 것으로 전혀 새롭지 않다고 주장했다. 그러나 사우드
와 와하브 간의 최초의 결탁은 본질적으로 정치적이면서 종교적인 성격을 띠었
다. 즉, 사우디아라비아에서 국가와 정치는 떼려야 뗄 수 없는 관계였다. 사우디
아라비아는 꾸란의 지배를 받는 이슬람 국가의 전형이다. 울라마는 다음에 소
개하는 정부의 여러 분야에서 영향력을 행사한다.

(1) 사우디아라비아의 사법체계

(2) 샤리아 법의 적용

(3) 국가 전역에 제휴 사무소를 둔 종교지도 단체

(4) 모든 수준의 이슬람법의 교육과 신학

(5) 종교 법학

(6) 국가 훈계와 지도

(7) 여성 교육 감독

(8) 전국의 모스크에 대한 종교적 관리

(9) 이슬람의 해외 선교

(10) 학문 연구

(11) 이슬람법에 의서하여 법정에서 소송사건 저리

출처 : al-Farsy(1990 : 36).

흥미롭게도 알마흐디의 처남이자 정적인 핫산 알투라비(Hasan al-
Turabi)는 이슬람에 대한 이전의 강경한 자세에서 "현대 이슬람 사고에

내재된 말씀의 힘"을 이해하기 위해 더욱 미묘하고 "전후 관계를 파악하는" 자세로 전환했다(Tayob 2006 : 13).

확실히 이슬람이 묘사하는 방식에 대한 우려가 있었다. 이슬람이 중동과 북부 아프리카 지역, 즉 신앙의 중심지에서 재구성될 수 있다는 주장이 개진되었다. 그렇게 각 지역 이슬람교도에게 메시지를 보내면, 아프리카 이슬람교도에게 분명히 의미 있는 영향을 미치게 될 것이다. 꾸란은 "다수의 가치를 규정해 놓았기에 헌법을 위한 준거가 될 수 있다." 그러나 알마흐디(2006)는 꾸란이 "인간의 마음으로 해석되었다"고 주장한다. 이슬람 내 동시대 담론의 불씨를 지피기 시작한 이들은 바로 초기 율법가와 법학자의 문헌을 연구하고 있는 터키의 분석가이다. 이슬람이 신앙을 역동적으로 발전시키고 있지만, 모순되는 텍스트를 조심스럽게 해석해야 한다. 고(故) 아사프 피제(Asaf A. A. Fyzee)는 이슬람 신앙을 "모든 측면에서 재검토해야 한다"고 했다. 그러기 위해서는 현대의 철학과 윤리학, 심리학, 논리학 등을 "이 본질적 교리를 구성하고 다듬는 일"에 적용해야 한다. 한편 인류사에는 각 시기마다 당대의 "철학, 문화, 예술, 법률에 나타나는" 논리와 이성이 있다고 주장하는 이도 있다. 그들에게 "이슬람법은 유별난 것이 아니다. 이슬람법은 신성하거나 신비로운 과학이 아니라 인간이 만들고 발전시킨 인간의 과학, 이슬람 역사의 각 시대에 우세한 문화와 타당한 원리의 영향을 받아 형성된 인간의 과학이다"(Guney-Ruebenacker 2006). 현대 무슬림사회에서 벌어지는 이슬람법의 해석과 적용은 대중의 관심을 끌기에 충분하다. 샤리아가 규정한 처벌이 일반인에게 잔인하고 야만스러워 보일 수 있기 때문이다. 예컨대 절도를 범한 범죄자에 대해 꾸란과 수많은 하디스는 손이나 발을 자르거나 범죄의 심각성에 따라 무릎과 팔목을 절단하는 방법으로 처벌할 것을 명령한다. 실제로 수단의 병원에서는 지배 엘리트와 판사가 지지하는 횡단 절단술과 기타의 처벌 방식을 시행한다.[3] 나이지리아에서도 간음한 여성을 돌로 타살하거나 가족에 의한 처벌을 시행하고, 여성 차별, 개종자 사형이 버젓이 진행되고 있다. 그러나 이제 이슬람의 지적 유산을 복구하고 비판적으로 적용하자는 목소리가 높아지고 있다. 이즈티하드(ijtihad, 독자적 법률 해석)는 대화와 개방적 토론을 통해 이슬람교가 발전할 수 있는 수단으로 적용되어 왔다(bin Talal 2006). 이슬람에서 '시간이 흘러도 변치 않는 요소(윤리-도덕)'와 '변하는 요소(사회 관련)'를 재구분하자는 요구도 있다. 정치 영역 밖에서 과거의 것을 채택할 때, 종교사상은 "다시 신성해지고 사회적 현실의 세속적 규제에서 벗어나 자유로워질 수 있다"(Hamzawy 2001 : 22).

다원주의, 사회정의, 인권의 강조와 함께 '진보적' 이슬람의 개념이 다시 논의되고 활기를 띠기 시작했다. 진보적 무슬림은 꾸란과 하디스에서 "이슬람 내의 사회정의라는 강력한 전통"을 도출해 냈다(Guney-Ruebenacker 2006). 그들은 역사적 시기마다 수행된 인간의 역할과 인간과 이슬람의 관계에도 관심을 기울였다. "종교사상은 시공간을 이동하면서 진화한다"(Chebel 2006). 테러 활동을 벌이고, 자기와 다르게 종교 해석을 하는 사람을 무조건 '침묵'하게' 만드는 호전성이 "이슬람의 이미지를 왜곡했다"는 비판도 존재한다(Al-Ashmawi 2007 : 180). 이런 논쟁의 중심에는 지하드(분투하다, 투쟁하다)에 대한 분석과 현대 이슬람사회의 지하드에 대한 이해가 있다. 막스 베버는 이슬람을 "전사의 종교"로 불렀고(Roth & Wittich 1968a : 573), 역사상 공격적 전쟁은 대개 종교의 이름을 걸고 일어났지만, 이제 지하드의 실질적 지위를 재검토해 보아야 한다. 실제로 일부 분석가는 전쟁이 평화로 대체되어야 한다는 당위성을 들어 지하드를 "무용한 폐기물"로 선언해야 한다고 주장한다(Chebel 2006). 지하드는 "이슬람의 목적을 달성하기 위해 시도하는 혁명적 투쟁과정"으로 간주되어 왔다(S. Abul A'la Mawdudi, Choueiri 1990 : 138 재인용). 그러나 예언자 무하마드 시대 이전의 상황을 살펴보아야 한다. 아랍의 초기 문헌은 그들의 무기를 이렇게 묘사했다. "그것은 오른쪽 허리에 찬 활, 그 긴 활의 줄이 느슨해지면 전세가 역전된 것이다"(Herodotus 2003 : 440). 그들은 "약탈자로서 낙타를 타고 다니면서 타인의 재물을 빼앗고, 여자를 납치하고, 남자를 죽이고, 무방비 상태인 노예의 목을 자르는 능력을 높이 평가했고" 무훈시로 "칭송했다"(Crone 1998 : 3). 실제로 아랍인의 글이나 기원전 700년 로마인의 글에서 아랍인은 분쟁 상황에 항상 준비된 자로 묘사했다. "그들은 반쯤 벌거벗은 채… 날쌘 말과 늘씬한 낙타를 타고 전 지역을 돌아다녔다. 모두가 어깨를 나란히 하는 전사와 같았다." "우리는 납치한 여자들을 뒤에 태우고, 전리품으로 약탈한 낙타들을 끌고 귀향했다." 다른 아랍 시인은 타 부족에 대한 습격을 이렇게 묘사했다. "우리는 사망자 수만큼 적을 죽였고, 엄청나게 많은 죄수에게 족쇄를 채워서 데려왔다"(같은 책 : 4-5 ; 또한 Horden & Purcell 2004 참고). 무하마드의 유일신교는 아랍인에게 "부족의 경계를 넘어 같은 신을 숭배하고, 같은 법을 따르고, 같은 성전(지하드)을 치르는 하나의 공동체로 통일할 것"을 요구한다(Crone 1998 : 10). 그러나 지하드라는 단어는 '공격 개시'를 외치는 전쟁만을 의미하지는 않는다. 한 분석가는 무하마드 시대의 "아랍사회에 호전적 분위기가 만연했지만" 예언자는 항상 분쟁을 피하려고 했다는 사실을 기억해야 한다고 주장한다(Khanam 2007). 무하마드 이후 고전 율법학자들은 지하드를 '공격적 지하드'와 '방어적 지하드'의 두 유형으로 구분했다. 전자는 정복과 지배를 추구하고, 후자는 침략에서 무슬림의 땅을 지키기 위한 방어 태세만 갖춘다(Jackson 2007 : 399). 그러나 세이드 쿠트브(Sayyid Qutb, 1906~1966)는 꾸란을 참고하여 호전적 지하드의 개념을 명백히 밝혔다.

그들은 내세의 삶을 위해 이생의 삶을 내놓은 신의 방식으로 싸워야 한다. 신의 방식으로 싸우는 사람은 죽임을 당하든 승리자가 되든 엄청

난 보상을 받는다. 약하기 때문에 박해를 받아 온 남자와 여자, 아이들을
위해 신의 방식으로 싸워서 안 될 이유가 무엇인가.

(3 : 74-76, Donoghue & Esposito 2007 : 415 재인용)

그러나 다른 분석가는 꾸란의 개념인 평화, 자비, 인류애에 기반을
둔 이슬람을 지지하면서 **옛 이슬람의 부활**을 주장하고, 이슬람이 "호전적
이고 정치적"이라는 해석을 거부한다(Khanam 2007 : 2).

그리고 신은 평화를 향한 귀환을 외친다.

(10 : 25)

꾸란 해석만이 이슬람 교육의 본질을 발견하기 위한 열쇠인 것은 분
명하다. 이맘 이븐 알카임(Ibn al-Qayyim)은 **지하드**를 세 가지 양상으로
구별했다.

(1) 하나의 영혼에 맞서는 **지하드**
(2) 악마에 맞서는 **지하드**
(3) 불신자와 위선자에 맞서는 **지하드**

(Al-Farag 2007 : 422 인용)

오늘날 세상이 공유하는 인간적 가치의 관점에서 인식 대상을 분석
하는 것은 당연히 현대 무슬림 법학자의 몫이다. 아프리카는 오랫동안 다
양한 유형의 이슬람 표현을 수용해 왔다. 그러나 이제는 아프리카의 기
독교도처럼 아프리카의 이슬람교도 역시 자신의 종교에 대한 미묘한 해
석에 목소리를 높이고 논쟁에 참여할 때가 되었다. 그 정도로 아프리카에
잠재한 이슬람의 영향력은 깊고도 넓기 때문이다.

제 **3** 장

개발

지난 30년간 주변화(周邊化)한 아프리카 대륙은 다른 개발 지역의 국가와 비교해 볼 때, 투자 효과가 낮고 투자액이 적은 것과 더불어 경제성장이 아주 느린 것이 특징이다. 〈표 3.1〉이 보여 주듯이, 사하라 이남 아프리카 는 아시아뿐만 아니라 중앙/라틴 아메리카의 개발국보다도 개발이 뒤처져 있다.

아프리카 개발에 대한 국제적인 의견은 최근에 표명되었다. 예컨 대 1990년대에 유엔 사무총장 부트로스 부트로스 갈리(Boutros Boutros-Ghali)는 아프리카의 경제발전은 인적자본의 투자와 국제협력에 의존한 다고 주장했다. 아프리카 문제의 해결책은 부채의 감소, 지역 경제의 통 합, 경제의 디변화일 것이다. 이리한 목표는 국내외 기관의 조정과 시역 화 패턴의 일부로 달성할 수 있다. 유엔의 아프리카 개발을 위한 신의제 (New Agenda for Development in Africa)는 지역의 통합 원조가 양자 간 원조보다 바람직하며, 이는 물, 전기, 항공, 통신, 의료시설 및 서비스 전 달체계가 모두 지역 단위의 역내 해결책을 요구하기 때문이라고 강조했다. 경제발전을 위해서는 정보 접근성과 함께 관련 정보에 능통한 인력이 필요하다(United Nations 1993). 세계은행(World Bank)의 연계기관인 국제개발협회(International Development Association, IDA)는 세계 최빈국에 관심의 초점을 두고 이용가능한 원조기금으로 1993년에서 1996년까지 3년간 미화 22억 달러를 조성했다(World Bank 1993). 이 개발협회의 정책은 빈곤 감소, 경제개혁, 건전 경영, 환경적으로 지속가능한 개발을 추구하는 것이었다. 개발협회의 빈곤 감소에 대한 접근방식은 두 가지였다. 하나는 빈곤층에 효과적인 고용과 소득 기회를 제공하려는 경제계획의 패턴을 지원하는 것이고, 다른 하나는 기초적인 건강, 교육, 영양의 분야에 종사하는 인적자원에 투자하는 것이다. 가족계획과 여성교육에 대한 투자 역시 강조되었다. 또한 최빈국은 보조금을 공여받았는데, 기니의 발전(發電) 설비의 운영구조 개선과 기니비사우의 자율전력회사가 그 예이다.

하지만 얼마 지나지 않아 부트로스 갈리는 거대 기획(grandiose schemes)에 대해 주의할 것을 표명했고, 아프리카 지도자들도 "과학, 기술, 경영 능력, 노동" 등의 미숙련 생산력이 아프리카 대륙의 진정한 경제성장을 가로막는다고 경고했다(우간다 대통령 무세베니[Museveni]; Deegan 1996 : 165 재인용). 이는 선견지명이 있는 견해였지만, 서방의 원조 공여국이 듣고 싶어 하는 말은 아니었다. 투명성과 거버넌스가 선거 추진과 함께 1990년대의 정책 핵심이었다. 1994년에 남아프리카공화국의 아파르트헤이트(apartheid, 인종차별정책)가 민주주의 체제로 바뀌면서 국제 옵서버는 엄청나게 고무되었고, 아프리카 전체가 정치개혁을 할 수 있다는 믿음을 가졌다. 하지만 세계은행의 굿 거버넌스, 프랑스의 참여민주주의 지지, 영국의 신자유주의 민주정치 강조 등 견해가 서로 달랐다. 세계은행이 생각하는 굿 거버넌스는 합법적 틀 내에서 이루어지는 건전한 공공 운영체제를 의미하며, 경제와 재정 영역에서 개발과 신뢰성도 포함하였다. 비록 모든 공여국이 법치의 중요성은 인정하였지만, 프랑스와 영국은 약간 다른 시각에서 시민권과 정치권리를 강조했다. 프랑스는 탈 중앙집권화를 선호하고, 영국은 개방적 통치를 선호했다.[1] 그럼에도 2000년대에 아프리카 대륙 전역에서 여러 차례 선거가 치러졌지만, 많은 국가가 여전히 투명성, 신뢰성, 경제적 향상을 제대로 보여 주지 못하고 있다.

분명히 그때는 유엔이 1991년도에 내놓은 아프리카 개발을 위한 신의제 정책을 재점검한 시기였다. 2003년에 유엔의 한 인사는 "모든 언사 (words)에도 불구하고 달성한 것이 전혀 없다"고 주장했다. 그렇다면 무엇이 잘못되었는가? 세 가지 중요한 영역에서 유엔의 대아프리카 전략이 약화된 것으로 확인되었다.[2]

‖ 표 3.1 ‖ 상품 수출입의 수치와 점유율(%)

수출	1980	1985	1990	1995	2000	2004	2005	2006
사하라 이남 아프리카	3.7	2.5	1.9	1.4	1.5	1.7	1.8	1.8
개발도상국 : 남미	5.5	5.5	4.1	4.4	5.6	5.1	5.4	5.7
개발도상국 : 아시아	18.0	15.6	16.9	21.0	23.8	26.0	27.6	28.3
중국을 제외한 개발도상국	28.5	24.0	22.4	24.7	27.9	27.2	28.6	28.7
수입	1980	1985	1990	1995	2000	2004	2005	2006
사하라 이남 아프리카	3.1	2.0	1.5	1.4	1.3	1.5	1.5	1.5
개발도상국 : 남미	6.0	4.1	3.5	4.8	5.9	4.7	4.8	5.0
개발도상국 : 아시아	13.1	15.1	15.9	21.4	20.8	23.4	24.2	24.8
중국을 제외한 개발도상국	22.8	20.9	20.8	26.1	25.3	24.5	25.2	25.6

출처 : www.unctad.com/en/docs/tdstat31.

- 개발을 위해서는 아프리카 내의 평화와 안보가 필수적이다.
- 자유 시장경제를 신봉한 것은 어리석은 짓이었다. 아프리카 국가가 어떤 경제정책을 채택해야 할지는 스스로 결정해야 한다.
- 개발전략이 외래에서 들어온 것이라는 점 때문에 정책에 대한 아프리카인의 애착심이 부족했다.

1991년 유엔의 아프리카 개발을 위한 신의제의 실패를 교훈 삼아 몇몇 아프리카 국가와 G8 국가가 참여하여 새로운 연합조직이라 할 수 있는 아프리카 개발을 위한 신협력관계(New Partnership for Africa's Development, NEPAD)가 탄생했다.

아프리카 개발을 위한 신협력관계(NEPAD)

영국 정부는 2001년 NEPAD의 출범을 열렬히 환영했다. NEPAD는 교육, 건강, 운송을 포함한 지역 인프라, 농업, 시장 접근성, 환경 보존 등의 여러 분야에 초점을 두었다. 나이지리아의 아부자(Abuja)에서 선언한 초기행동계획(Initial Plans of Action)은 자원을 가동하고 활용하는 일련의 조치를 다루었고, 거기에는 아프리카의 공공자원 운영과 세계교역량의 향상에 대한 관심사도 포함되었다.[3] 일본은 2000년 7월에 오키나와 정상회담 전날에 아프리카 3개국인 남아프리카공화국, 나이지리아, 알제리 대통령을 초빙하여 G8(영국, 캐나다, 프랑스, 독일, 이탈리아, 일본, 러시아 연방, 미국)과 남방 개발도상국(South)의 대화를 최초로 주최했다. 아프리카 지도자와 G8 정상의 대화는 2001년 제노아 정상회의에도 계속되었다. NEPAD의 기본적인 매력 요소는 세계의 부유한 공여국과 아프리카 국가의 개발 동반자 관계 제의였다.[4] 이는 타보 음베키(Thabo Mbeki) 남아프리카공화국 대통령이 활발하게 추진했고, 나이지리아의 올루세군 오바산조(Olusegun Obasanjo), 알제리의 압델라지즈 부테플리카(Abdelaziz Bouteflika), 세네갈의 압둘라예 와데(Abdulaye Wade), 이집트의 호스니 무바라크(Hosni Mubarak) 대통령이 공동으로 후원했다. 아프리카 정치 지도자들은 아프리카 대륙이 심각한 도전을 맞고 있으며, 그 가운데 가장 시급한 것은 "민주주의와 굿 거버넌스를 통해 빈곤 근절, 사회경제적 개발을 조성하는 것"이라는 점에 동의했다(NEPAD Secretariat 2002 : 3-4).

그러나 아프리카의 열악한 조건은 아프리카의 엘리트 지도자들이 오랫동안 인정해 온 사실이며, 그것은 "가뭄, 부채, 사막화, 질병, 죽음"으로 정의된다(오바산조 나이지리아 대통령[전 군사령관] ; Venter 2003 : 22 재인용). 경제가 크게 발전하려면 경제, 사회, 정치적 진보를 막는 핵심 제약이 무엇인지를 인지해야 한다. 이는 다음과 같다.

- 아프리카의 기후, 지리(특히 내륙), 자원 빈곤의 경제, 고비용과 취약한 수송, 반(半) 농업경제
- 다변화 제약과 이로 인해 생기는 아프리카 경제의 일차제품 수출에 대한 불안한 의존
- 개별 국가의 신랄한 언론정보를 역내의 모든 국가로 확대·적용하려는 투자자의 부정적 인식
- 인재 유출과 이로 인해 생기는 물리적·인적 능력을 제약하는 고부채 수준
- 통치구조의 취약성, 신뢰성과 투명성 결여와 공공재의 분배보다는 자원 통제에 단기적으로 초점을 맞춘 지원
- 불안을 야기하고 성장을 방해하는 분쟁[5]

이러한 문제는 지금도 여전히 도전을 받고 있지만, NEPAD는 아프

리카의 정책 소유의식을 강조한다. 즉, 아프리카는 개발전략을 가지고 세계적인 환경에서 사전 대책을 더욱 철저히 강구해서 개입해야 한다는 것이다. 이러한 목적을 달성하려면 아프리카는 G8의 지원 아래 외국의 부채 경감과 선진국의 시장접근 개선의 결합을 통해 일련의 개혁조치를 시행하여야 한다. 아프리카연합(AU, 전신은 아프리카통합기구[OAU])은 NEPAD를 개발 틀로 채택했다. 그렇다면 아프리카 국가가 시급히 추진해야 할 핵심적인 개혁사항은 무엇인가? 〈글상자 3.1〉을 참고하라.

┃ 글상자 3.1 ┃ NEPAD의 아프리카 국가 핵심 개혁사항

- 시민질서 확립과 더욱 민주적인 정부 설립
- 아프리카 전체의 분쟁 예방과 감소
- 인권에 대한 더욱 폭넓은 존중
- 인적자원 투자, 특히 교육과 의료 분야
- 아프리카 경제의 다변화를 목표로 한 정책, 전 세계와 무역 증진
- 아프리카의 신기술 채택과 질병(HIV/AIDS, 말라리아 등) 퇴치 보장

세계적으로 아프리카 문제는 "21세기에 아프리카 문제의 해결 없이는 세계적인 성공은 있을 수 없다"(Domichi 2003)고 불쾌하게 외치는 몇몇 튀는 인사들과 관련이 있다. 이러한 견해의 근거는 여러 가지 사실에 기인한다. 예컨대 사하라 이남 아프리카는 세계 인구의 10분의 1이고, 지구 표면적의 20%이며, 세계 대륙의 4분의 1이라는 것이다(Africa Insight 2002). 그러나 국제사회의 우려는 경제성장의 문제만이 아니다. 9·11 이후의 세계적 안보 문제는 지역 분쟁, 정치 불안, 정부 타도가 아프리카 대륙에서 특히 테러분자의 양성 거점을 만들어 낸다는 것을 뜻한다(제9장 참고). 아프리카는 2001년 사건이 일어나기 전에도 오랫동안 이슬람 극단

주의자가 활발히 움직이던 곳이다. 그렇다면 분명히 아프리카는 불안의 발생지이다. 질문은 '아프리카는 희망과 잠재력의 원천이 될 수 있는가?' 하는 것이다. NEPAD에 대한 기대는 컸고, 많은 지도급 사업가들은 그 정책에 매우 열광적이었다(Stuart 2003). 아프리카 국가에 대한 요구는 엄청났지만, 민주주의와 굿 거버넌스의 증진을 위해 NEPAD가 권고한 정치적 조치보다 더 나은 것은 없었다. NEPAD에 서명한 아프리카 국가는 그들의 정치체제가 〈글상자 3.2〉에 제시된 간략한 설명사항을 포함한다는 점을 증명해야만 한다.

정치개혁은 NEPAD의 한 차원에 불과하다. 지속가능한 발전을 위한 선결조건으로 중요한 요소는 평화, 안보, 경제 개선, 기업 거버넌스, 개발

┃ 글상자 3.2 ┃ NEPAD의 굿 거버넌스

모든 국가는 다음과 같이 해야 한다.

- 법치 유지
- 사법 독립과 효율적 입법을 포함하여 행정권의 분리 고수
- 모든 사람의 기회 평등을 포함하여 법 앞에 모든 시민의 평등 증진
- 정당과 노동조합을 구성하고 참여할 권리를 포함하여 개인 및 집단의 자유 보장
- 자유롭고 신뢰할 만한 민주 절차를 통해 일정 임기의 지도자 선출에 정기적으로 참여할 개인의 양도 불가능한 권리 인정
- 공공생활에서 전직성 유지
- 부패 추방과 근절
- 언론의 자유를 포함하여 표현의 자유 보장
- 활기찬 시민사회 조직의 발달과 활성화
- 선거위원회 관리 및 운영 강화

을 위한 역내 및 하위 지역 통합이다. 아프리카 대륙 내의 국가군(群) 사이의 역내 지역협조는 국가 재건과 변화를 자극하고 촉진하는 희망적인 방식이다. 〈표 3-2〉에서 보는 바대로 국내총생산 증가율이 향상되는 지표가 일부 있다.

동남아프리카 공동시장(Common Market for Eastern and Southern African States, COMESA)에는 앙골라, 에리트레아, 에티오피아, 케냐, 말라위, 우간다 등이 있는데, 이들은 역내 협력을 통해 해당 지역 아프리카의 경제를 확대하는 것을 목표로 한다. 남아프리카공화국은 남아프리카개발공동체(Southern Africa Development Community, SADC)에서 핵심 역할을 담당하는데, 여기에는 말라위, 모잠비크, 탄자니아, 짐바브웨, 나미비아, 보츠와나, 앙골라가 있다.

NEPAD는 또한 아프리카 국가가 다루어야 할 몇 가지 우선 분야를 확인했다.

• 일반적 운송 인프라와 에너지 같은 인프라의 개선, 정보통신기술

┃ 표 3.2 ┃ 실질 국내총생산의 연평균 증가율(%)

아프리카 지역 경제 블록	1980~1990	1990~2000	2000~2005	2005~2006
COMESA	4.0	3.1	4.4	7.8
ECOWAS	3.6	2.0	5.1	4.6
SADC	1.9	2.1	3.9	5.6
UEMOA	2.8	3.7	3.3	3.2

주 : COMESA-Common Market for Eastern and Southern African States(동남아프리카 공동시장); ECOWAS-Economic Community of West African States(서아프리카 경제공동체); SADC-Southern African Development Community(남아프리카 개발공동체); UEMOA-West African Economic and Monetary Union(서아프리카 경제·통화연합체, ECOWAS 내 프랑스어권 8개국 경제협의체)
출처 : UNCTAD(2007).

접근성, 수자원과 위생
- 빈곤 감소, 교육 접근성, 유출 두뇌의 귀환 조치를 포함하는 인적 자원 개발
- 모든 종류의 건강서비스 개선
- 식량안보와 일반적 경제발전을 보장하기 위한 농업 분야의 생산성 향상
- 환경보호

NEPAD의 아프리카 상호평가제도

NEPAD의 한 가지 중요한 특징은 2003년 4월에 창설된 자율적인 아프리카 상호평가제도(Africa Peer Review Mechanism, APRM)이며, 이는 자율적 평가수단으로 아프리카연합의 회원국 모두가 채택할 수 있다. 아프리카 16개국이 아프리카 상호평가제도에 서명했으며, 이는 NEPAD의 민주주의, 정치, 경제 및 기업 거버넌스 선언(Declaration on Democracy, Political, Economic and Corporate Governance)에 포함된 (상호) 합의한 가치, 법규, 표준을 참여국이 준수하려는 정책과 실행을 담보하는 것을 목표로 한다"(NEPAD Secretariat 2002 : 9). 운영상으로 보면, 아프리카 상호평가제도는 5~7개국의 저명인사위원단(Eminent Person's Panel)이 관리·운영하며, 그들은 참여국의 국가수반이나 행정수반이 임명한다. 패널위원의 임기는 최내 4년이며, 순환직으로 업무를 수행한다. 패널위원은 정치 거버넌스, 거시경제, 공공재정의 운용, 기업 거버넌스의 아프리카 전문가이다(같은 책 : 9).

평가에는 네 가지 유형이 있다.

(1) 기본 평가는 가입국이 가입 후 18개월 이내에 실시한다.

(2) 2~4년마다 정기 평가를 실시한다.

(3) 회원국은 정기 평가에 속하지 않는 임시 평가를 요청할 수 있다.

(4) 회원국의 정치적 · 경제적 위기의 임박에 대한 초기 징후 역시 평가의 충분한 이유가 된다.

상호평가 과정은 당사국이 "국내의 정치안정과 경제성장뿐만 아니라 인접국가에 미치는 국내 정책의 영향을 심각하게 고려하도록" 압박해야 한다(같은 책 : 10).

물론 아프리카 국가는 개발 수준과 가입 시기에서 차이가 있지만, 아프리카 상호평가의 과정은 사전에 평가되고 행동계획 시간표가 제시된다. 행동계획은 해당국의 상황을 고려하고 정부, 업계, 정계, 학계, 무역협회, 전문단체와 시민사회 등을 망라하고, 광범한 인사의 자문을 받는다. 평가팀의 보고서 초안은 보고사항의 정확성과 확인한 문제점을 어떻게 다룰지를 당사국 정부와 먼저 논의한다. 결정적으로 중요한 이 단계에서 평가보고서는 여러 가지 사항이 명백해야 한다. 첫째, 정부는 현 상황을 타개할 필요한 조치와 결정을 취할 의지가 있는가? 둘째, 보정 행위를 하기 위한 재원은 무엇인가? 셋째, 정부는 이 재원 중 얼마를 스스로 충당할 수 있으며, 외부 유입 재원은 얼마인가? 넷째, 필요한 재원이 제공되었을 때 개선과정에 시간은 얼마나 걸리는가? 마지막으로 평가보고서는 아프리카연합의 위원회 구도 내에서 공식적이고 공개적으로 상정한다.

아프리카 상호평가제도는 아프리카제(Made in Africa)의 접근방식이며, 아프리카 대륙이 "아프리카 문제에 대한 아프리카식의 해결방안"을 발견할 수 있는 수단으로 칭송받는다. 2006년 케냐에 대한 아프리카 상호평가보고서는 케냐에 권고한 다수의 우려사항을 확인했다. "빈곤, 부의 분배, 토지개혁, 부패, 헌법 개정, 성 불평등, 청년 실업"이 그것이다(EISA

2008b). 이들 국가가 지원과 지도를 요구할 때는, 다른 인접국가나 역내 국가의 경험에서 배울 수 있어야 하며, 그러한 권고를 실행할 채비 역시 갖추어야 한다. 그렇게 하지 못한 케냐의 실패 사례는 2007년 선거에 뒤따른 폭력사회의 유발에 일조했다. 예컨대 짐바브웨는 무가베(Mugabe) 대통령 이후 국가를 경제적으로나 사회적으로 재건할 필요가 있었다. 2007년에 짐바브웨의 인플레율은 "충격적인 7635%"였다. 급등하는 물가와 식량 부족은 설탕 운송 트럭에 대한 "광란의 급습"을 시작으로 엄청난 인명 살상을 빈번히 일으켰다(Ndebele 2007 : 71-74). 경제 전문가는 짐바브웨 경제가 〈글상자 3.3〉에서 요약한 바를 개혁할 수 있는 방도를 간략히 제시했다. 아프리카 상호평가제도는 결과적으로 아프리카 국가의 건설적인 대화에 개입하고, 경제적 거버넌스 문제점을 해소하려는 국가에 실질적인 충고를 한다. 하지만 정치 엘리트의 진정한 정치, 사회, 경

▌글상자 3.3 ▌ 짐바브웨: 실행가능한 경제개혁

• 농업 분야의 재생 : 농업은 국내 소비와 외환 창출에 중요하다. 짐바브웨는 농업 분야에서 자격 있는 졸업생을 많이 배출했고, 그들은 농민과 함께 생산성을 향상하기 위해 필요한 바가 무엇인지 잘 안다.

• 제조업 분야의 활성화 : 짐바브웨가 고등교육을 받은 유연한 노동력을 자랑함에도 외환 부족은 최근 성장에 지장을 주었다.

• 더 효과적인 무역체제의 채택 : 무역의 장애와 방해 요소를 제거하여야 한다. 관세 간소화는 가격을 안정화하고, 상품 가격을 인하하는 데 도움이 된다.

• 관광의 강조 : 이는 외화 획득과 직업 창출의 지름길이다. 서비스 산업에 폭넓게 발생하는 수익과 함께 잠비아와 남아프리카공화국은 지난 10년간 짐바브웨의 관광산업의 몰락으로 이득을 보았다. 정치적 안정은 짐바브웨가 상실한 이 돈벌이 시장을 되찾는 데 도움이 된다.

제적 관행을 다루려면, 진정으로 솔직한 대화가 이루어져야 한다. 케냐의 아프리카 상호평가보고서는 "사회 내의 급진적 변화의 필요성"을 인정하는 "변혁의 리더십"을 요청하였고, 이는 일반적으로 케냐가 당면한 도전에 대한 직설적 분석으로 간주된다. 그러나 정치 엘리트가 이를 경청하지 않는다면 전체적인 개발 문제는 무너진다. 오늘날 정치개혁이 경제회복의 필수사항으로 간주되기 때문이다.

아프리카연합의 NEPAD 채택과 분쟁 해결의 촉진 거버넌스 및 개혁은 야심차며, 잠재적 영향을 지대하게 미칠 것이다. 그렇지만 아프리카에 대한 새로운 경제적·정치적 미래에 대한 이러한 요청에는 근본적인 문제가 내재하는데, 바로 이행의 문제이다. 이행의 장애물은 무엇인가? 첫째, 기본적인 통치권의 문제로서, 아프리카 국가가 어느 정도로 이를 역내 기구와 아프리카연합에 양보할 것인가 하는 것이다. 둘째, 아프리카 국가에서 개혁이 환영받을 만큼 정치적 의지가 충분한가이다. 셋째, 기존의 지도 엘리트의 역할은 무엇인가이다. 이들 엘리트 중 다수는 수 세대 동안 권력과 부에 현혹되었고 민주적 정당성에는 관심이 전혀 없었다. 다른 말로 하자면, 아프리카연합이 정치지도자를 얼마나 길들일 수 있을까 하는 문제이다. 가나는 2006년 케냐에 이어 감시를 받은 최초의 국가였고, 양국은 그러한 감시를 자발적으로 따르려는 의지를 보임으로써 환영을 받았다. 감시과정은 국가가 민주주의, 정치 거버넌스, 경제 운용, 기업 관리, 사회경제 개발을 겨냥한 질문조사서에 기초하여 자기평가보고서를 작성하고 행동계획을 세우는 것을 포함한다(〈글상자 3.4〉 참고).

아프리카 대다수 국가의 시민사회는 여전히 초창기 상태이며, 대중의 정치 참여와 개입을 저해하는 경향이 있다. 이들 국가의 지극히 수동적인 수많은 국민은 정부에 책임을 묻는 적극적인 시민으로 변화해야 한다. 흥미롭게도 단지 아프리카 12개국의 정부만이 NEPAD와 이의 잠재적 역할에 대해 국민과 논의했다. 그 경우에도 그것을 수용하는 데는 의

견이 서로 엇갈렸다. 남아프리카 NGO연합(South African National NGO Coalition, SANGOCO)은 NEPAD를 신랄히 비판한다.

> "NEPAD는 아프리카 지도자의 자유주의 전향의 결정판이다. 그들은 모든 반대 증거에도 불구하고 세계화가 아프리카를 돕는다고 생각하는 것 같다. 그들은 세계화가 아프리카에 이익이 되지 않았다면 그것은 아프리카인의 잘못이라고 말한다. 아프리카인은 자신들의 경제적·정치적 거버넌스를 제대로 정착시키지 못했고, 아프리카를 지속가능한 발달로 이르게 할 만큼 충분한 외국 자본을 끌어들이지 못했다. 그들은 스스로 희생제물의 주인공이 되었다. NEPAD는 아프리카의 총체적 역사 경험을 놓쳤을 뿐만 아니라 국제경제의 정치학도 오해하고 있다."
>
> (South African National NGO Coalition 2002 : 15)

분명히 NEPAD는 비즈니스 분야가 아프리카 경제의 여러 측면을 활성화하여 정부가 사업 환경을 개선할 수 있는 개혁조치를 도입하도록 요청할 것을 기대한다. 이는 투자, 무역과 가격의 자유화, 경쟁 진작, 심층적이고 광범한 재정시장 창출, 세제 개혁, 상법의 지적 재산권의 보장을 포함한다(NEPAD 2005 : 7). 니콜라스 스턴(Nicolas Stern 2005) 경이 강조하듯이 "지속적인 경제성장은 민간분야가 만들어 간다." 그리고 공공분야와 민간분야가 어떻게 상호 연계되느냐에 중점을 둔다. 공공/민간의 파트너십은 경제발달에 필수적이며, 이는 차후의 인력개발로 이어진다. 경제성장률 목표 7%는 2010년 새천년개발목표(Millennium Development Goal)를 충족하며, 앞으로 200억 달러가 아프리카 인프라에 투자될 전망이다. 4개 분야가 우선적으로 인프라 순위에 올랐는데, 그것은 에너지, 보건위생, 운송/물류와 정보통신기술이다. 이들 분야는 아프리카 대륙의 개발에 결정적으로 중요한 역할을 담당할 것이다(〈글상자 3.5〉 참고). 인프라 구축을 위한 단기 행동계획이 아프리카개발은행(African Development Bank, ADB), 유럽연합(EU), 아프리카연합 간에 작성되었는데, 이는 다음의 구체적 요구사항을 강조한다.

- 투자 틀 구축, 예컨대 규제와 거버넌스
- 아프리카사회의 역량 구축
- 빈곤 경감을 다루는 실행국의 설립, 몇몇 극빈국은 통합이 어려움
- 민간 분야 장려

| 글상자 3.5 | 아프리카 개발과 인프라의 의미

- 역내 무역과 국제 무역이 경제시장과 발달에 중심적인 역할을 한다.
- 효과적인 인프라 망은 다른 분야의 새로운 투자를 유발하는 효과가 있다.
- 아프리카 각국의 경제 규모는 매우 작아 대규모 시장에서 갖는 규모의 경제를 실현할 수 없다.
- 빈약한 인프라 연계는 세계 시장에서 아프리카 지역의 경쟁력을 떨어뜨린다.
- 지역 인프라는 더 많은 민간분야의 투자 유인을 위한 더 큰 대규모 프로젝트로 유도된다.
- 부족한 인프라의 연결은 지역 통합을 증진한다.

흥미롭게도 아프리카 대륙 내의 최대 투자국은 남아프리카공화국이지만, 때로는 그러한 투자 확대가 다른 국가의 원망을 사고 자국의 산업, 예컨대 맥주 생산, 슈퍼마켓 등을 축소하는 것으로 비쳤다. 주요 기업이 비즈니스 이해관계를 통합하기 위해 설립한 산하조직인 아프리카 비즈니스행동(Business Action in Africa)에 이미 개입하고 있다. 이것은 쉘(Shell)에 통합되었고, 리오 틴토(Rio Tinto), 앵글로 아메리칸(Anglo American), 유니레버 앤드 드비어스(Unilever and De Beers)를 포함하며, 이 모든 기업은 아프리카 내의 주력 기업이다. 하지만 토착 민간분야도 시동을 걸 것으로 기대된다. 분명히 다수의 아프리카 국가는 오늘날 고유가(高油價)로 이득을 보고 있으며, 나이지리아, 앙골라, 적도기니, 수단 같은 나라가 대표적이다. NEPAD가 장기적으로 성공한다면 그것은 그 보상을 충분히 받을 것이고, 지금까지 표시 금액으로는 매년 640억 달러가 될 전망이다. 비록 이처럼 엄청난 액수의 자본이 아프리카 외부에서 들어올 예정이지만 국가 재정 확보 역시 필수적이며, 아프리카 대륙에는 상당한 자본의 흐름이 형성될 것이다. 남아프리카공화국과 나이지리아는 역내의 리더이지만, 교역은 국제 파트너뿐만 아니라 아프리카 국가 간에도 이루어져야 한다. 만일 이러한 약속이 실행된다면 아프리카는 엄청난 도전도 받겠지만, 새로운 기회로 인해 반사 이익도 얻을 것이다. 하지만 경제성장을 아프리카인이 어느 정도로 수용할지는 여전히 의심스럽다. 아프로바로미터(Afrobarometer)가 시장가격과 민영화에 대한 태도를 조사했을 때, 〈표 3.3〉이 보여 주듯이 응답자의 과반수가 변화에 반대했다.

‖ 표 3.3 ‖ 경제개혁에 대한 태도

개혁	찬성(%)	반대(%)
시장가격	37	54
민영화	35	57

출처 : Bratton et al.(2005).

새천년개발목표

2000년 9월 유엔새천년정상회의(UN Millennium Summit)에서 일련의 개발목표를 확정했다. 〈글상자 3.6〉에 요약된 목표는 2015년에 달성될 예정이다. G8의 아프리카 인사대표부(Personal Representatives for Africa)의 요청으로 유엔개발계획(UNDP)과 유엔아동기금(UNICEF)이 작성한 2002년 보고서는 새천년개발목표(Millennium Development Goals, MDG)를 향한 도전이 있었는지 여부를 고찰했다. 변화 여부를 결정하기 위해 **목표 및 지표** 목록을 이용했다(〈표 3.4〉 참고). 이 보고서는 "부적절한 움직임"이 있었다는 것을 발견했다.

"사하라 이남 국가의 3분의 2가 목표의 반 또는 그 이상을 달성하는 데 실패했다. 12개국은 평가할 수 있는 충분한 자료가 없다. 이는 단지 10개국만이 정상적으로 목표를 절반 또는 그 이상을 달성했다는 것을 나타낸다"(www.undp.org/mdg/report). 2005년 당시 유엔 사무총장이던 코피 아난(Kofi Annan)은 더욱 낙관적이었다. 새천년개발목표는 다음과 같

┃ 글상자 3.6 ┃ 새천년개발목표

- 극심한 기아와 빈곤 근절
- 보편적 초등교육 달성
- 성 평등과 여성 지위 향상
- 아동 사망률 감소
- 산모의 건강 증진
- HIV/AIDS, 말라리아, 기타 질병 퇴치
- 지속가능한 환경과 깨끗한 물 공급 보장
- 개발을 위한 세계적 협력체제 구축

┃표 3.4┃ 새천년개발목표의 달성 목표와 지표

성취 목표	지표
소득 1일 1달러 미만 인구율을 1/2 감소(1990~2015)	• 소득 1일 1달러 미만의 인구율
기아 인구율 1/2 감소(1990~ 2015)	• 5세 이하 아동의 저체중 만연 • 음식 에너지 소비 최소 수준 이하의 인구율
2015년경 남녀 아동의 동등한 초등교육 완전 이수	• 초등교육의 순등록률 • 15~24세 식자율
2015년경 모든 종류의 성차별 제거	• 초등, 중등, 고등교육에서 남녀 비율 • 15~24세 남성대비 여성 식자율
5세 이하 사망률 2/3 감소(1990~2015)	• 5세 이하 사망률 • 1세 이하 아동의 홍역 면역률
산모 사망률 3/4 감소(1990~2015)	• 산모 사망률 • 숙련 의료인의 도움을 받는 출산율
지속가능한 환경 조성	• 개선된 물 공급에 지속적으로 접근 가능한 인구율
2015년경 세계적 HIV/AIDS 질병 축소	• HIV 발병률

출처 : www.undp.org/mdg/basics.stml 일부 수정.

은 점에서 그 이전의 정책목표와 달랐다.

- 사람 중심, 시간 제한, 측정가능성
- 세계적 파트너십에 기초하며, 개도국의 국내 질서회복과 그들의 노력을 선진국이 지원하는 책무 강조
- 전례 없는 정치적 지원을 받은 최고 수준의 선진국과 개도국의 시민사회, 세계은행 같은 주요 개발기관에서 수용
- 달성가능성

(www.unstats.un.org.mdg.report 2005 : 33)

전체적으로 보면 빈곤율은 분명히 감소하고 있지만, 이 개발은 아시아가 주도하고 있다. 사하라 이남 아프리카를 고려하면, 이 모습은 덜 고무적이고 "수백만 명 이상"이 "더욱 처참한 빈곤"에 빠지면서 악화되었다. 표준체중에 미달하는 아동의 수는 1990년과 2003년 사이에 2900만 명에서 3700만 명으로 증가했다. 비록 몇몇 나라는 더 많은 아동이 초등학교에 취학하는 진전이 있었지만, 사하라 이남 아프리카 전체로 봐서는 "아동의 3분의 1이 여전히 미취학 상태였다." 그리고 말리 같은 몇몇 나라에서는 "미취학 아동의 60%가 학교를 거의 다녀 본 적이 없었다." 사하라 이남 아프리카 인구의 42%가 안전한 물을 마셔 본 적이 없었고, 진정한 개발의 방해물은 "분쟁, 정치불안, 물과 보건위생에 할당한 낮은 순위의 투자"로 확인되었다. 인구의 고성장이 이들 요인을 더욱 악화했다(같은 책, 10-11).

미국의 부시 대통령의 계획인 새천년도전계정(Millennium Challenge Account, MCA)은 그것이 아프리카의 정치적, 경제적 변화를 촉진하는 조치인 "외교, 개발, 민주주의, 원조, 정보, 제재, 인센티브, 무역정책"의 **총체적 툴박스**를 이용했다는 점에서 "획기적인" 것으로 묘사된다(www.usembassy.org.uk/forpo552.htlm). 이는 미국의 새로운 전략으로, 경제/정치 발전을 위해 설정한 목표를 기반으로 아프리카 국가에 기대하는, 더욱 과감하고 더욱 비즈니스 친화적인 "좋은 관례"의 목록이나 다양한 벤치마크를 설정하여 거버넌스, 부패 규제, 정치 참여 확대, 신뢰성, 민간 부문 성장을 달성할 수 있도록 했다.

테러 지원 국가는 어떤 나라도 그 자격을 얻을 수 없다. 새천년도전계정이 요구하는 16개 지표 가운데는 시민 자율, 정치권리, 표현과 신뢰, 법치, 반부패, 초등교육 이수율, 건강 및 면역률 향상, 무역정책, 규제기관 설립 같은 것이 있다. 새천년도전계정 정책은 아프리카 국가에 대한 더욱 직접적인 접근방식을 나타내며, 이들 국가 스스로가 책무와 신뢰성을 더 많이 확보하도록 했다.

일방적인 미국식 개발 계획인 새천년도전계정은 NEPAD와는 다르다. 미국은 NEPAD가 성공하는 것을 보고자 했으나 아프리카연합 정책의 배분 능력 결여를 충분히 인식하고 있었다. 새천년도전계정에서 민주적 신뢰성은 아프리카 정부가 변화능력을 가지고, 합법적인 정치적 반대론의 존재와 생존가능성을 수용해야 한다는 것을 의미한다. 2007년에 미국 정부는 아프리카 47개국을 원조했고, 미국 국제개발부(USAID)는 아프리카에 23개 항목의 쌍방 책무를 지고 있다. 미국의 대아프리카 대외원조의 초점은 넓게는 NEPAD의 목표와 새천년개발목표와 궤를 같이한다. 즉, "아프리카 정부, 제도, 아프리카 기반 단체가 굿 거버넌스 원칙과 건강, 교육, 경제성장, 농업, 환경 프로그램에 대해 혁신적으로 접근하도록 돕는 것이다." 2008년에 5억 1900만 달러를 예산으로 편성하여 아프리카 성장 및 기회 입법(African Growth and Opportunity Act)과 아프리카 글로벌 경쟁 이니셔티브(Africa Global Competitiveness Initiative) 기반의 경제성장을 도모하도록 했다. 이 계획은 순환적으로 재발하는 식량 위기를 종식하는 데 목표를 두었다(www.usaid.gov/sub-saharan_africa). 경제적 조건을 강조하는 것은 무엇보다도 아프리카 무역 경쟁을 향상하여 세계경제에 아프리카 국가를 편입하려는 의도이다. 무역은 점차 아프리카가 정치적, 경제적으로 변화할 수 있는 잠재적 통로가 될 것이다. 새천년개발목표를 달성하기 위해서 "더욱 열린 무역 개방을 통해 원조 증가와 부채 경감이 수반되어야 한다"(Annan 2002 : 255).

원조와 무역

영국의 토니 블레어(Tony Blair) 총리는 2005년을 아프리카의 해(Year of Africa)로 선언하고 아프리카위원회를 창설했다(〈글상자 3.7〉 참고). 아프리카위원회의 보고서는 7%의 수입 성장과 새천년개발목표를 향한 진보를 위해 대아프리카 "외부 원조의 양과 질" 두 가지를 "근본적으로 변화시켜야 한다"고 표명했다. 이 보고서는 과거의 원조가 "악용되었다"는 것을 인정하면서도 "강력하고 절제 있는" 원조를 목표로 하고 "거버넌스를 지속적으로 개선해야" 한다고 주장했다(Commission for Africa 2005 : 331).

> **┃ 글상자 3.7 ┃ 아프리카위원회의 회원**
>
> 토니 블레어(Tony Blair), 폴라 아데올라(Fola Adeola), 아모아코(K. Y. Amoako), 낸시 베이커(Nancy Kassebaum Baker), 힐러리 벤(Hilary Benn), 고든 브라운(Gordon Brown), 미첼 캄데서스(Michel Camdessus), 밥 겔도프(Bob Geldof), 랄프 구데일(Ralph Goodale), 지 페이딩(Ji Peiding), 윌리엄 카멜라(William Kamela), 트레버 매뉴얼(Trevor Manuel), 벤자민 음카파(Benjamin Mkapa), 리나 모홀로(Linah Mohohlo), 티제인 티얌(Tidjane Thiam), 안나 티바이주카(Anna Tibaijuka), 멜레스 제나위(Meles Zenawi)

원조 문제는, 대아프리카 원조를 2004년 230만 달러에서 2015년 500만 달러로 배가하는 것을 "의심스러운 제안"으로 보는 회의주의자의 논쟁거리가 되었다(Mistry 2005 : 665). 하지만 아프리카위원회는 다음 조치를 통해 "원조의 질을 근본적으로 개선하기"를 원했다.

- 원조 수혜국 시민에 대한 신뢰과정 강화
- 빈곤이 극심하고 원조가 가장 유용하게 사용될 수 있는 국가에 원조 할당
- 현재 원조의 효과적 사용 조건이 미비한 거버넌스의 진척에 더 강력한 지원
- 부채 누적을 피하기 위해 공여를 통한 더 많은 원조 조달
- 국가의 우선순위, 절차, 체제, 관행을 더 밀접하게 조율
- 장기간에 걸쳐 더 예측가능하고 유연한 원조 제공
- 돌발 쇼크에 대비한 더 나은 국가 보호

(Commission for Africa 2005 : 301)

비록 이 우선순위 중 몇 가지는 다소 모호하지만, 더 나은 거버넌스에 토대하지 않은 더 많은 원조 공여는 극빈국에 실제로 손실을 입혔다(Walton 2005). 경제협력개발기구(OECD)의 보고서에 따르면, 아프리카는 1965년에서 2014년까지 거의 1조 달러(2005년 달러 기준)의 원조를 받았다. 그리고 지난 40년간 받은 원조 가운데 4000만 달러의 채무원금을 상환하고, 아직 6000만 달러 정도의 순수 부채가 남아 있다(Mistry 2005 : 666 재인용). 종합적으로 볼 때, 개발 측면에서는 보여 줄 것이 별로 없는 듯하지만, 이 위원회는 성장을 창출하는 원조의 예로 "원조가 국내총생산의 약 50%에 달했을 때"인 1990년대의 모잠비크를 지적했다. "국내총생산의 성장은 놀랍게도 12%에 도달했다"(Commission for Africa 2005 : 308). 미스트리(P. S. Mistry)는 원조를 신랄히 비판하였는데, 아프리카의 "개발 적자"는 자본 부족 때문이 아니라 "인적, 사회적, 제도적 자본의 만성적 부적절성"에서 생겨난다고 하였다. 이러한 미비점을 다루지 않으면, "아프리카 개발은 아무리 많은 원조를 하더라도 이루어지지 않을 것이다"(Mistry 2005 : 666). 불행하게도 선진국 세계에 대한 도전 가운데 한

가지는 "한 국가 내 원조의 효과를 보장하기 위한 원조의 설계와 관련이 있다." 초점이 없는 원조는 "허약하고 불공평한 환경"에서 제대로 작동하지 않으며, "국내 정부-시민의 협약 구축의 필요성을 약화할 수 있다" (Walton 2005). 하지만 원조를 빈곤 감소 전략의 일부로 사용한다면, 원조는 교육과 의료서비스를 제공할 수 있는 더 나은 제도를 촉발할 수 있으며, 이는 궁극적으로 사회를 발전시킨다. 2005년 에든버러에서 개최한 G8 정상은 2004년에서 2010년까지 실질적으로 매년 500억 달러로 원조를 증액하고, 사하라 이남 아프리카에는 2004년에 250억 달러 수준의 연간 원조를 배가하겠다는 의향을 발표했다. 이러한 목표가 달성될지에 대한 회의로 인해, 2007년에 "2010년 목표를 달성할 실제적 전망이 있다면 2008년에는 원조를 증액해야 한다"고 촉구하였다(http://uk.oneworld.net/guides/aid?gelid=CITLZZiak). 아프리카의 경제개발에 대한 유엔무역개발회의(UNCTAD)의 2006년도 보고서는 국제 원조체제에 대한 비판적 시각을 던지고, "고거래 비용, 정치 이슈화, 투명성 결여, 비일관성, 예측 불가, 수원국의 허약한 제도에 대한 과도한 요구조건"을 포함한 미비점을 확인했다. 훨씬 더 큰 원조의 다자화가 요구되었는데, 이는 "공여국 사이의 불필요한 고비용 경쟁을 줄이고, 결과적으로 운영비를 줄일 것이다" (www.unctad.org//en/docs/gdasfrica20061a_en.pdf).

원조의 증가 발표와 함께 무역 역시 아프리카 국가가 세계시장에 완전히 진입할 수 있는 한 방법으로 적절하게 인식되었다. 아프리카 대륙은 세계 무역거래의 고작 3%를 차지하며, 세계 GDP의 2%에 못 미친다. 하지만 무역은 아프리카에 중요하며, GDP 대비 무역은 60%를 기록했다 (Africa Development Bank 2005 : 6). 무역은 일반적으로 일차 재료의 수출에 의존한다. 즉 원유, 광물, 천연가스, 금, 다이아몬드, 면화, 코코아, 커피, 목재 등이다. 이는 국제 원자재 시장에서 가격이 결정되는 상품으로, 수요 공급에 따라 작동하며 가격이 변동한다. 2007년에 가격 변동 폭은 심했다. 예컨대 원유 가격은 2008년 5월에 배럴당 120달러라는 전례 없는 가격을 기록했으며, 한 경제 분석가는 고수준의 소득이 아프리카 산유국에 경제적 활력을 불어넣을 것이라고 논평했다(Dowden 2007 ; 〈글상자 3.8〉 참고). 사하라 이남 아프리카는 세계 석유공급의 약 12%를 생산하며, 미국 석유 순수입의 약 19%를 차지한다(http://tonto.eia.doe.gov/dnav/pet/pet_moveneti_a_epoo). 지난 10년간 아프리카의 석유 생산량은 36% 증가했으며, 2020년경 적도기니는 1일 생산량 74만 배럴로 아프리카에서 세 번째로 큰 산유국이 될 것이다. 분명히 석유와 가스에서 생겨나는 재원으로 경제성장은 이룰 수 있겠지만, 이는 정치적·재정적·회계적 투명성이 보장될 때만 가능하다.

> **┃글상자 3.8┃ 사하라 이남의 아프리카 산유국**
>
> 앙골라(OPEC 회원, 2006년 12월 가입), 카메룬, 차드, 콩고, 적도기니, 모리타니, 나이지리아(OPEC 회원), 수단, 상투메 프린시페, 가봉

몇몇 분석가는 아프리카는 세계시장의 힘을 활용하고, 이 시장의 힘을 국내경제에 함께 끌어내는 법을 배워야 한다고 주장한다(Mittelman & Pasha 1997 : 244). 이에 대한 명백한 사례로 케냐의 재정 부문의 콜센터를 들 수 있다. 이 센터는 지난 10년에 걸쳐 급작스레 생겨났다. 열대 화훼, 외국산 과일, 우량 와인의 틈새 무역은 몇몇 아프리카 국가, 예컨대 남아프리카공화국에서 유행하고 있다. 2007년의 리스본 회의에서 발표된 아프리카 – 유럽연합 전략적 동반자 전략(Africa-EU strategic Partnership strategy)도 "아프리카와 유럽 양 대륙의 경제협력과 지속가능한 발전 증진"을 통해서 상호 간 평화, 안보, 번영, 유대, 인간 존엄성을 지키면서 양

대륙 사이의 발전을 연계하는 것을 목표로 한다(EU-Africa Summit 2007 : 2). 이 전략은 아프리카연합과 유럽연합 간의 "평화와 안보, 이주와 개발, 깨끗한 환경"의 "공통 도전"을 다루기 위해 결속의 강화를 요구한다.

아프리카연합과 유럽연합 간의 "정치적 대화"는 "업그레이드되고" 시민사회는 "힘을 받을" 필요가 있다. 이 전략은 2015년에 새천년개발목표를 달성하기 위해 아프리카 대륙이 필요한 것을 재차 표방하는 한편, 다음의 우선 분야에 전략을 제공할 새 접근전략의 개요를 설명한다.

- 평화와 안보 : 아프리카연합 평화안보협의회(AU Peace and Security Council)를 지지하고 테러, 인신매매, 마약 거래를 방지한다.
- 거버넌스와 인권 : 아프리카 상호평가제도를 지지하고, 아프리카의 법치를 강화한다.
- 무역과 지역 통합 : 지역경제공동체를 진작하고, 생산력을 향상하고, 투자를 유인하고, 비지니스 친화적 환경을 조성하고, 민간분야를 개발한다.
- 핵심 개발 사안 : 새천년개발목표를 향한 전진을 가속화한다.

새 접근전략은 과거의 식민통치와 권위적인 관계보다 현재의 상호관심사를 강조함으로써 유럽연합과 아프리카의 관계를 변화시키려는 의도가 있었다. 전략적 동반자관계가 성공하려면 〈글상자 3.9〉에 요약한 것처럼 정치적 도전을 직시해야 한다.

하지만 아프리카 국가의 장기적 경제성장을 고려해 볼 때, "느리고 취약한 성장"의 기록은 확인가능한 성장의 가속화와 쇠퇴의 반복적인 패턴을 보여 준다. 아르바슈(J. S. Arbache)와 페이지(J. Page)는 흥미로운 사실을 보여 주는 연구에서 이러한 추세의 요인을 고찰하고 "아프리카 국

┃ 글상자 3.9 ┃ 아프리카와 유럽연합의 새 접근전략

아프리카와 유럽연합의 전략적 동반자 관계가 성공하려면, 다음 사항을 추진해야 한다.

(1) 전통적 관계에서 벗어나 평등과 공동 목표를 추구하는 진정한 동반자 관계를 수립한다.

(2) 과거의 관계에서 얻은 긍정적 경험과 교훈을 기반으로 관계를 수립한다.

(3) 전승된 부정적 고정관념에 사로잡힌 이미지 대신 상호 정확한 이미지를 구축한다.

(4) 두 대륙 간의 인간과 문화에 대한 상호 이해를 도모한다.

(5) 지속가능한 사회경제적 발전에 이로운 환경을 조성하려는 아프리카의 노력과 리더십을 인정하고 전적으로 지지한다.

(6) 유효한 정책과 법적·재정적 체제를 채택하기 위해 공동으로 노력한다.

(7) 쌍방 관계, 대화, 협조가 지속하도록 보장한다.

(8) 세계적 도전에 맞서 공동 대응책을 강구한다.

(9) 이주사회/유민을 주재국에 전적으로 통합하는 것을 장려하는 한편, 개발과정에 출신 국가와 연계를 장려하고 추진한다.

출처 : http://ec.europa.eu/development/icenter/repository/
EAS2007_joint_strategy, pp. 3-4.

가가 일반적인 상식과는 달리 지난 30년간 수많은 성장의 가속화 사례를 경험했을 뿐만 아니라 대부분의 성장 이익을 날려 버린 다수의 성장 붕괴도 체험했다”는 점을 발견했다(Arbache & Page 2007 : 21). 성장의 가속화와 감속의 균형이 어떻게 인간개발의 결과에 영향을 미쳤는지에 관한 문제도 있다. 성장 기간에는 인간개발에 대한 투자가 비교적 부분적으로밖에 개선되지 않는데, 성장 속도의 감소는 ‘교육과 의료서비스 결과에 아주 부정적인 영향을 미친다." 아르바슈와 페이지는 새천년개발목표를 달성하려면 "성장 붕괴의 방지가 필수적"이라고 경고한다. 그러나 무엇이 이러한 성장 하락의 원인인가? "일을 잘못 처리하는 것, 즉 서투른 거시경제 운용, 취약한 구조적 정책과 제도, 미비한 거버넌스 같은 것이 성장 악화의 광범하고 기초적인 예측변수인 것 같다(같은 책 : 22). 부패 또한 국가 성장률을 떨어뜨리는 요인이며, 경제패턴을 왜곡할 수도 있다.[6] 하지만 궁극적으로 "더 나은 장기적인 경제성과의 핵심 사항은 성장을 더욱 향상하는 한편 성장이 저하되지 않게 막는 것, 이 두 가지이다"(같은 책).

아프리카 경제학의 역동적 측면 중 한 가지는 중국 무역이며, 이는 지난 몇 년 동안 기하학적 비율로 급증했고, 더욱 증가할 것으로 보인다 (〈표 3.5〉 참고). 이 무역은 중국의 경제성장을 견인하기 위한 원자재와 에너지가 필요하여 이루어진 것이다.

중국 무역 확대의 주요 분야는 석유이지만, 보크사이트, 우라늄, 철광석, 알루미늄, 망간, 면화 등에도 깊은 관심을 가지고 있다. 중국은 섬유 생산과 가공에도 개입하였고, 중국 정부는 2006년을 아프리카의 해로 명명하기도 했다(〈표 3.6〉 참고). 이러한 교역의 결과로 많은 중국 다국적 기업이 아프리카에서 활동 중이다(〈글상자 3.10〉 참고). 중국의 대아프리카 경제관계는 서구의 관심을 불러일으켰고, 특히 수단 사태에 대해서 중

▌표 3.5 ▌ 아프리카 – 중국의 무역 거래

연도	거래량(단위 : 달러)
1999	20억
2004	296억
2005	397억
2007	420억
2010(예상치)	1000억

┃ 표 3.6 ┃ 2005년 아프리카의 대중국 수출

원자재	수출국	금액(단위 : 달러)
원유	앙골라 수단 콩고 적도기니	66억 26억 21억 14억
철광석	남아프리카공화국	7억 500만
면화	부르키나파소, 베냉, 말리, 코트디부아르, 카메룬, 탄자니아	6억 7700만(총계)
다이아몬드	남아프리카공화국	5억 200만
목재	가봉, 콩고, 적도기니, 모잠비크, 카메룬	4억 9500만(총계)

국은 경제와 정치를 결부하는 서구의 태도에 공공연히 불쾌감을 드러냈다. 한편으로 중국 기업은 아프리카를 착취하는 것처럼 보이지만, 다른 한편으로 서구 투자자에게는 리스크가 아주 크거나 정치적으로 납득하기 어려운 지역에 자금을 투자한다. 분명히 나이지리아의 섬유 가공에 대한 중국의 투자 재개는 다른 아시아 국가의 상업적 개입과 함께 환영받았다. 그러나 이러한 중국 기업이 고용하는 노동자는 아프리카인이 아니라 중국인이다(개인적 인터뷰 Kano 2005). 이것은 또 다른 형태의 경제 식민화인가? 만일 아프리카 국가가 무역에서 수동적인 참여자라고 한다면 그 말은 맞을 것이다. 중국의 국유기업과 다국적기업, 투자자와 노동자는 궁극적으로 자신이 바라는 열망에 따른 동기가 있고, 그것을 성취하기 위해 장기간 열심히 일할 것이다. 어떤 시점에 가서는 아프리카도 자신의 진정한 경제적 욕망이 무엇인지 고민해 봐야 할 것이다.

▌글상자 3.10 ▌ 아프리카에서 활동 중인 중국 다국적기업*

중국석유화공주식유한공사(中国石油化工股份有限公司, China Petroleum & Chemical Corporation, Sinopec), 국가전력망공사(国家电网公司, State Grid Corporation of China), 중국석유천연기집단공사(中国石油天然气集团公司, China National Petroleum Corporation), 중국공상은행(中国工商银行, Industrial and Commercial Bank of China), 중국이동통신집단공사(中国移动通信集团公司, China Mobile Communications Corporation), 중국인수보험(中国人寿保险, China Life Insurance Company Limited), 중국은행(中国银行, Bank of China Limited), 중국남방전망(中国南方电网, China Southern Power Grid Company Limited), 중국건설은행(中国建设银行, China Construction Bank Corporation), 중국전신집단공사(中国电信集团公司, China Telecom Corporation Limited), 상하이보강철강집단공사(上海宝钢集团公司, Shanghai Baosteel Group Corporation), 중국중화집단공사(中国中化集团公司, Sinochem Corporation, Sinochem), 중국농업은행(中国农业银行, Agricultural Bank of China Limited), 중국철로공정총공사(中国铁路工程总公司, China Railway Engineering Corporation), 중국양유식품집단유한공사(中国粮油食品(集团)有限公司, China National Cereals, Oils and Foodstuffs Corporation, COFCO), 제일기차집단(第一汽车集团, FAW Group Corporation), 상하이기차집단주식유한공사(上海汽车集团股份有限公司, SAIC Motor Corporation Limited), 중국철도건설총공사(中国铁道建筑总公司, China Railway Construction Corporation), 중국건축공정총공사(中国建筑工程总公司, China State Construction Engineering Corporation)

출처 : http://money.cnn.com/fortune_archive/2007/08/06; http://money.cnn.com/08/06/news/international/Sudan_khartoum.

---

* 옮긴이 주 : 최신의 기업 명칭으로 수정·변경함.

그렇다면 아프리카의 미래 개발은 어떻게 되는가? NEPAD와 새천년개발목표는 국제사회가 개발과정에 개입하는 다른 방식이겠지만, 궁극적으로 아프리카인 스스로가 이들 정책을 수용하고 이행해야 한다. 우선순위 목록은 잘 작성되어 있지만, 이를 실행하지 않으면 무용지물이 될 것이다. 마찬가지로 비현실적이고 실현 불가능한 목표도 그대로 남아 있을 것이다. 아프리카 국가의 리더가 개발의 도전을 수용하지 않는다면, "NEPAD는 그저 아프리카 대륙 역사의 쓰레기더미에 버려지는 또 하나의 실패한 계획이 될 것이다"(Loots 2006 : 24). 이는 신랄한 논평이지만, 정신을 번쩍 들게 하는 말이다.

제 **4** 장
민주주의

민주주의는 아프리카의 것도 아니고, 유럽이나 아시아의 것도 아니다… 그것은 모두의 것이다.

(Walubiri 2008)

진정한 민주정치는 권력이 국민의 손에 있을 때 가능하다.

(Cicero, *De Re Publica* 1.42)

대중은 무책임한 다수이다. 어디에서도 그들보다 더 무지하거나 무책임하거나 폭력적인 것을 찾아보기 힘들다.

(Herodotus, *the Histories* 2003 : 3.81)

리더십은 탐욕과 야욕에 근거한다… 권력 투쟁에 몸을 바친 사람… 입에 발린 소리로 얻은 대중의 관심을 상으로 여기는 사람, 어떤 수단을 써서라도 상대를 이기려는 사람은 잔악한 행위를 저지르는 것을 주저하지 않는다.

(Thucydides, *History of the Peloponnesian War* 3.82)

아테네에서 최초의 민주주의 개념이 태동한 기원전 6세기 이래 민주주의의 특징과 형태에 대한 수많은 논란이 있었다. 기원전 510년 클레이스테네스(Kleisthenes)의 개혁은 모든 공동체가 형식 구조를 갖추고, 일정한 권리를 갖고, 중앙 원로회로 대표할 것을 제의했다. 그는 아테네에 이세고리아(isegoria, 평등한 발언권)와 이소노미아(isonomia, 법 앞에서 평등)를 도입하고 싶어했다(Osborne 2005 : 299-304). 그러나 아프리카의 대다수 사회가 지난 수십 년 동안 다양한 정부 형태를 경험해 왔음에도 여전히 아테네와 같은 정치적 특권을 기대하고 있다는 사실은 흥미로운 일이다. 몇몇 아프리카 국가가 지난 15년 동안 개혁과정을 거친 반면, 그 외 국가는 기능이 마비되었다. 민족, 종교, 정치의 적대적 파벌에 몰두하는 동안 **공익**이 무시되어 버린 탓이다. 그러나 민주주의는 여전히 요청되고 있고, 조사 결과는 아프리카인이 민주주의를 갈망하고 있다는 사실을 보여 준다. 아프로바로미터가 보츠와나, 가나, 말라위, 나미비아, 나이지리아, 짐바브웨에서 민주주의, 시장, 시민사회에 대한 국민의 생각을 조사한 결과, "응답자 10명 중 7명 이상이 선호하는 정부 형태로 민주주의를 지목했다." 민주주의가 "넓은 의미에서 합법성을 취득했다"는 뜻이다(Afrobarometer 2006). 이는 대부분의 아프리카 주민이 민주정부를 열망하고 있다는 사실을 보여 주는 고무적인 증거로 보인다. 그러나 브래튼(Bratton), 매츠(Mattes)와 지마 보아디(E. Gyimah-Boadi)의 지적처럼 "아프리카에서 민주주의에 대한 지지는 넓이는 1마일이지만, 실제 깊이는 1인치에 불과하다." 왜 그런 것일까? "선출된 정부가 실제 수행하는 일"에 대한 불만과 함께 "민주적 가치와 절차에 대한 극도로 모호한 이해"가 아프리카에 만연해 있기 때문이다(Bratton et al. 2005 : 94).

이런 태도는 민주주의의 지속가능성에 관심을 가지고 있다는 표시이다. 19세기의 사상가 존 스튜어트 밀(John Stuart Mill, 1806~1873)의 견해는 지금도 계속해서 유효한데, 그는 민주주의가 세 가지 기본 조건과 설명이 불가능할 정도로 밀접하게 연관되어 있다고 주장했다.

사람들은 민주주의를 기꺼이 수용해야 한다. 사람들은 민주주의의 보전에 필요한 행위를 기꺼이 해야 하고, 또한 기꺼이 할 수 있어야 한다. 사람들은 자신의 의무를 다하고, 민주주의가 그들에게 부여한 역할을 기꺼이 이행해야 하고, 또한 이행할 수 있어야 한다.

(Mill 연대 미상 : 68)

아프리카의 얼마나 많은 정치조직이 이 조건에 부합할 수 있을까? 2007년 이후 케냐의 민족단체는 민주주의를 지키기 위해 저항한 것일까? 그럴지도 모른다. 하지만 그들은 서로를 공격하며 1000명 이상의 사상자를 냈다. 짐바브웨의 유권자는 지난 28년 동안 자치권을 부여받았는가? 아니다. 그들을 공포에 떨게 하고 빈곤하게 만든 악랄한 정치 지도자에게 구타당하고 투옥당했다. 당연히 밀에게 있어 공동체적 활동, 특히 정치활동에 대한 시민참여는 대의정부의 발전에 매우 중요한 역할을 했다. 시민의 적극적 참여 금지로 야기되는 피동적 삶은 안타깝게도 지적 자극을 박탈당하고, "자신의 운명에 그 어떤 목소리도 낼 수 없는" 빈곤한 국민만 양산할 뿐이었다(같은 책).

'자신의 운명에 목소리를 내야 할 필요성'은 아프리카 정치에서 최우선적 측면이다. 이는 국회회기의 강화와 정상화, 헌법 개정, 시민조직과 정당의 활발한 활동 등을 통해 표출되어야 한다. 로버트 달(Robert A. Dahl 1989 : 221)은 민주주의 또는 **다두성지**(polyarchy)가 관직 획득을 위한 개인 간, 집단 간, 정당 간의 광범한 경쟁, 정기적인 공정선거를 통한 지도자 선택, 처벌에 대한 공포 없이 의견을 표출할 수 있는 시민의 정치적 자유를 필요로 한다고 믿었다.

공동체의 보편적 관심사를 드러내고, 사회를 더욱 화합하게 만든다는 점에서 선거는 필수이지만, 달이 제시한 조건은 단순한 유권자 영합주의(electoralism)보다 훨씬 광범한 의미를 지닌다. 국민은 합의한 범위 내에서 자신의 권리와 책임, 자유와 의무를 합법적으로 행사할 수 있다. 이는 존 스튜어트 밀의 견해를 상기시킨다. 투표를 통한 정치참여를 무책임한 방종으로 간주해서는 안 된다. 투표자는 "자신의 사적 이익이 아닌 공익을 고려해 최상의 판단으로 표를 던지는, 절대적인 도덕적 의무"를 가진다(Mill 연대 미상). 투표든 어떤 형태의 정치 행위든 제대로 공지되고, 공정하고 사려 깊게 자기 개선을 도모해야 한다.

　　민주주의에 있어 구조적 요소와 문화적 요소 모두가 필요하다는 사실에는 의심의 여지가 없다. 구조적 요소는 정부의 실질적 제도 기구이다. 이들이 없으면 대의정치는 등장할 수 없다. 이와 달리 문화적 요소는 더 복잡해서 전통적, 파편적, 비일관적인 것일 수 있다. 바로 여기에서 민주주의에 대한 **규범적** 설명과 **경험적** 설명이 구분된다. 규범적 설명은 인간의 능력과 잠재력, 열망에 기대를 거는 **좋은** 사회의 개념을 강조하고, 경험적 설명은 실제 세계에서 정치적 실천행위의 적용과 효율성을 강조한다. 그렇다면 실제 세계에서 아프리카의 정치는 어떻게 수행되는가? 만약 정치참여가 선거를 통한 선택에 국한된다면, 그 결과는 "여러 개인이 맺는 일련의 시장 관계"에 지나지 않을 것이다 (Macpherson 1973 : 158). 코헨(Cohen)과 아라토(Arato)가 주장하듯이 말이다(1995 : 7).

　　민주주의의 개념이 지도자 선출과 경쟁 규제, 엘리트의 정책 결정에 국한된다면… 형식적 의례와 조직적 왜곡, 연출된 동의, 조작된 여론, 현실의 진실을 구별하는 모든 기준은 상실될 것이다.

　　'현실의 진실'은 참여하는 것이고, 이는 정치적으로 의미가 심장하다. 마찬가지로 민주적 권한 행사가 주기적 투표에 국한된다면, 시민이 시민으로서 행동할 수 있는 기회, 즉 공적 생활에 참여할 수 있는 기회는 매우 축소될 것이다. 데이비드 헬드(David Held 1998 : 7)는 "민주적 자치권"에 대한 견해를 상론한다.

국민은 동등한 권리를 누리고, 따라서 그들에게 기회를 제공하면서 제한하는 정치적으로 명시된 틀 안에서 동등한 의무를 지닌다. 다시 말해, 삶의 조건을 결정하는 데 있어 국민은 모두 자유롭고 동등해야 한다. 단, 이 정치적 틀을 이용해 타인의 권리를 부정하지 않는 조건에서 그러하다.

보츠와나 독립선거위원회의 티로 셀레쪼(Tiro Seeletso)는 시민사회는 중립적이어야 하지만, 실제로 "NGO(비정부기구)는 편파성을 지니고 정당과 관계를 맺을 수도 있다"는 사실을 인정해야 한다고 말한다(Seeletso 인터뷰 2004). 보츠와나의 이웃국가인 남아프리카공화국의 NGO연합(SANGOCO)은 이런 조직이 정치성을 띠더라도 '정책과 정책의 적용 사이의 간극'과 관련해 계속 '결정적인 기여'를 해야 한다고 믿는다. 이는 '책임을 지는' 시민사회가 필요하기 때문이다. 물론 단순한 반대론자가 아닌, 건설적 제안 또는 정책 제안을 할 수 있는 시민사회 말이다(Farred 인터뷰 2002). 그러나 격렬한 선거판에서는 그것이 힘들 수도 있다. 일례로 2007년 나이지리아 대통령 선거 당시 선거 관련 시민단체가 수많은 비판을 했지만, 결국 다음과 같은 상황이 벌어졌다.

정당들은 서로 싸웠다. 그것은 단순한 부정 선거가 아니었다. 정치인이 라고스 거리에서 총에 맞아 죽고, 이슬람 성직자가 카노의 모스크에서 살해되었다… 위기 상황이었다. 그 분열이 민족적, 종교적 분열이었다면, 이 나라는 끝장났을 것이다.

(Mustapha 2007)

한 대통령 입후보자는 나이지리아의 정치가 항상 "권력과 부패, 유명 인사"에 집중되어 있다고 결론지었다(Utomi 2007).

따라서 국가 및 시민사회의 개념이, 공지된 공공업무를 현명하게 결정하도록 보장하는 정보사용 개방 등의 보편적 조건이 만족될 때에는 작동하지만, 이러한 개념은 기껏해야 몇몇 아프리카 특정 국가에서만 낙관적이다. 이런 조건에서는 위르겐 하버마스(Jürgen Habermas)의 견해가 더 적절할 것이다.

나는 사회를 민주적으로 정비하는 시도를 자율적 학습과정으로 본다. 그 과정에서는, 기본적 사회제도와 정치결정이 자유롭고 평등하게 참여한 이들의 동의를 얻어 이루어진다는 가정하에 협의점을 찾는 것이 관건이다.

(Habermas 1979 : 186)

이런 민주주의 형태에서 각 개인이 정책의 결정과정을 합법으로 인정할 수 있다면, 그들이 그 과정에 직접 참여해야 할 책임은 없다. 합법성 여부는 민주주의 질서에서 매우 결정적인 사안이다. 장 블롱델(Jean Blondel 1990 : 54)은 정치조직의 구성원이 "그 정치 체제에 호의적일 때" 합법성이 보장된다고 말한다. 개인의 확고한 지지는 시간이 흐르면서 약해지고 변한다. 블롱델은 대다수의 국민이 국가 권력과 접촉할 기회가 거의 없기 때문에 개인의 지지는 대개 수동적이라고 말한다. 세이모어 립셋(Seymour Lipset, 1922~2006)은 이렇게 말한다. "민주주의의 안정성은 경제발전뿐만 아니라 정치체제의 효율성과 합법성에 의존한다"(1960 :

77). 합법성은 대중의 신뢰를 창출하고 유지할 수 있는 체제의 효율성으로 정의된다. 그러나 정치제도의 합법화는 대다수 국민의 이해와 지식수준을 요구한다. 여기서 다시 존 스튜어트 밀의 민주주의 조건을 생각나게 한다.

현대에는 굿 거버넌스, 즉 행정능력과 정직성, 책임의 문제로 초점이 이동했다. 이런 전환은 부분적으로 다음 요소의 결합에 달려 있다. 즉, 국제원조기구의 요구, 변화한 국제정치 환경, 선거를 거치지 않은 정부에 대한 불신임 등이 그것이다. 아프리카 국가는 민주주의에 다가갈 수 있을까? 국제사회는 어떤 역할을 해야 할까? 래리 다이아몬드(Larry Diamond)는 개발원조정책과 공여를 뒷받침하는 원칙으로 13개의 지침을 설정했다. 개발수행은 개혁과 바람직한 정치에 대한 정치적 의지와 연계되어 있다. "민주적 절차와 자유를 존중하고, 힘겨운 정치와 경제 개혁에 착수해서 이를 수행할 의지"를 보이는 나라는 보상해야 한다. 그렇지 않은 경우 국제공여국은 "정부 원조의 대부분을 중단하고 비정부 활동에만 몰두해야" 한다. 국가자원을 유용하는 부패한 독재 엘리트는 제재 대상이 되어야 한다. 그 사이에 "선진산업국은 아프리카 시장 접근을 방해하는 농업 장려금을 종식하기 위한 협상을 벌인다"(Diamond 2004 : 284-89). 이는 아프리카의 국가와 사회 모두에 대한 엄격하고 까다로운 권고가 될 것이다. 그러나 부패 정권에 제약을 가하고, 일정 수준의 국제통상 형평성을 도입하는 것은 장기적으로 아프리카 대륙의 이익에 일조할 것이다. 이와 더불어 대중은 더욱 대담해져서 정부에 책임을 추궁하게 될지도 모른다. 궁극적으로 그것이 유의미한 민주적 변화로 향하는 길이 되기를 바라지만, 여기에는 주의가 필요하다. 일부 분석가가 보기에 "서구정치의 이식은 사실상 모든 아프리카 국가가 거부했고" "현대 국가, 자유헌정, 대의정부"와 같은 정치체제까지도 거부했다(Carbone 2007 : 1). 그리고 원조기구의 활동을 방해할수록 아프리카 정치에서 민주적 책임은 줄어들고,

엘리트는 권력의 도용(盜用)에 더욱 몰두하게 된다. 마찬가지로 유권자 사이에도 정치적 권리와 사회경제적 이익을 동일시하는 경향이 만연하게 된다. 가령 남아프리카공화국의 유권자는 민주주의를 통해 얻을 수 있는 가장 바람직한 결과적 소득으로 직장과 집, 물, 전기 등을 들었다. 이는 "(민주주의) 선언과 실행 사이의 엄청난 간극"을 자주 야기한다(Friedman 2004 : 237 ; Deegan 1998, 2001 참고). 브래튼과 매츠도 다음의 사실을 상기시킨다. 아프리카에서 경제개혁은 필수이지만, 아프리카인은 "부패하고 내실 없는 나라에서 하는 것보다도 못하고, 효율성과 형평성을 지닌 고용과 개발 서비스를 제공하지 못한다는 평계로 시장 자유화"에 깊은 반감을 드러낸다고 태도조사보고서는 지적한다(Bratton et al. 2005 : 94).

선거 정치와 아프리카

최근 아프리카 선거의 분석과정에서 민주주의와 아프리카에 대한 민주주의의 적용에 대해 광범위한 논쟁이 있었다(Deegan 2003). 민주주의는 시간이 흐르면서 '학습된 거래'가 되었는지도 모른다. 그러나 특정한 결정적 요소가 선거의 효율성과 정치개혁에 영향을 미쳤다(〈글상자 4.1〉 참고). 1989년과 2008년 사이에 아프리카에서는 200회 이상 선거를 실시했고, 일부 국가에서는 최초로 선거를 시행했다. 민주주의란 지역 차원에서 발전해야 하므로 선거의 역동성은 일반 대중이 국가 정치과정에 참여하거나 지도자와 교류할 일이 거의 없는 독재 국가나 과도기의 국가에서 특히 중요하다. 선거 결과는 천차만별이었다. 남아프리카공화국이 아파르트헤이트를 폐지한 것과 달리, 짐바브웨는 선거원칙을 공공연히 무시했다. 〈표 4.1〉에 하원선거 관련 결과가 대략 나타나 있지만, 같은 날 2008년 3월 30일에 시행한 대통령 선거 결과는 공표하지 않았다. 2000년대 초반

- 불가피한 정당 개혁
- 반대 집단과 화합의 필요성
- 재임 기간의 남용 점검
- 선거 관리 보강
- 유권자 교육 및 등록 확산
- 국제 감시 및 선거 후속 조치 기간의 연장
- '자유롭고 공정한' 선거의 정확한 의미에 대한 이해
- 갈등과 분열을 유발할 수 있는 체계적이지 못한 선거
- 권력 상실을 두려워하는 집권 정당

에 코트디부아르는 사회의 분열을 초래한 선거 이후 사회갈등을 겪었다. 그보다 최근인 2007년과 2008년에 케냐는 과열 선거의 여파로 사회 격변을 겪어야 했다. 민주주의로 성공적 전환을 경험한 남아프리카공화국에서도 이제는 새 대통령이 어디서부터 국가를 장악할 것인지, 풀뿌리 민주주의 수준의 유의미한 변화가 어느 정도 일어났는지를 숙고해야 한다. 하루 1달러 미만으로 생활하는 사람을 빈민이라고 할 때, 그 수는 1996년 190만 명에서 2005년 420만 명으로 증가했기 때문이다(South African Institute of Race Relations 2007).

국제 옵서버의 역할이 선거 행위의 철저한 검토에 중요한 요소인데도 선거국가 체류는 단기간으로 제한하는 경우가 많다. 감시에 집중하는 것 자체가 문제가 될 수도 있어서 국제 옵서버는 때때로 선거가 '자유롭고 공정하다'고 섣불리 공표하기도 한다. 지역사회와 NGO의 지역 감시를 장려할 때, 한 나라는 엄청난 선거역량을 구축할 수 있다. 그러나 '자유롭고 공정하다'는 말은 다양한 환경에서 다르게 해석된다. 그래서 국제

정당	의석[a]
짐바브웨 아프리카민족동맹 – 애국전선(ZANU PF, 집권당)	96
민주변화운동(MDC, 야당)	99
민주변화운동(MDC, 이탈파)	11

주 : a – 이 수치에 대해서는 이견이 있음.
출처 : EISA(2008a).

옵서버나 지역 옵서버는 선거과정에 대해 상이한 평가를 내리기도 한다. 더욱이 2007년 케냐의 경우처럼 선거 이후 상황이 급변할 수 있다. 국내 정치풍토가 유동적이고 선거가 치열한 양상을 띨 때는 더욱 그렇다. 국제 사회가 어떤 반응을 보여야 하는지에 대한 불확실성은 차치하더라도 종교적·인종적 분열과 폭력으로 찢긴 나라가 문제가 많은 선거로 받은 충격을 해소하기란 극도로 어려운 일이다.

    2008년 짐바브웨 선거의 대실패를 고려할 때, 2002년 선거에 참여한 여러 옵서버의 보고는 매우 흥미롭다. 이 선거에서 여러 정당이 등장해 무기명 투표가 실시되었지만, 사실상 "무력, 강압, 합법적으로 규제된 이념 조작과 통제"가 "선거 환경과 유권자의 자유투표"를 좌우지했다(Booysen 2002 : 9). 감시 임무 역시 뒤죽박죽이었고, 〈표 4.2〉가 보여 주듯 모순된 보고가 난무했다. 어떤 비판은 신중하고 진지했지만, 어떤 비판은 왜곡된 듯이 보였다. 선거가 특정 조건에서 합법적으로 실시되면, 국민의 의지를 반영할 수 있을까? 어떤 임무는 직접 관찰한 것에 대한 간략한 보고만으로 진행된다. 2002년 짐바브웨 선거에 참여한 남아프리카공화국 출신 옵서버 대변인은 이렇게 말했다. "우리는 우리가 본 것에 대해 매우 만족한다… 우리는 우리가 보지 않은 것에 대해 나쁘다고 말할 수 없다"(같은 책 : 6). 2002년에 시행된 상투메 프린시페의 합법 선거에 참여한 나이지리아 옵서버도 이런 접근방식을 택했다. "내 임무는 기표소

주위를 돌면서 … 선거과정을 관찰하는 것이다"(Pawson 2003).[1] 당연히 그런 태도는 선거의 철저한 조사를 조롱하는 것이다. 진지한 우려를 표명한다고 해도 영연방 옵서버단체(Commonwealth Observer Group, COG)의 평가처럼 지역 차원이나 남아프리카 개발공동체(SADC), 아프리카연합 같은 대륙 차원의 조직이 조치를 취하지 않으면 부패한 정치체제는 모든 민주적 틀을 타락시키고 독재정치로 악화된다. 〈글상자 4.2〉가 지적하듯이 아프리카연합은 우호적 견해를 표명할 수 있지만, 불신임으로 뒷받침하지 않으면 그 견해는 부적절하다.

┃표 4.2┃ 짐바브웨 2000년 선거 : 옵서버 보고

옵서버 임무	관찰 내용	최종 의견 판정
영연방 옵서버 단체 (COG)	• 조작된 입법 구조 • 투표자 명부에서 대다수 투표자의 참정권 박탈 • 부적절한 투표 교육 • 개입을 주저하는 치안부대 • 의회와 군대의 조직적인 협박 • 반대파에 대한 폭력 • ZANU – PF의 국가 자원 착취 • 소외된 지역 옵서버 • MDC 선거운동 제한 • 법치의 부적절한 운용 • 경쟁 매체와 편향된 공공 매체의 위협 • 선거체제의 비독립성 **칭찬 사항** : 국민의 투표 의지, 평화로운 투표와 개표 과정	• 투표 의지 • 불안과 의심 분위기로 손상된 선거 • 유권자의 의지를 자유롭게 표현할 수 없는 환경

옵서버 임무	관찰 내용	최종 의견 판정
SADC 의회 포럼	• 수용할 수 없을 정도로 작성이 지체되고, 검증 불가능하고, 불공정한 투표자 명부 • 균등하게 적용되지 않은 등록 • 투표소 감소로 인한 느린 진행과 참정권 박탈 • 편파적인 경찰 • 야당 선거운동 방해 • 합의를 통한 정당 대리인의 자유로운 활동 • 정보 전달의 제약 • 국가 주도의 야당 탄압 • ZANU-PF 이외 정당의 매체 접근 불허 • 독립 선거위원회의 독립성 결핍 **칭찬 사항** : 지방 투표소 증가, 유권자 사이의 관용, 평화로운 투표	• 2000년부터 불안한 환경에서 선거 실시 • 다당제 민주주의를 입증하는 엄청난 참여 열기 • 선거 규범 및 기준과 일치하지 않는 SADC 지역의 선거과정
남아프리카 공화국 옵서버 미션	• 불확실한 입법 환경 • 투표권이 박탈된 불확실한 유권자 수 • 투표자 명부 및 문제가 있는 투표소의 감축 • 불충분한 감시 기회 • 부족한 선거 일정표 • 양측의 폭력 • 야당의 위협 • 매체의 편파성 **칭찬 사항** : 협조적인 치안부대, 질서 있고 평화로운 선거, 전문성을 갖춘 선거요원, 높은 참여율	• 대다수가 선거체제에 대해 신뢰감을 보임. • 완전히 자유롭고 공정하지 않지만, 합법성은 인정해야 함.

옵서버 임무	관찰 내용	최종 의견 판정
SADC 선거 위원회 포럼	• 선거 실시 전의 폭력과 협박 • 투표인 명부 누락 • 저수준의 투표자 교육 **칭찬 사항** : 훌륭한 관리와 실행 계획, 많은 입후보자 수, 전문적인 개표과정, 투표소의 효율적인 보안 관리	• 국민의 의지를 반영하는 합법적 결과 • 환경이 선거과정에 영향을 미쳤지만, 옵서버 임무의 주요 관심사는 아님.
남아프리카 공화국 의회 옵서버 미션	• 납치, 구타, 고문, 체포 등에 관한 법률적, 헌법적 체계를 포함, 필요하다고 여겨지는 12개 핵심 영역 • 투표자 명부 검사 불허 • 선거의 무장화 • 투표자 배제 • 대통령의 과도한 권력 • 각 후보자에 대한 차별된 유권자 접촉 기회 • 투표자 검사에 경찰 개입 **칭찬 사항** : 높은 참여율, 소란 없이 진행된 개표과정, (늦었지만) 선거 행동강령에 대한 동의	• 대다수의 보고 : 국민 의지의 신뢰할 만한 표출 • 소수 보고 : 불의와 불평등이 보고되지 않으면 국민이 배신당할 수 있음.

추가 의견

아프리카 통합기구 (OAU)/ 아프리카연합	"투명성, 신뢰성, 자유, 공정"
SADC 각료 회의	"선거는 대체로 투명하고, 믿을 만하고, 자유롭고, 공정했다."
나미비아 정부	"선거는 조작이 개입할 수 없을 정도로 철두철미했다."
나이지리아 정부	"평화로운 선거", "선거의 진실성과 결과를 손상시키는 것을 찾아볼 수 없었다."

노르웨이 정부	"선거행위의 결정적 결함", "주요 사항 미준수, 광범하게 수용된 기준"
미국 정부	"2002년 선거", "야당을 초토화하기 위한 공격적 전략"

출처 : Booysen(2002).

┃ 글상자 4.2 ┃ 아프리카연합 선거공고와 가이드라인

인권과 자유의 존중을 역설하는 대의민주주의의 기본 요소로 합법적 권력행사 및 권력에 대한 접근, 자산 보유, 비밀투표에 기초한 자유롭고 공정한 선거, 국민 자주권의 표현 양식인 보통 선거권, 다당제, 정부기관의 독립과 권력 분할을 들 수 있다.

— African Union Declaration on Election, Democracy and Governance, Article 3, 2003

선거 감시와 모니터링은 아프리카의 민주적 선거과정의 필수요소가 되었다. 국가, 지역, 민족을 대표하는 옵서버는 선거의 투명성과 신뢰성, 아프리카의 민주통치, 아프리카 대륙 전체의 선거결과의 수용을 제고하는 중요한 역할을 맡게 되었다. 선거 감시와 모니터링 문제는 선거과정과 선거 전후에 일어난 갈등을 해소하는 핵심적 역할 또한 수행할 수 있다.

— The African Union, Guidelines for African Electoral Observation and Monitoring Mission, 2002

출처 : Principles for Election Management, Monitoring and Observation in the SADC Region, Electoral Institute of Southern Africa, Electoral Commissions Forum 2003.

남아프리카공화국의 아프리카민족회의(African National Congress, ANC)와 짐바브웨의 무가베(Mugabe) 대통령의 관계는 해방투쟁과 아파르트헤이트 투쟁으로 오랫동안 얽혀 있었다. 그러나 이 관계는 1994년 이

후 남아프리카공화국의 사회-경제적 열망, 즉 국가가 전념한 사업 주도의 자유방임 경제성장의 영향을 받기도 했다. 남아프리카공화국 공산당과 남아프리카공화국 노동조합회의(Congress of South African Trade Unions)가 여전히 영향력을 발휘하고는 있지만, 민주변화운동(MDC)의 지원을 받는 짐바브웨의 노동조합이 남아프리카공화국 정부의 지지를 받는다면, 노동운동(labourism)과 경제의 미래에 대해 잘못된 메시지를 보내게 될 것이다. 남아프리카공화국 역시 악화일로의 짐바브웨 상황이 이미 자국에 유입되고 있는 이민자 수만 늘릴 것이라는 것을 알게 되었다. 그래서 선거는 국가의 지역적 관심사라는 더 큰 경기에서 볼모로 붙잡히게 되었다.

불만스러운 선거의 목록은 길기만 하고, 이제 반대 집단과 정당이 어느 정도로 화합적이고 잘 조직화되었는지가 관심사가 되었다. 가령 2003년에 앙골라에는 '허약한 권력'과 정부의 자금지원 부족으로 역량을 '발휘하지 못한다'고 불평하는 등록 정당이 125개나 있었고, 그 결과 기존의 두 해방운동 집단(앙골라 완전독립민족동맹 UNITA, 앙골라 해방인민운동 MPLA)이 정치적 우세를 견지하게 되었다(All Party Parliamentary Group for Angola 2003 : 20). 수많은 야당은 파편화되기 쉬웠다. 실제로 아프리카의 민주화에서 정당의 역할은 매우 미약한 것으로 보인다. 선거구가 없거나 종족의 지원을 받지 못하는 정당, 자체의 정치 프로그램이나 대중과의 교류가 부재한 정당, 재정적 투명성이 전혀 보장되지 않는 정당이 허다하다. 당 내부의 민주주의는 공개되지 않고, 수많은 야당은 선거를 치르면서 지연 도태된다. 정당은 개혁과 개선을 절실히 요구하지만, 정당 발전에 직접 관여하기를 꺼리는 국제공여국단체는 정치개입 비난을 야기하지 않는 NGO에 자금을 지원하는 것을 선호한다. 그러나 대대적인 민주개혁은 정당구조와 관행의 전면적 변화 없이는 이루어지지 않을 것으로 보인다.

이와 밀접하게 연관된 것이 정당과 정부 관계의 문제이다. 대다수 국가에서 정부는 제1다수당에 종속되고, 선거는 정부의 국가경비 남용에 초점을 맞춘다. 일부 아프리카 국가에서는 국가경비와 관련된 원칙이 전무하다. 이런 이례적 상황은 '임기 중 국가경비의 남용'으로 이어질 수 있다. 제1다수당은 헌법상의 임기를 바꾸고, 여론을 통제하거나 정치활동을 불법으로 금지하며, 강압적이고 폭력적인 선거운동을 감행하게 된다. 2008년 카메룬 의회가 중임제를 철폐하는 헌법안을 채택함으로써 폴 비야(Paul Biya) 대통령의 임기는 25년까지 연장되었고, 평생 통치를 하게 될 것으로 보인다. 야당이 회의실 밖으로 뛰쳐나갔고 폭동은 그 전에도 일어났지만, 제1다수당인 카메룬 인민민주운동(Cameroon People's Democratic Movement)은 180개 의석 중 153석을 장악한 상태였다. 아프리카연합과 지역단체는 이에 대해 문제를 제기해야 하는 것으로 생각된다. 일례로 남아프리카 개발공동체(SADC)는 행동강령에 동의하고, 정치규범과 기준을 정하는 작업에 착수했다. 모든 선거체제는 다음의 '원칙이 중심이 되어야 한다'는 것이다.

- 다양한 정치적 이익집단과 대중단체에게 광범한 대의권 부여
- 주요 인사의 정치참여 보장
- 유권자에 대한 의원의 정치적 책임
- 투명하고 합법적인 선거과정과 결과
- 정당 내 임명과정의 신뢰성과 합법성을 보장하는 당내 민주주의 문화 창출

(EISA 2004 : 9-10)

안타깝게도 위에 언급한 것처럼 모든 남아프리카개발공동체 회원국이 이런 원칙을 지키는 것은 아니다. 합심하여 행동할 때에도 남아프리카

개발공동체의 제안은 전반적으로 무시되었다. 짐바브웨의 야당인 민주변화운동은 논란이 된 2008년 선거가 끝난 뒤 몇 주 동안 지속된 남아프리카개발공동체의 '묵묵부답'에 불만을 제기했다. 마침내 남아프리카개발공동체가 회의를 소집했을 때, 무가베 대통령은 회의 참석을 거부했다.

정당한 선거 결과의 수용은 민주국가에서 매우 중요한 사항이다. 그러나 일부 정치 지도자와 정당이 승리를 확신하며 선거에 임할 때가 간혹 있다. 그런 태도는 저조한 선거참여와 경쟁을 유발해 대중이나 야당이 모든 선거과정을 보이콧하는 결과를 낳기도 한다.[2] 승자독식의 접근법은 불가피하게 다수를 배제하고, 다른 정치집단이나 NGO, 이해당사자와 타협에 역점을 두게 된다. 물론 유권자에 대한 존중과 적절한 참여는 보장한다. 그러나 그런 접근 방식은 민주화가 적정 수준에 도달했을 때에나 채택이 가능하다. 데이비드 헬드의 민주 자치권 개념의 맥락에서 다음을 확인해 보자. 국민이 선거 후에도 정치활동을 할 수 있는가? 정부 비판이 가능한가? 시민사회가 개방적이고 자유롭게 작동하는가? 이렇게 더 넓은 정치 환경의 특성이 선거분석에서 매우 중요하다.

2006년에 아프로바로미터는 아프리카인의 선거 인식을 면밀히 조사했다. 〈표 4.3〉에서 볼 수 있듯이 특정 질문에 대한 아프리카인의 대답은 부정적이었고, 남아프리카공화국처럼 민주주의를 자축할 것 같은 나라에서도 이는 마찬가지이다. 〈표 4.4〉에 나타난 것처럼 여러 국가가 선거 결과에 대해 이의를 제기했다. 말라위 응답자의 51%, 나이지리아 61%, 잠비아의 56%, 짐바브웨의 58%가 자국의 선거를 자유롭고 공정하지 못한 것으로 보았다. 또한 모잠비크의 73%에서 베냉과 잠비아의 96%에 이르기까지, 18개국 응답자의 거의 대다수가 정치가가 "선출되기 위해 공약을 급조한다"고 보았다(Afrobarometer 2006 : 14).

아프리카 국가의 가장 중요한 요소로 다수의 빈민층과 소수의 엄청난 부유층으로 나뉘는 양극화 현상을 들 수 있다. 한 국가의 국민총생산

(GNP) 증가와 정치개혁 사이에는 직접적인 상관관계가 없지만 극단적 빈곤, 이를테면 교육기회의 박탈이나 질병, 문맹률이 사회에 미치는 영향은 민주화 과정을 저해하고, 민주화를 보강하는 매개체가 될 수 있는 중산층의 등장을 막는다. 그럼에도 한 연구는 빈곤이 '논란의 소지가 있는 정치 개념'이 되었다고 주장한다. 일례로 수많은 보고서가 양산된 남아프리카공화국에서도 "빈곤에 대한 공식적 정의가 없다"(Magasela 2006 : 48). 2004년, 음베키(Mbeki) 대통령은 주택, 급수, 기본 위생, 전기 사용, 아동지원, HIV/AIDS 및 말라리아 감소, 교육, 보안, 경찰, 법적 절차 지원 등 개선되어야 할 서비스 항목을 작성했다. 이런 목표 설정에는 여러 항목이 어떻게 접점을 갖게 되는지 전망하는 문제가 반드시 뒤따른다. 데이비드 헴슨(David Hemson)과 마이클 오도너번(Michael O'Donovan)은 "결과보다 투입의 측면에서 목표가 측정되고… 인간개발이라는 최종 성과보다 부서별 목표달성에 역점을 두게 된다"고 지적한다(Hemson & O'Donovan 2006 : 38).

┃표 4.3┃ 선거에 대한 부정적 반응 (단위: %)

| 구분 | 선거가 다음 사항을 얼마나 잘 보장하는가 | | | |
| | 의원이 유권자의 시각을 잘 반영함 | | 국민이 원하는 것을 하지 않는 국가 지도자를 축출할 수 있음 | |
	잘/아주 잘	보통/전혀	잘/아주 잘	보통/전혀
케냐	43	45	39	49
마다가스카르	41	48	54	35
말라위	30	63	56	37
말리	50	41	45	47
나이지리아	30	64	26	68
남아프리카공화국	49	36	39	46
잠비아	29	60	29	61
짐바브웨	31	67	33	65

출처 : Afrobarometer(2006).

| 표 4.4 | 과다경쟁, 폭력적 또는 미공개 선거 결과

국가	연도	성과
상투메 프린시페	2001년 대통령 선거 : 2002년 국회의원 선거	다당제 선거 도입 이후 투표 매수 사태가 벌어졌지만, 20명의 외구인 옵서버는 선거가 자유롭고 공정하게 진행되었다고 공표했다.[a]
코트디부아르	2000년 대통령 선거 : 2001년 의회선거 : 다음 대통령 선거가 2008년 11월까지 연기됨	두 선거 모두 야당이 보이콧했고, 이후 내전이 일어났다.
중앙아프리카공화국	1998년 의회선거	2003년 무렵 내전으로 악화되었다.
코모로스	2002년 대통령 선거	부분적인 보이콧과 변칙이 선거 결과에 영향을 미쳤다.
적도기니	2002년 대통령 선거	보이콧과 산발적 폭력 사건
감비아	2002년 의회선거	부분적인 보이콧과 변칙이 선거 결과에 영향을 미쳤다.
기니	2002년 의회선거 : 2003년 대통령 선거	부분적인 보이콧과 폭력 사태 이후 정치적 합법성의 위기 해결을 위해 군이 개입되었다.
마다가스카르	2002년 의회선거	부분적인 보이콧
세이셸	2002년 의회선거	일부 산발적 폭력 사건
시에라리온	2002년 의회선거	일부 산발적 폭력 사건

국가	연도	성과
토고	2002년 의회 선거 : 2007년 의회선거	부분적인 보이콧과 산발적 폭력 사건. 야당은 2007년 선거의 공정성이 손상되었다고 주장했다. "투표함이 변조되고, 가짜 선거카드가 배분되고, 투표용지가 파손되었다." ECOWAS 모니터 요원은 선거가 '자유롭고 공정하고 투명하다'고 공표했다.
우간다	2002년 의회선거	일부 산발적 폭력 사건
카메룬	2007년 의회선거	야당은 유권자에게 겁을 주고 협박한 이 선거를 '수치'라고 말했다.
말리	2007년 대통령 선거	야당은 증표 투표와 협박을 이유로 들어 선거 절차가 무효라고 주장했다. 그러나 ECOWAS[b]와 프랑스의 모니터 요원은 선거가 '우려스러운 사건에도 불구하고 공정하고 정정당당했다'고 공표했다.
나이지리아	2007년 대통령 선거와 의회 선거	선거 결과로 인해 폭력과 변칙에 대한 이의가 제기되었다.
케냐	2007/2008년 대통령 선거와 의회선거	야당은 선거가 조작되었다고 주장했고, 그 결과 일어난 충돌로 1000명이 사망하고 30만 명이 고향에서 강제이주를 당했다.
짐바브웨	2008년 대통령 선거와 의회 선거	비밀에 붙여진 대통령 선거 결과 : 치열한 의회 선거와 투표 조작 협의

주 : a—외국인 옵서버는 앙골라, 나이지리아, 중국, 미국, 케이프베르데, 포르투갈, 코트디부아르, 가봉 출신이다.
　　b—ECOWAS(Economic Community of West African States) : 서아프리카 경제공동체

〈표 4.5〉에 기술한 것처럼 선거제도는 선거 결과에 영향을 미치는 것으로 인식되어 왔다. 혼합형 비례제(Mixed Member Proportionality, MMP)는 종합 비례대표제 중 하나이다. 이는 투표용지의 분리사용과 보상의석(compensatory seat) 수를 통해 확립되었고, 남아프리카공화국, 케냐, 짐바브웨, 탄자니아에서 도입이 고려되었다. 이 제도는 집권당의 헌법체제 유지를 통해 지역을 확실히 보호하고, 유권자에게 정당권력이 공정하게

▌표 4.5 ▐ 선거제도 유형과 대의권

선거 제도	선거구 대의권	정당 대의권
최다 득표수 소선거구제(최다 득표자 당선체제 포함)	• 대표와 유권자 사이의 전통적 관계 유지 • 대표들은 사표 선거라는 비판을 받는 소수 득표로 선출되기도 한다.	• 투표 왜곡 : 의석 비율 • 지역의 집중적 지지를 받지 않으면 소수당은 불리하다. • 정당 증식 억제 : 집권당이 통치하는 경향
다수결 주의 소선거구제 (a)선택투표제 (b)결선투표	• 대표와 유권자 사이의 전통적 관계 유지 • 두 경우 모두 대표는 다수에 의해 선출된다.	• 다당제 성향
비례대표제 (a)정당명부 (b)이양식 투표	• 각 대표는 투표 결과와 관련해 유권자보다 정당의 도움을 더 많이 받는다. • 대표는 1지망 투표 경쟁에 집중한다.	• 득표율과 의석 할당 사이의 적절한 비율 • 소수 정당은 보통 대의권을 얻는다. 이로써 신생 정당의 등장이 용이하다. • 다당제 성향
혼합형 최다득표수/비례대표제 = 혼합형 회원비례제	• 대표와 유권자 사이의 전통적 관계 유지	• 득표율과 의석 할당 사이의 적절한 비율 • 소수 정당은 공평한 대의권을 얻는다.

출처 : Matlosa(2003).

반영된다는 점에서 매력적이다. 혼합형 비례제는 1998년 의회선거 이후 레소토에서 벌어진 정치적·헌법적 위기에 대한 해법으로 제안되었다. 당시 여당은 명백한 승리를 거두었지만, 야당은 선거관리가 부실했다고 이의를 제기했다(〈표 4.6〉 참고). 이 사례는 **승자독식**의 구조가 매우 위태로운 갈등의 기폭제가 될 수 있다는 사실을 극명하게 보여 준다. 그러나 케냐의 2007년 선거는 그 제도가 절대적으로 완벽한 조치가 아니라는 것을 증명해 보였다.

이상적으로는 선거관리와 경영에 있어 선거과정의 합법성과 공평성이 보장되어야 한다. 입후보자 선출, 예비선거, 기술 지원의 수준과 유권자 확인 같은 문제는 선거관리 방식에서 항상 중요한 요소였다.[3] 그러나 선거가 단순한 관리상의 문제만이 아니라는 사실을 기억해야 한다. 정치

┃표 4.6 ┃ 선거제도, 의회 규모 및 대의권 유형

국가	선거제도	의회 규모	현 집권당의 보유 의석수
앙골라	PR	220	129
보츠와나	FPTP	47	33
레소토	MMP	120	79
말라위	FPTP	192	93
모리셔스	혼합형	66	54
모잠비크	PR	250	133
나미비아	PR	104	55
남아프리카공화국	PR	400	266
탄자니아	FPTP	274	244
잠비아	FPTP	158	69

주 : FPTP(First Past the Post) : 소선거구제.
MMP(Mixed Member Proportionality) : 혼합형 비례제.
PR(Proportional Representation) : 비례대표제.
출처 : 보츠와나와 남아프리카공화국의 독립선거 위원회 인터뷰.

와 문화 역시 한 국가의 선거환경을 결정짓는 데 있어 중요한 요소이다. 투표자 등록과 투표자 교육은 선거 결과에 대단히 중요한 영향을 미친다. 아프리카의 선거에서는 대통령 선거 투표율을 계산할 때 다수의 미등록 유권자가 포함되지 않기 때문에 국민은 반드시 투표에 등록해야 한다. 일례로 레소토에서는 잠재 유권자의 70%만 투표에 등록했다. 남아프리카공화국처럼 정교한 선거체제를 보유한 나라는 그보다 비효율적인 체제의 국가에 기술적 지원을 한다. 비록 남아프리카공화국도 400만 명이 투표에 등록하지 않았지만 말이다. 투표등록이 적절하게 이루어지지 않는다면, 선거를 유지하자는 주장은 힘을 잃을 것이다.

그러나 미등록이 선거제도의 무능 때문만은 아니다. 그것은 투표자의 의지 부족 또한 반영한다. 이는 유권자 양성과 동기유발에 필요한 투표자 교육과 관련된 문제를 야기한다. 그러나 투표자에게 등록 장소와 시간을 알려 주는 것만으로는 충분치 않다. 투표자는 등록하지 않았을 때 초래되는 결과와 자신의 투표가 가져올 수 있는 변화에 대한 더 중요한 정보를 제공받아야 한다. 그러나 선거위원회의 취약성이라든가 관리 인력의 비능률성과 부적합성, 또는 단순한 무능력은 투표자 교육이 형편없고 전반적으로 비효율적이라는 것을 의미한다. 분명 투표자 교육과 등록은 선거관리뿐만 아니라 대중의 민주주의 경험에 중요한 역할을 한다. 남아프리카공화국과 보츠와나는 시민교육 및 투표자 교육 프로그램을 시도해 왔다([그림 4.1] 참고).4

18~21세의 젊은이가 선거에 무관심한 것을 우려한 보츠와나는 투표사 교육 문제를 매우 진지하게 받아늘였다. 〈표 4.7〉은 이 연령대의 저조한 투표자 등록률을 보여 준다. 이 수치는 매우 젊은 나라 보츠와나의 근심거리이다. 1991년 인구조사에서 30세 미만이 보츠와나 인구의 60%를 차지했다(Seleetso 인터뷰 2004). 젊은이가 선거에 무관심하게 된 이유 중 하나로 1965년부터 현재까지 집권하고 있는 보츠와나 민주당

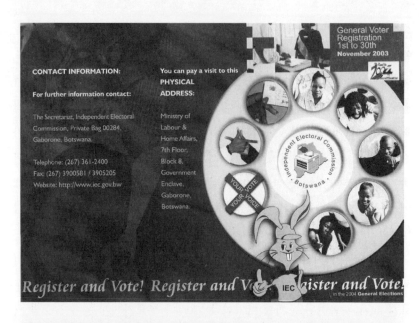

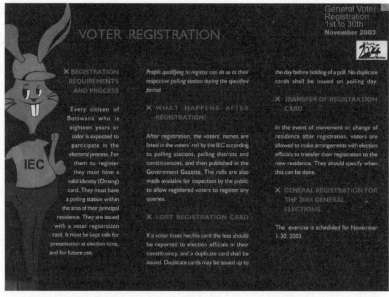

┃ 그림 4.1 ┃ 보츠와나의 투표자 등록 팸플릿

(Botswana Democratic Party)을 들 수 있다. "현실 변화의 기회가 국민에게 주어지지 않는다면 선거는 침체할 것이고, 결국 아무것도 바뀌지 않을 것이다"(Good 인터뷰 2003).

민주주의가 아프리카 단체와 정치 현역이 주축이 된 NGO에 의해 고무될수록 선거과정을 무시하는 치명적 요소가 발견되는 것은 분명한 사실이다. 민주주의에 도달하는 과정에서 중요한 이슈인 선거는 여러 이유로 문제가 많은데, 그중 하나가 바로 정당의 본질에 관한 것이다. 선거과정에서 매우 중요한 정당은 자금 조달이나 정책 형성, 프로그램 개발, 지원, 종교/윤리 경쟁, 부패, 내부 민주주의 부재 등이 우려되는 국가의 선거에 특히 영향을 미친다. 지원 선거구도 없이 인위적으로 만들어진 정당은 선거 실시에 유해한 존재이다. 아프리카의 선거에서는 정치적 정당의 역할과 기능을 기술할 필요가 있는데, 이는 정당체제의 취약성과 기능 불량, 부패가 더 광범한 정치 환경에 영향을 미치기 때문이다. 많은 아프리카의 정당은 조직적으로 충분히 발전하지 않았다.[5]

야당의 응집력은 선거 기간에 특히 중요하다. 야당이 분열되어 방향을 잃으면 선거과정이 약화되어 결국 보이콧 사태로 이어질 수 있기 때문이다. 야당이 연합해 결의에 찬 행동을 보이고 선거 지원을 받으면 선거에서 승리할 수도 있다. 2002년 케냐에서 이는 현실이 되었다. 2007년의 선거 사태를 막지는 못했지만 말이다. 대부분의 아프리카 국가에서 야당은 절대로 권력을 양도받지 못할 야당으로 영원히 운명 지어져 있다. 바로 여기에서 재임 기간의 남용이 발생한다. 특정 파벌 출신의 정치 지도자들이 등장해 권력을 나누어 갖는 순간, 정치 권한의 도용과 뇌물수수, 부패는 정치의 일부분이 된다. 이런 환경에서 더 나은 선거관리는 정확한 선거 결과를 이끄는 수단이 될 수 있다. 한편 국가선거위원회(National Electoral Commission)는 형편없는 체계와 부적절한 인력교육, 무능한 행정, 또는 짐바브웨의 경우처럼 집권당과 건강하지 못한 관계로 인해 약화

┃ 표 4.7 ┃ 보츠와나의 투표자 등록

연령대	투표 등록률(%)
21세 미만	4.6
21~40	46.7
41~64	34.3
65~70	5.5
70세 이상	9.0

출처 : Independent Electoral Commission, Botswana(2002).

될 수 있다.

아프리카 국가가 어떤 경험을 갖고 있든, 선거에서 선거제도의 효율성은 매우 중요하다. 그러나 투표자 교육과 등록의 개선 역시 중요하다. 이전 선거에 대한 환멸스러운 경험으로 인해 유권자가 선거에 대해 소외감을 느끼는 국가에서는 참여의식과 의무감을 심어 주는 투표자 교육이 더욱 필요하다. 여러 다양한 정책이 공존하는 나라에서는 선거가 반드시 부패하고 통제되고 폭력적인 경험은 아니라는 사실을 보여 주는 투표 참여 유도가 필요하다. 교육과 별도로 투표자 등록은 당연히 철저하게 진행되어야 하고 조작되어서는 안 된다. 선거는 민주화 과정의 중요한 요소로서 많은 관심을 받아야 한다. 국제 옵서버나 역내 옵서버는 결과물을 취급하고 평가하는 것에서 끝나지만, 선거 이후에도 정치가 계속되는 것을 고려하면 꾸준한 관심을 기울여야 한다. 한편 '자유롭고 공정한' 선거의 정확한 의미에 대한 가이드라인이 존재함에도 현실에서는 상당한 오류가 발생한다. 선거오용은 뇌물 선거, 왜곡된 선거등록, 잘못된 관리, 협박, 폭력행사 등 다양한 수준과 형태로 나타난다. 어떤 국가는 정치 환경이 매우 열악해서 이런 질문이 나올 수도 있다. 선거를 하지 말아야 하는 것인가? 분쟁 이후 시에라리온은 "선거 기간에 자유롭고 안전하고 공정한 환경을 유지하라"는 권고를 받았다(International Crisis Group 2007d : 2).

국가	선거	전체의석	여성의원 수	비율(%)
앙골라	1992	224	34	15
보츠와나	1999	47	8	18
레소토	1998	120	12	10
말라위	1999	193	16	8
모리셔스	1995	65	5	8
모잠비크	1999	250	71	28
남아프리카공화국	1999	400	119	30
탄자니아	1995	275	45	16

출처 : research conducted at EISA, Johannesburg(2003).

하지만 이는 달성하기 힘들 수 있다. 반면 성(性) 차원에서 아프리카 대다수 국가의 의회 여성 비율은 다소 높은 편이어서 남아프리카공화국은 그 비율이 30%에 이른다(〈표 4.8〉 참고).

남아프리카공화국의 두 번째 민주선거는 1994년의 선거에 비해 대중의 열기가 뜨겁지 않을 것이라는 것이 정치 전문가의 예상이었지만, 1999년 6월 16일 프리토리아의 유니언 빌딩에서 열린 음베키 대통령 취임식은 대단한 행사였다. 대통령의 국가에 대한 선서를 듣기 위해 군중이 운집했고, 선서가 끝나자 남아프리카공화국 공군(South African Air Force)과 남아프리카공화국 항공(South African Airways)이 분열식을 했다. 이 행사로 남아프리카공화국 국민은 자국의 민주주의에 대한 자부심과 성취감, 그리고 성숙에 대한 염원을 갖게 됐다. 기자는 밤늦게까지 춤추고 노래하며 파티를 벌이는 남아프리카공화국 국민의 환희를 보도했다. 어느 누구도 힘든 일이 곧 시작될 것이라고는 의심하지 않았다. 그러나 10년 뒤, 제이컵 줌마(Jacob Zuma)가 신임 대통령이 될 것으로 예상되는 상황에서 국민은 더 이상 민주주의를 당연한 것으로 여기지 않았다. 다름 아닌 남아프리카공화국에서 말이다. 고위급 싱크탱크인 정의와 화해 연구소(Institute for Justice and Reconciliation)는 국가기관과 지도자에 대한 국민의 신뢰 저하가 민주주의를 위협할 수 있다고 경고했다. 남아프리카공화국 지도자에 대한 국민의 전반적 신뢰는 2006년의 64.5%에서 1년 뒤에는 57%로 떨어졌다. "경제적 변화가 일어나지 않는다면, 설사 경제적 변화가 일어나도 사회정의가 실현되지 않는다면, 국민은 민주주의에 대해 무관심하게 될 것이다"(Mathekaga 2008 : 4).

아프리카 국가 사이의 협력은 장려되었지만, 의외의 나라에서 정치적 안내 지침을 구할 때가 있다. 일례로 가나의 전직 대통령인 존 아타 밀스(John Atta-Mills, 1944~2012)는 자유롭고 공정하고 투명한 선거를 치르기 위해 남아프리카공화국이 아닌 나이지리아에 도움을 요청했다. 자유롭고 공정한 투표가 확립되지 않은 나이지리아에 도움을 청한 것은 매우 기이한 선택이었다. 나이지리아는 여전히 비밀투표가 보장되지 않고, 선거과정에서 폭력과 미숙한 관리가 계속되는 나라였기 때문이다(EISA 2008c). 물론 아프리카의 정치를 예측하거나 속단해서는 안 되겠지만, 아프리카의 국민과 정치가는 이 말에 귀를 기울여야 한다. "또 시작이군. 아직도 부족 간 폭력의 나락으로 빠져드는 아프리카 국가가 있다니"(Kiai 2008 : 2).

제 **5** 장

성

젠더(성)는 오늘날 여성 문제를 논의하는 데 있어 모든 국제사회의 기관이 사용하는 아주 흔한 용어이다. 그러나 어떤 이는 그것을 **여성**(women)이란 용어처럼 "위협적이거나 분열을 초래하지" 않는, "정파와 무관한 중립적인" 용어로 채택하였다(Khan 2000 : 8). 이 용어가 어떤 방식으로 사용되든 간에 아프리카에는 여성이 처한 상황에 대한 깊은 우려가 존재한다. 경제, 사회, 정치, 섹스 등의 많은 영역에서 여성은 "남성보다 열등한 역할에 놓여" 있다(Masite 인터뷰 1996). 남아프리카공화국의 전직 대통령 넬슨 만델라(Nelson Mandela)가 전념한 것도 바로 이 성 불평등 문제였다. 그는 "여성이 처한 조건이 더 나은 방향으로 근본적으로 변해 왔고 여성이 사회의 다른 성원과 동등하게 삶의 다양한 양상에 관여할 수 있는 권한을 부여받았다는 사실을 분명하고도 실제적으로 알지 못한다면" 남아프리카공화국은 발전할 수 없다고 믿었다(RDP News 1995a). 여성의 법적 지위에서 볼 때에도, 남편이 아내와 아내의 재산에 대해 부권(夫權)을 행사할 수 있는 관습법(Common Law)이 1993년 일반법(General Law) 4차 개정을 통해 폐지되었다. 같은 해에 제정된 후견인 법률(Guardianship Act)은 부부가 자식에 대해 후견인으로서 동등한 권리를 갖는다고 명시했다. 과거에는 부친만이 결혼생활에서 태어난 자식의 후계자가 될 수 있었다. 그러나 만델라는 공공사업장에서 고용 편견, 이를테면 무보수 노동이나 여성의 능력에 대한 신뢰 부족, 보육과 교육에 대한 불충분한 지원과 같은 경제적 성차별을 극복하고 싶어 했다. 광범한 권리장전을 포함한 1996년의 헌법은 인종뿐만 아니라 성에 관한 차별을 철폐했다(〈글상자 5.1〉 참고).

남아프리카공화국의 성 논쟁은 1995년 베이징 유엔세계여성회의(United Nations World Conference on Women)를 준비하는 과정에서 남아프리카공화국 여성의 지위에 관한 보고서를 공개하면서 촉발했다. 이 보고서는 여성의 권한 강화를 요구하며, 여성 빈곤의 완화, 건강, 교육, 직업 기회의 개선, 여성 폭력에 대한 조치 등 핵심 사안을 부각하였다(RDP News 1995b). 여성 폭력 문제는 남아프리카공화국에 파견된 영연방 감시단(Commonwealth Observer Mission, COM)이 남아프리카공화국의 절반에 가까운 여성이 인생의 어느 시점에는 강간을 당할 가능성이 있다

▌글상자 5.1 ▌ 남아프리카공화국 권리장전의 평등 조항

- 모든 사람은 법 앞에 평등하고, 법의 동일한 보호와 혜택을 받을 권리가 있다.
- 평등은 모두가 동등하게 권리와 자유를 누리는 것이다. 평등을 증진하기 위해 개인 또는 개인의 영역을 보호하거나 고양하고, 부당한 차별로 불이익을 당하는 것에 법적 조치 등을 취해야 한다.
- 국가는 인종, 성, 섹스, 임신, 결혼 여부, 종족이나 출신, 피부색, 성적 취향, 연령, 장애, 종교, 양심, 신앙, 문화, 언어, 출생 등을 이유로 국민을 부당하게 차별해서는 안 된다.
- 어느 누구도 타인을 직접적으로나 간접적으로 부당하게 차별해서는 안 된다.

┃표 5.1 ┃ 남아프리카공화국의 강간 사례보고서

지역	1994	1995	1996	1997
이스턴케이프	1258	1405	1569	1722
프리스테이트	880	958	1038	1015
가우텡[a]	2382	3006	3339	3204
콰줄루나탈	1681	1854	2131	2292
음푸말랑가	596	682	773	820
노스웨스트	841	1001	1106	1223
노던케이프	292	324	436	428
노던프라빈스[b]	588	713	833	966
웨스턴케이프	1327	1420	1837	1744

주 : a - 가우텡에는 요하네스버그가 포함됨.
　　b - 역주 : 노던프라빈스는 2003년에 림포포로 명칭이 변경됨.
출처 : SAPS(2001) 1998 분기보고서.

는 사실을 밝혀내면서 특히 중요한 이슈가 되었다(1991년 수치에 근거함.
Commonwealth Observer Mission to South Africa 1993). 그러나 〈표 5.1〉
이 보여 주듯이 1994년에 아파르트헤이트가 폐지된 뒤에도 강간은 사라
지지 않았다.

　　1996년에 남아프리카공화국 경찰서비스(South African Police Service,
SAPS)가 설립한 범죄정보관리센터(Crime Information Management
Centre, CIMC)는 세 지역(웨스턴케이프, 노던케이프, 프리스테이트)의 강간
유형과 발생률에 대한 연구에 착수했다. 지역마다 강간의 발생 수준이 달
라서 전 지역을 대표힌다고 볼 수는 없시만, 그 셜과는 어느 정도 유사성
을 띠었다. 웨스턴케이프에서는 용의자의 4분의 1 이상이 강간 당시에 술
이나 마약에 취해 있었다. 또한 이들 강간 용의자의 61%는 사건이 일어
나기 전에 고소인이 이미 잘 알던 사람인 것으로 알려졌다. 노던케이프
에서 분석된 강간 사건의 36%는 술과 관련이 있고, 용의자의 3분의 2는

피해자와 잘 알던 사이인 것으로 드러났다. 프리스테이트에서는 강간의 56%가 피해자의 집에서 일어났고, 43%는 전부터 서로 알던 사람이 관련된 것으로 드러났다. 이런 결과에 근거해 범죄정보관리센터는 대다수의 강간 사건이 낯선 사람보다는 데이트 강간이나 지인 강간이라는 사실을 알게 되었다(SAPS 2001). 2006년도 한 해에 5만 건 이상의 강간 사건이 보고되었다는 사실은 흥미롭다. 하루에 거의 150건의 강간 사건이 발생한 것이다(Business Day 2007).

베이징 여성회의는 여성에게 가하는 폭력을 강조하면서 이를 "여성에게 신체적·성적·정신적 피해를 입히는 행위"로 정의했다(Deegan 1998에서 재인용). 여성에게 가해지는 폭력은 매우 다양한 양상을 띤다.

- 가정 내 여아에게 가해지는 구타, 성적 학대, 부부 강간, 여성 생식기 절단(일명 여성 할례), 착취와 관련된 폭력 등 가정 내에서 벌어지는 신체적·성적·정신적 폭력
- 일반 사회에서 일어나는 신체적·성적·정신적 폭력. 강간, 성희롱, 직장이나 교육기관에서 일어나는 협박, 여성 인신매매와 강제 매춘 포함
- 사건 발생 장소와 관계없이 국가가 묵인하는 신체적·성적·정신적 폭력

그러나 여성이 법률정보를 접하거나 도움이나 보호를 받는 경우는 드물다. 여성학대에 반대하는 남아프리카공화국 국민단체(South African Organization People Opposing Women Abuse)는 소위 "가까운 자에 의한 여성 살해"가 여성 폭력 사망의 주요 원인이라는 사실을 밝혀냈다. 이는 남성 파트너가 여성 파트너를 죽이는 살해이다(White 인터뷰 1996).

여성과 사회

성과 여성 투쟁의 전략적 목표는 모든 형태의 억압적인 성관계를 근절하고, 가족의 역할을 비롯한 삶의 전체 영역에서 평등을 실현하는 것이다. 그러나 아프리카사회의 전통적 양상은 여성의 권리에 대한 정치적 논쟁을 가로막아 왔다. 족장사회는 권력이 남성의 가계를 통해 계승되는 가부장적 세습사회였다. 그래서 시골 여성은 자신이 속한 사회가 구속적이고 강압적이라는 느낌을 자주 받았다. 국가가 여성권리 보호 법안을 통과시키더라도 전통적 지도자가 그것이 관습법을 약화하고 아프리카 문화의 기반을 무너뜨린다고 보면, 여성보호법안의 영향력은 최소화된다. 성폭력은 강간에서부터 신체적·정신적 위해(危害), 인권 모독으로 간주되어 온 여성 할례와 같은 전통적 관습까지 다양하다. 대다수의 희생자는 전문 의료진을 만나 자신의 성적 학대에 대해 말해 본 적이 없었다(UNFPA 2004 : 31). 여성 할례는 예전부터 실시해 온 몸에 칼을 대는 고통스러운 행위로서, 차드에서는 1995년부터 불법으로 간주했으나 여성의 60%가 아직도 할례를 받는다(Drummond-Thomson 2005). 아프리카 여성의 할례 경험을 둘러싼 침묵은 그들의 상황을 개선하려는 노력을 무위로 만들고 우려를 가중한다. "지배적 위계구조는 서로 얽혀 있는 역학관계를 구축함과 동시에 이를 경험하게 한다"(Lentin 2000 : 93; Tripp 2000 참고). 이런 **지배적 위계구조**는 정치적, 종교적, 관습적, 전통적, 문화적, 가정적일 수 있다. 그러나 최근에 관심의 초점은 종교와 여성의 관계, 더 구체적으로 말하자면 이슬람교가 여성의 삶에 미치는 영향력에 맞춰져 있다.

샤리아 법이 적용되는 아프리카 일부 지역에서 여성은 자신의 인권이 열악한 상황에 놓인 것을 발견할 수 있다. 북부 나이지리아와 수단에서는 무분별한 행위를 했다는 이유로 여성을 채찍질하는데, 이 처벌은 과연 어느 수준까지 종교와 문화의 주도(主導)로 일어난 것일까? 이슬람의 어떤 수용적 요소가 아프리카 전통사회와 결부되어 일부 전통적 신앙과 의식을 택했는지에 대해 논란이 있었다. 개종한 아프리카 이슬람교도에게 "초자연적 힘에 대한 믿음과 부적 착용, 일부다처제는 삶의 양식"이 되었다. 이런 방식으로 이슬람 개종자는 이슬람에 귀속되는 것을 "별로 이상한 것으로" 생각하지 않았다(Omari 1984 : 25-27). 말라위의 야오족(Yao)은 이슬람이 아프리카의 지역문화에 적응했다고 본다. "이슬람교도가 된 야오족은 샤리아 법을 중시하지만, 결혼, 이혼, 상속 문제는 전통법과 관습을 따르는 편이다"(Mandivenga 1991 : 24). 그러나 신정주의를 선포한 나라와 지방에서 이슬람에 대한 체험은 각기 다를 수 있다. 머밧 하템(Mervat Hatem)은 이슬람화가 그 지역과 관계없는 법을 통과시키는 정치적 보수주의로 이용되었다고 주장한다. 강간 발생의 장소를 예로 들어보자. "이슬람법에서는 강간을 입증하기 힘든 조건을 의도적으로 요구하는" 반면, 다른 법은 "여성이 남편 아닌 남성과 공공장소에 있는 것 자체를 강간 시도의 조짐으로, 심지어는 투옥 사유"로 본다(Hatem 1993 : 32).

아프리카의 많은 문화 활동은 가족과 민족을 중심으로 이루어지고, 무슬림사회에서도 가족은 중요한 역할을 담당한다. "그것은 건강한 꽃잎이 모여서 서로 도우며 만개하는 장미꽃과도 같다"(Surty 1995 : 20). 그러나 이슬람의 관점에서 현대 가족규범을 분석하려면, 역사적으로 꾸란을 해석해 온 학파의 관점과 샤리아 법을 구별해야 한다. 이슬람에서 가족은 도덕적 가치의 근간으로 간주되지만, 모하메드 하다드(Mohamed Haddad)가 주장한 것처럼 "이슬람에는 가족이 없다… 가족이라는 말은 원래 이슬람 단어가 아니다." 그에 따르면 "가족은 아랍어에서 감금이나 보호를 의미하는 우스라('usra) 또는 타인의 용품의 관리와 지원을 의미하는 아일라(a'ila)로 지칭된다. 그런데 놀랍게도 꾸란에는 이 두 단어가 등장하지 않는다!" 꾸란에 등장하는 단어는 다양한 문맥에서 120회 이상 인용되는 아흘('ahl)이다. "아흘은 어떤 관계에 익숙해지거나 편안함을 느끼는 것이다. 그 말에는 지배의 의미가 전혀 함축되어 있지 않다. 오히려 그와 정반대의 의미이다." 그러므로 꾸란의 가족은 열린 실체이다 (Haddad 2006 : 60).

그러나 〈글상자 5.2〉의 기술처럼 다른 해석에 따르면, 꾸란에는 아내가 복종하지 않는 것으로 보일 때, 남편이 신체적 징계를 내릴 수 있는 권한에 대한 특별 지침이 있다. 꾸란에 등장하는 이드리부 훈나(idribu hunna, 어근 daraba에서 유래)는 "덮다, 분리하다, 해외로 가다"로 번역될 수도 있지만, "때리다, 치다, 채찍질하다, 패다"라는 뜻을 지닌다(http://en.islam.org/sharia). 분명히 이들 뉘앙스를 완전히 이해하기란 힘들다. 그러나 혼외정사나 간통과 같은 특정 범죄에 대해서는 꾸란과 하디스의 다른 구절에서 처벌에 대한 권한을 명시하고 있는 것으로 보인다(〈글상자 5.3〉 참고). 북부 나이지리아의 경우 이슬람의 지체 없는 이혼 관행으로 인해 젊은 여성은 가족에게서 버림받아 궁핍하게 살다가 결국 매춘을 할 수밖에 없는 상황으로 내몰린다(개인적 인터뷰, Kano, 2005; 〈글상자 5.4〉와 〈글상자 5.5〉 참고).

▌글상자 5.2 ▌ 이슬람의 남편과 아내

남편은 아내가 복종하지 않고 반항한다고 느끼면, 친절한 말씨와 부드럽고 논리적인 설명과 설득으로 아내의 태도를 바로잡기 위해 최선을 다해야 한다. 그래도 효과가 없다면, 남편은 아내의 여성적 본능을 깨우기 위해 따로 잠을 자는 방법으로 평정을 회복해야 한다. 그 방법이 실패하면, 남편은 손으로 아내의 얼굴과 예민한 부분을 피해 가볍게 때릴 수 있다. 어떤 경우에도 막대기나 다른 도구를 사용해서 아내에게 고통을 주거나 상처를 입혀서는 안 된다.

출처 : Sheikh Yusuf al-Qaradawi, Head of European Council for Fatwa and Research, www.wikiislam.com 재인용.

간통이나 사통을 저지른 남녀는 각각 채찍 100대의 처벌을 받는다. 신과 최후의 그날을 믿는 자는 그들에게 연민을 가져서는 안 된다.

(꾸란 24 : 2)

간통은 수치스러운 짓이고, 악마에게 길을 터 주는 행위이다.

(꾸란 17 : 32)

여인은 예언자에게 정화를 위한 처벌을 청했다. 예언자는 여인에게 신에게 가서 용서를 구하라고 했다. 여인은 네 번이나 끈질기게 요청했고, 자신이 임신한 사실을 인정했다. 예언자는 여인에게 아기를 낳을 때까지 기다리라고 했다. 그리고 무슬림 공동체에는 아기가 젖을 뗄 때까지 기다리라고 지시했다. 아기가 이유를 시작하자 무하마드는 아이를 무슬림 공동체에 넘겨주었다. 그리고 여인을 가슴까지 땅에 묻은 다음, 사람들에게 돌을 던지라고 명령했다. 칼리드 비 알왈리드(Khalid b. al-Walid)가 앞으로 나아가 여인의 머리에 돌을 던졌다. 여인의 얼굴에서 피가 솟구칠 때 그는 여인에게 저주를 퍼부었다.

출처 : Sahi Muslim No. 4206, www.islam/sharia/ 인용.

이슬람에 대한 이러한 다양한 해석은 아프리카의 여러 지역의 관행에 그대로 반영되어 있다. 북부 나이지리아의 여성과 세네갈의 여성에 대한 비교 연구는 "세네갈의 이슬람이 여성의 행동의 자유와 시장 참여, 소득에 대한 통제권, 자유로운 의사표명을 막지 않았다"는 사실을 보여 준다. 세네갈의 여성은 공공장소에서 일할 수 있는 반면, 북부 나이지리아에서는 아내를 숨기는 것이 전통이고, 여성은 대체로 시장에서 보기가 힘들다(Callaway & Creevey 1994 : 27). 1990년대에 사우디아라비아의 자금 지원을 받은 국제이슬람교 구원단체(International Islamic Relief

Organization) 같은 특정 이슬람 조직은 다음을 강조하며 여성 문제에 관여했다. "이슬람이 여성에게 부여한 특별한 지위는 여성의 존엄 및 보호와 관련이 있다. 따라서 여성에 대한 성폭행은 중대 범죄로 다루어진다." 수단의 국제무슬림여성연합(International Muslim Women Union) 역시 이슬람이 보육을 극단적으로 중시한다는 사실을 강조한다(Albadawe 인터뷰 1997). 그러나 9·11 테러 이후에 이런 단체는 진정한 여성 문제에 관여하기보다는 근본 의제를 선전하는 전선 조직으로 모습을 드러냈다. 호전적인 이슬람은 전통적 가치와 신앙을 참고하지 않고, 대개 꾸란의 특정한 읽기와 해석에 근거한 "새로운 종교─정치론"을 즉흥적으로 만들어 낸다(Ayubi 1991 : 119). 이것이 아프리카의 무슬림 여성에게 의미하는 것은 무엇일까? 대답은 간단하다. 여성은 권력을 가진 남성의 변덕에 따라 달라지는 종교 해석과 구속에 무방비로 노출되는 것이다. 어떤 의미에서 아프리카와 이슬람의 문화적 관련성은 동전의 한 면이고, 그 이면에는 지배자가 종교적·문화적 관습을 억압의 수단으로 사용하는 현실이 존재한다. 문제의 본질은 가부장적 사회에서 너무나 많은 아프리카 여성의 삶이 종교 엘리트나 정치 엘리트에 의해 착취된다는 사실이다.

┃ 글상자 5.4 ┃ 부부관계에 대한 샤리아 법

샤리아 법은 꾸란의 용어로 부부관계란 배우자와의 사이에 정의, 평화, 순결, 경건, 사랑, 자비, 애정으로 다져진 강력한 성을 쌓는 것이라고 한다. 꾸란은 혼외정사를 언격하게 금지하고, 성적 문란과 동성애를 원진히 금한다.

출처 : Surty(1996 : 47).

남성은 여성의 보호자이자 관리자이다. 이는 알라가 남성에게 여성보다 한 가지(강한 힘)를 더 주었고, 남성은 그것으로 여성을 돕기 때문이다. 그래서 올바른 여성은 충심으로 복종하고, (남편의) 보호가 없으면 알라의 보호를 받는다. 불충하고 악한 행위를 저지른 여성에게는 (일단) 주의를 주고, (다음에는) 동침을 거부하고, (마지막에는) (가볍게) 때릴 것을 권고한다.

(꾸란 4 : 34)

출처 : www.wikiislam.com 인용.

여성과 분쟁

2000년에 유엔안전보장이사회(United Nations Security Council)는 무력분쟁이 여성과 젊은 여성에게 미치는 영향에 대한 결의안 1325호를 채택했다(〈글상자 5.6〉 참고). 일련의 국가 활동세력(state actor)과 비국가 활동세력(non-state actor)이 이 분쟁에 관여할 때, 분쟁은 "폭력을 사유화"할 수 있고, 결과적으로 더 많은 민간인이 해를 입는다는 사실은 이미 공식적으로 인식된다(Turshen & Twagiramariya 1998 : 13). 그러나 **성폭행**에는 "강간, 성기 절단, 성적 수치심 유발, 강요된 매춘, 강요된 임신" 등의 다양한 범죄가 포함된다(UN Division for the Advancement of Women 2008). 〈글상자 5.7〉은 이런 잔악한 행위가 발생하게 된 이유를 적시하였다. 1994년 르완다 집단학살인권위원회의 특별조사위원은 "강간이 조직적으로 행해졌고, 대학살의 가해자는 그것을 무기로 이용했다"고 보고했다(Degni-Segui 1996). 〈글상자 5.8〉은 그들이 저지른 성적 학대를 서술한 것이다.

- 회원국은 국내 기관, 역내 기관, 국제기관과 제도의 모든 의사결정의 수준에서 분쟁 예방과 관리의 문제 해결을 위한 여성의 대표권 확대를 보장해야 한다.

- 분쟁 해결과 평화 정착과정의 의사결정 수준에서 여성의 참여를 증대해야 한다.

- 유엔에 기반을 둔 활동, 특히 군 옵서버, 민간 경찰, 인권 및 인도주의 요원으로서 여성의 역할과 기여를 확대해야 한다.

- 회원국은 여성의 보호와 권리, 특별 요구에 관한 지침과 내용을 제공해야 한다.

- 평화협정을 논의하고 시행할 때, 모든 관련 활동가가 여성의 관점을 취하도록 요청하되 다음 사항을 포함한다.

  (1) 귀환과 재정착 기간에 재활과 사회적응, 분쟁 후 재건과정을 겪는 여성의 특별한 요구사항

  (2) 분쟁 해결을 위해 지역 여성의 평화계획과 토착 기반의 절차를 지원하는 조치, 모든 실행 장치나 평화협정 과정에 여성을 참여시키는 제반 조치

  (3) 특히 헌법, 선거제도, 경찰, 사법권이 관련될 때 여성과 젊은 여성의 인권 보호와 존중을 보장하는 제반 조치

- 모든 무장 분쟁의 당사자는 성폭력, 특히 강간을 비롯한 성적 학대와 무장 분쟁의 상황에서 일어나는 온갖 형태의 폭력으로부터 여성과 젊은 여성을 보호하기 위한 특별 조치를 취해야 한다.

- 모든 국가는 인류에 반하는 대학살과 범죄행위, 전쟁 중 여성과 젊은 여성에 대한 성폭력 범죄와 기타 폭력적 범죄의 묵인을 중단하고 고발하는 책무를 진다.

출처 : UN Security Council Resolution 1325(2000).

▌글상자 5.7 ▌ 무장 분쟁 기간에 성폭력을 일삼는 이유

성폭력 범죄는 수많은 이유로 일어난다. 역사적 관점에서 봤을 때, 여성은 군인으로 대표되는 전쟁에서 일종의 **전리품**이다. 즉, 여성은 승리한 전사가 가질 수 있는 소유물, 동산(動産)이다. 성폭력은 군인을 달래기 위한 수단으로 여겨지기도 한다. 여성이 군인의 성노예로 강요될 때 더욱 그러하다. 성폭력은 상대 남성을 짓밟고, 결국에는 공동체와 자부심까지 파괴하기 위해 자행되기도 한다. '자신의 여자를 지키지 못한' 남성은 치욕을 견디지 못한다. 정치적 여성 또는 정치인과 연루된 여성에 대한 성폭력은 일종의 처벌의 수단으로 이용되기도 한다. 성폭력은 인구 전반에 대한 테러 수단으로 사용될 수도 있다. 이는 공동체를 붕괴하고, 주민을 고향에서 내쫓는다. 한편 성폭력은 대학살 전략의 일부가 될 수도 있다.

출처 : UN Division for the Advancement of Women(2008).

▌글상자 5.8 ▌ 1994년 르완다의 성폭력

미성년 아동이나 노인 또한 예외가 아니었다. 기타 증언은 10~12세 소녀의 경우에 대해 언급했다. 임산부도 예외가 아니었다. 출산 예정이거나 출산한 여성 역시 강간 피해를 입은 것으로 드러났다. 군대의 AIDS 바이러스 보균자에게 강간을 당했다는 점에서 더 큰 우려를 낳았다. 관습상 손을 대서는 안 되는 여성(수녀나 여승 등) 역시 강간 대상이었고, 살해된 여성의 시신에 대한 강간도 일어났다.

출처 : Degni-Segui(1996 : 문단 17).

많은 아프리카 국가가 무장화되면서 무기가 내부적으로 유통되기 시작했다.[1] 흥미롭게도 총과 소형무기는 "탱크나 전투기보다 시민, 특히 여성의 일상과 안전에 더 큰 영향을 미친다"(Giles & Hyndman 2004 : 32).
분쟁의 무대가 가정으로 이동하면서 폭력은 일종의 규범이 되었다. 마찬가지로 수단 다르푸르의 경우처럼 분쟁은 중단됨이 없이 계속된다. 싸우기 전에 잠시 쉬었다가 다시 싸우는 것이다. 난민 캠프의 여성은 극심한 두려움에 집에 돌아가지 못한다. "무기를 사용한 물리적 폭력이나 정치 테러에 노출된 사람은 머나먼 타국에서 정착해야 한다"(같은 책 : 39).[2] 아이가 있는 여성의 삶은 훨씬 고달프다. 월경, 임신, 출산, 수유와 같이 여성의 신체에서 일어나는 생리현상은 "더욱 부담스럽고 불편하고 위험한 것이 되었다. 여성과 젊은 여성은 남성 경찰, 지역 남성, 심지어 다른 난민에게 성추행이나 강간을 당하기 쉽다"(Nordstorm 1998 : 57). 이런 비참한 타락의 악순환에서 벗어나려면 여성에게도 권한을 부여하여야 한다. 새천년개발목표(MDG) 중의 하나는 성 평등과 여권 강화이고, 프로젝트전담3팀은 다음의 사항에 기초한 기준과 대비해서 여권을 평가한다.

(1) 교육, 보건, 영양을 통해 측정할 수 있는 인간능력
(2) 자원과 기회, 즉 경제적 재산 보유와 정치적 참여 접근성
(3) 폭력에 대한 취약성과 관련된 안보

(UNFPA 2004 : 33)

2007년에 여성폭력근절 유엔신탁기금(United Nations Trust Fund to End Violence against Women)은 HIV/AIDS와 여성 폭력의 관계를 대상으로 콩고민주공화국, 에티오피아, 가나, 모잠비크, 기니, 코트디부아르 등 12개국에서 활동하고 있는 9개 단체에 미화 130만 달러를 보조금으로 제공했다. 〈표 5.2〉는 이 계획에 대한 개요이다.

전쟁 무기이자 테러 수단인 성폭력은 상대 여성과 남성에게도 고통과 수치심을 주어 결국에는 공동체를 와해하고, 여성을 강제로 고향에서 도망치게 만든다. 강간을 비롯한 여러 형태의 성폭력에서 살아남은 여성은 수치심에 침묵하며 숨어 지낸다. 대다수가 HIV/AIDS에 감염되고 질병, 오명, 사회배척에 직면한다.

(UNIFEM, Goodwill Ambassador Nicole Kidman, www.unifem.org)[3]

┃표 5.2┃ HIV/AIDS와 여성 폭력의 관계에 대한 계획

국가	계획
콩고공화국	성폭력이 자주 일어나는 7개 지역에서 HIV/AIDS에 감염된 여성은 경제 보장, 보건, 복지 향상을 위해 치료와 심리사회적 지원, 주택과 소액 금융지원을 받는다.
에티오피아	성폭력 피해 여성의 우려에 즉각 대응하는 법집행 환경을 조성하기 위해 높은 HIV/AIDS 발생으로 신음하는 에티오피아 3개 지역에 준법률가 조직과 경찰 대표, 판사, 검사의 역량을 키우는 프로젝트를 진행한다.
가나	HIV에 걸린 여성이 권리를 행사할 수 있도록 이 프로젝트는 법률상담을 제공하고, 여성의 자원 가동력을 높이고, 여성 폭력근절을 위해 학생들의 행동 변화를 유도한다.
모잠비크	프로젝트는 성폭력 생존자를 위한 필수 서비스를 제공한다. 여성의 HIV 감염 노출을 높이는 전통 신앙 및 의식과 관련해 공동체 지도자와 대화를 나누는 전국적 일대일 밀착 활동을 전개한다.
기니	광공업지대의 성폭력과 불안한 섹스를 줄이기 위해 이 프로젝트는 여성의 권리 자각 제고를 위한 동년배지원단의 설립을 후원하고 국가 보호를 후원한다.
코트디부아르	분쟁 이후 HIV 양성의 여성이 직면하는 오명과 차별을 줄이기 위해 공권력과 전통 지도자는 여성의 권리에 대한 교육을 받고, 여성은 상담지원을 받는다.

출처 : www.unifem.org/news_events/story.

성 평등과 여성의 권한

2006년 세계개발보고서(World Bank 2006)는 자원, 자산, 자본, 기회의 접근에 관한 남녀 차이를 더 큰 부정적인 면을 양산하는 **불평등의 덫**으로 언급했다. 이런 불평등은 여성뿐만 아니라 그들의 가족과 공동체에까지 해로운 결과를 낳는다. [그림 5.1]에서 보듯이 가정이라는 무대를 경제적 환경과 사회라는 정치 무대와 연결한 성 평등 구조가 고안되었다. 이는 성 평등의 핵심 영역을 연결한 것이다. "권리와 자원, 발언권의 성 불평등은 가정, 경제와 시장, 사회의 세 영역에서 표출될 수 있다"(World Bank 2007 : 106). 〈글상자 5.9〉는 이 세 요소의 관계를 설명한 것이다.

이 보고서는 사하라 이남 아프리카의 성 평등과 여권이 "대부분의 영역에서 뒤처져 있다"고 주장한다. 〈표 5.3〉에 나타나듯이 불평등은 청소년 남녀의 초등교육 이수율 차이에서 시작된다. 초등교육 이수율과 5세

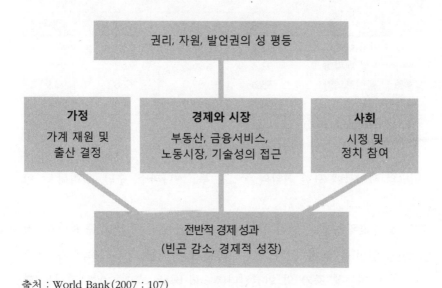

출처 : World Bank(2007 : 107).

ㅣ그림 5.1 ㅣ 성 불평등 구조

- 가정 내 증가하는 성 평등은 가정지출 할당액의 변화를 가져와 여성은 자녀 교육과 건강에 더 많은 자원을 투입한다.
- 성 불평등은 가사분배에 영향을 미치고, 여성의 직업능력과 출산 결정권을 제한한다.
- 시장에서 성 불평등은 토지와 신용거래, 노동시장의 불평등한 접근 및 신기술 생산에 대한 여성의 접근 감소를 반영한다.
- 사회의 성 불평등은 여성의 시민사회와 정치사회에 대한 참여 제한을 의미한다.
- 개인 삶의 개선은 물론 증가한 성 평등은 더 나은 경제성과에 기여할 수 있다.

▌표 5.3 ▌ 청소년의 초등교육 이수율(%)

지역	여성		남성	
	1991	2004	1991	2004
사하라 이남 아프리카	47.1	56.9	62.3	67.3
동아시아 및 태평양	92.3	96.3	92.3	95.8
중동 및 북아프리카	73.3	89.0	87.8	92.9
남부아시아	68.3	83.0	90.4	90.2

출처 : World Bank(2006).

미만의 사망률에 관한 최악의 국가는 부르키나파소, 수단, 말라위   이다.

중등교육을 받는 남녀 청소년의 수 격차에 대한 설명 중 하나로 '청소년기 임신'을 들 수 있다. 이는 "학교 조기 이탈, 낮은 교육투자, 저소득, 빈곤 가능성 증가"와 연결된다(World Bank 2007 : 106). 잘사는 편인 남아프리카공화국에서도 아프리카 여성의 49%가 20세 이전에 임신

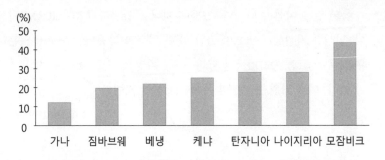

| 그림 5.2 | 15~19세 여성의 청소년기 임신 비율(2000~2004)

을 경험한다. 이는 교육, 훈련, 고용의 기회를 제한한다.[4] 10대의 높은 출산율과 건강 상태, 사회적·경제적 비용에 대한 우려로 세계현황보고서(Global Monitoring Report)는 각 국가에 15~19세에 엄마가 되거나 임신을 한 여성의 비율을 모니터할 것을 요구했다. 이는 성 평등 및 여성의 경제권한에 관한 지표가 될 수 있다. [그림 5.2]는 일부 아프리카 국가에서 이런 현상이 어느 정도로 광범하게 일어나는지 보여 준다. 전통 문화권에서는 11, 12세 소녀가 경제적 이득을 이유로 지참금을 받고 결혼하는 경우가 자주 있다.

여권 신장의 핵심 지표인 정치참여와 관련해 나미비아는 1990년대 중반 국회선거와 시의회선거에 쿼터제를 도입했다. 이로써 여성 국회의원의 비율이 1990~2003년에 28% 증가했다. 1994년에 최초의 민주선거가 열린 남아프리카공화국에서는 각 정당의 국가별, 지역별 지명자 3분의 1에 대한 여성 할당이 의무화되어 최초의 흑인 여성 정치대표가 선출되었고, 1995년 지방선거에서는 가 계층의 여성이 의원 노는 시장으로 선출되었는데, 양치기 딸 출신으로 인근 학교의 화장실 청소부이던 한 여성이 그 지역의 시장으로 선출되기도 했다(Masite 인터뷰 1996). 확실히 남아프리카공화국의 흑인 여성은 지역 정치에 새로운 장을 열었다.

힘든 일은 여성이 다한다. 그들은 자식을 안전하게 키우고 돌봐야 한다. 남성은 자신에게 필요한 일만 하고, 아동과 공동체는 돌보지 않는다. 수많은 여성 편부모 가족이 있다. 어떤 가정은 공공서비스를 받을 여유가 없다. 여성 의원은 그들의 문제를 이해할 것이다.

(Sibisi 1996 : 11)

여성 정치의원은 이전에 고려하지 않던 문제, 예컨대 매 맞는 여성이나 노숙자, 불법거주자의 캠프 지원과 보호와 같은 사안을 놓고 씨름하기도 한다.

아프리카의 시골 여성은 전기를 비롯한 각종 시설이 구비되지 않은 곳에서 사는 경우가 많기 때문에 더욱 우려된다. 시골 가정의 절반 가까이는 여성이 가장이다. 시골 여성은 땔감을 구하는 데 하루 90분에서 3시간가량을 소비하고, 깨끗한 물을 구하기 위해 먼 거리를 걸어가야 한다 (White 인터뷰 1996; Haines 인터뷰 1996). 시골 여성은 계급과 성 때문에 사회 최하층민이 되는 경우가 많고, 직접 도전하지 않는 한 의사결정 과정에 참여하기 힘들다. 흥미롭게도, 어쩌면 놀랍지 않을 수도 있겠지만 아프로바로미터는 레소토의 시골 여성이 공교육에서 배제되고 시골에 남도록 강요받는다는 사실을 알아냈다. 여성 역시 정치에 무관심한 편이었는데, 이는 정치가 그들의 생활에 영향을 미치거나 인생의 기회를 제공한다고 느끼지 못하기 때문이다(Brattone et al. 2005 : 165). 그러나 저차원의 경제활동이지만, 시골 여성은 저축을 하고, 대출 모임(loan club)을 만들어 소득을 창출하는 활동에 참여할 수 있다. 남아프리카공화국 이스턴케이프 주(Eastern Cape)의 리니(Rhini) 공동체 여성의 저축과 대출 습관에 관한 연구는, 여성이 행상으로 거래를 시작해 평균 이자율 40%의 소액 대출을 한다는 사실을 밝혀냈다. 대다수의 신용조합 회원은 기금을 개인이나 가정을 위한 용도로 사용하거나 "벤처사업 지원을 위해" 사용한

│표 5.4│ 여성의 비공식적 경제활동 분포(%)

활동	소코토 북부	소코토 남부
물/음료 판매	3.3	7.5
음식 가공 및 판매	21.7	45.0
머리 땋기	0.0	14.2
수공예	62.5	15.0

주 : 수치의 합은 100이 되지 않음. 가공 음식으로는 수수를 빻아서 만든 푸라 (fura) 죽이 있다. 반죽은 공 모양으로 판매됨.
출처 : Baba & Umaru(2001 : 13).

다(Bujis 1995 : 9). 북부 나이지리아의 소코토(Sokoto) 지역에 격리되어 살고 있는 무슬림 여성 역시 비공식 경제활동에 참여했다. 한 연구는 응답자의 88%가 "어떤 형태로든 수입 창출 활동에 참여했다"는 사실을 밝혔다(Baba & Umaru 2001 : 13). ⟨표 5.4⟩는 그들의 다양한 활동을 보여 준다. 여성은 격리구역 밖에서 물건을 팔기 위해 종종 아동에게 행상을 시킨다. 수공예품으로 짠 모자와 자수 옷감이 있다. 소코토 남부에서만 머리 땋기를 하고, 주로 비누나 가정 필수품 등으로 물물교환을 한다. 보츠와나에서는 미용이 여성의 인기 직종으로, 주로 차 안에서 이루어진다.[5]

소코토 여성의 94%가 공제조합이나 네트워크에 참여하고, 대다수가 계모임(아다시, adashi)이나 **물물교환**으로 알려진 증여 네트워크(비키, biki)를 선호한다. 아다시에 참여하는 여성은 저축을 통해 일정 금액을 단기간에 조성할 수 있다. 이는 '다른 재정자원을 접하지 못하는 격리된 하우사 여성'에게 특히 중요하다. 그러나 아다시는 대출을 하지 않고, 이자 (리바, riba)를 받는 것 역시 규제한다. 이는 이슬람권에서 볼 수 있는 현상이다. 아다시의 회원 "자격은 '열려' 있어서 연령, 직업, 종족, 거주지를 초월한다"(Baba & Umaru 2001 : 14-16). 여성은 다양한 방식으로 아다시 자금을 사용한다. 가령 여성의 영역인 화장품과 집안 장식품, 음식 및 의류 구매 자금은 사실 남성이 책임져야 하는 부분이다. 결국 아다시 자금

사용은 경제적으로 힘든 시기에 남성의 책임이 여성에게 부과되는 것을 보여 준다(같은 책 : 19).

신용조합(credit association)은 다소 다르게 운영되어서 조합원이 매주 분담금을 내야 하고 회원 자격에도 제한이 있다. 일례로 남동부 나이지리아에서는 회원 자격이 각 공동체의 기혼 여성에게만 부여된다. 미혼 여성은 결혼을 하면 공동체를 떠날 것이므로 공동체 소속이 아니라고 보는 것이다(Nwajiuba 2000 : 7). 그러나 그런 규제가 있더라도 신용조합은 여성에게 특히 유익한데, 이는 대출자와 신용거래를 할 때 담보를 요구하지 않기 때문이다. 담보물은 토지인 경우가 많은데, 여성이 토지를 소유하는 일은 매우 드물다. 시골 여성은 병원비와 기타 사회비용뿐만 아니라 곡물생산과 가축사육 같은 농업의 생계수단 유지를 위해 대출을 이용한다. 신용조합은 유용하고 필요한 것이지만, 매우 적은 자금으로 운영되기 때문에 여성이 받는 대출액은 "요구 금액에 비해 상당히 적은 편이다"(같은 책 : 15).

역량 구축이 필요한 상황에서 유엔여성개발기금(UNIFEM)은 정부와 NGO, 기부단체 등에 여성과 빈곤의 감소에 더욱 초점을 맞출 것을 요청해 왔다(UNIFEM 2007). 세계은행은 미시적 수준의 성차별이 여성에게 불이익을 미칠 뿐만 아니라 지역의 성장가능성도 저해한다는 사실을 인정했다. "성 장벽은 기업가와 노동자로서 여성의 경제능력을 좌절시키고 기업 발전에도 부정적 영향을 미친다"(World Bank 2007 : 69). 〈표 5.5〉는 여성 소유의 기업의 특징과 규모에 관한 자료를 제시한 것이다.

그러나 대부분의 여성 경제활동은 비공식 영역에 머물러 있어서 추적하고 관찰하거나 평가하기 힘들다. 또한 비공식 영역은 세금을 부과할 수도 없고 규제할 수도 없다는 점에서 국가 발전에 이상적인 기업 형태도 아니다. 바로 이런 이유로 남아프리카공화국은 비공식 영역을 양성화해 왔다. 대도시 계획의 일환으로 기업의 자금 일부를 지원받는 **노점상 철폐**

┃ 표 5.5 ┃ 부문별·규모별 여성 소유 기업의 비율

국가	섬유	아프리카 음식	기타 제조업	서비스	소규모 (직원 1~9명)	중소규모 (직원 10~49명)
앙골라		40	10	29	25	25
베냉		13	8	해당 없음	10	7
보츠와나			58	56	56	54
부룬디			21	32	31	42
에티오피아	14	11	10	해당 없음	11	12
감비아	24		11	36	27	18
말라위		23	15	해당 없음		15
말리		30	3	해당 없음	19	11
모잠비크		46	42	해당 없음		43
나미비아			17	45	41	32
남아프리카공화국	15	3	10			12
탄자니아		9	6	해당 없음	3	10
우간다		38	16	41	31	30
잠비아		15	13			8

출처 : World Bank Enterprise Surveys, 2002-2006 일부 수정. http://web.world-bank.org/wbsite/seternal/countries.

계획과 함께 예술 및 수공예품 시장이 세워졌다. 상인은 시장 판매대에 임대료를 냈다. 이는 요하네스버그와 츠와네(Tshwane, 구 프리토리아)에서 시행되었는데, 아기를 데리고 나오는 여성 노점상의 비참한 상황을 획기적으로 개선하였다. 관광이 **성장 동력**이 되면서 시골 여성은 숙식을 제공하기 시작했다(Sithole 인터뷰 2002). (요하네스버그와 구 프리토리아가 속한) 가우텡 지역에서는 전기를 공급하는 방식으로 비공식 주거 지구를 개선해 왔다. 거주민 493명의 대다수가 여성인 알베르티나(Albertina) 내 소

┃ 표 5.6 ┃ 가정의 공공요금 지출률(%)

비용	1999년 9월	2000년 5월	2001년 5월
공공서비스	51.0	72.0	68.0
전기카드	0.0	97.0	97.0

출처 : Interview with the Community Agency for Social Enquiry, Johannesburg(2002).

규모 주거지에서는 거의 모든 가정이 전기카드와 공공서비스에 최소한의 비용을 지불한다(〈표 5.6〉 참고). 지역 정비는 유익한 것으로 환영을 받지만, 거기에 드는 비용은 심각한 문제로 남아 있다. 공동체에 기반을 둔 단체는 '여성과 아동의 요구사항에 집중하는 것이 가장 중요하다'고 주장한다. 여성 가정이 지속적으로 '사회적·경제적·물질적' 요구사항을 충족할 방법이 있어야 한다는 것이다.[6] 빈곤이 '여성의 얼굴'을 하고 있고 '가난하고 소외된 사람'의 압도적 다수가 여성이라는 비난을 불식하려면, 아프리카 국가는 국제기구와 힘을 합쳐 성 평등을 절대적 최우선사항으로 인식해야 한다.

제 **6** 장
부패

아프리카 국가에 대한 아프로바로미터 조사의 주요 임무 가운데 하나는 부
패란 용어가 의미하는 바가 무엇인지 적절하게 정의하는 것이었다. 어떤
사람에게는 이 조사가 이상한 탐색이 될 수도 있는데, 그 대답은 아주 분
명하다. 그것은 "과다 지불, 뇌물, 불법 리베이트, '유령' 근로자, 친인척
에 대한 할인 혜택, 과도한 초과근무 수당 요구, 연금과 관용차의 사적 유
용, 국가 기금과 기부금의 유용, 의심스러운 공무 목적의 호사스러운 해외
여행, 공문서 위조" 등이다(Gundy 2000 : 46). 다른 학자는 부패를 좀 더
명쾌하게 표현한다. "개인적 목적으로 공공재를 무허가로 계획 없이 사용
하는 것이다"(Lodge 1997 : 10). 또는 더욱 간결하게 "사적 이득을 위해 위
임된 권한을 남용하는 것"을 가리킨다(Transparency International 2007).
부패에 대한 정의는 잘 알려져 있고 보편적으로 동의하는데도 어째서 곤
혹스럽게 인터뷰를 하고 질문을 하는가? 한 가지 이유는 부패의 문화적
원인에 대한 논란이 있기 때문이다. 즉, 선물하는 것을 문화적 의무로 간
주하거나, 공공적 요구보다 가족에게 더 성실해야 하는 사회는 부패관행

을 철저하게 인식하지 못한다는 것이다. "아프리카인의 생각에 선물 교환은 완전히 적법한 행위이다"(Ouma 2005 : 473-90). 그래서 선물을 주는 행위가 환경 변화에 대한 인식 없이도 사적 영역에서 공적 영역으로 옮아갈 수 있다(Robertson-Snape 2006 : 589-602). 아프로바로미터의 연구는 부패가 진정으로 문화적인 근거가 있는지 그리고 부패의 개념이 다양한 사회에서 상이하게 인식되는지를 확인해 보려고 했다. 기본적으로 아프로바로미터의 주장은 "국제사회가 아프리카에서 선물을 주는 정상적 문화관행을 부패 행위로만 정의하는 것이 과연 정확한 것인가?"하는 것이다(Afrobarometer 2005 : 32).

〈표 6.1〉은 부패를 정의하는 맥락에서 제기된 질문을 요약하고, 모

▌표 6.1 ▌ 아프리카의 부패에 대한 정의

아프리카인에 대한 조사 질문	범주별 응답 선택	전체 응답자(%)
(1) 공무원이 자기 동료와 후원자가 사는 지역에 개발 프로젝트를 결정하는 것	잘못된 게 없다	13
	잘못되었으나 이해 가능하다	24
	잘못되었고 처벌 가능하다	61
	모른다	3
(2) 공무원이 자격이 없는 자기 가족에게 직업을 제공하는 것	잘못된 게 없다	5
	잘못되었으나 이해 가능하다	18
	잘못되었고 처벌 가능하다	75
	모른다	2
(3) 공무원이 자기 임무의 업무인데도 직무상 특혜나 추가 뇌물을 요구하는 것	잘못된 게 없다	5
	잘못되었으나 이해 가능하다	16
	잘못되었고 처벌 가능하다	77
	모른다	3

출처 : Afrobarometer(2005).

든 응답자의 평균 비율을 나타낸 것이다. 응답자는 부패를 분명히 인식하고 있으며, 이 점 때문에 아프로바로미터는 다음과 같이 결론 짓는다. "선물을 주는 것이든 그와 유사한 행위이든 전통적 문화관행의 관점에서 정부 관리는 이를 활용할 자격이 없다"(같은 책). 하지만 전체 응답이 개별 국가의 태도를 항상 그대로 반영하는 것은 아니며, 이들 국가의 통계 수치는 편차가 상당히 크다. 〈표 6.2〉는 구체적인 개별 국가, 즉 우간다, 잠비아, 나이지리아, 나미비아, 마다가스카르 등의 부패관행을 보여 주는 다양한 모습에 대한 해명 자료이다. 마다가스카르는 흥미 있는 연구 결과를 보이는데, 응답자의 약 3분의 1에서 5분의 2가 개발 프로젝트의 할당에서 빚어지는 관리의 부패 행위를 노골적으로 비난하지 않는다. 마찬가지로 나이지리아 응답자 중 4분의 1에서 3분의 1이 부패를 부분적으로 인정했고, 부패가 국민 생활에 영향을 미치는지에 대한 국제투명성기구(Transparency International)의 여론 조사에서 나이지리아 응답자의 70%가 "부패가 그들 개인과 가족의 생활에 상당히 영향을 미친다"고 인정했다(Transparency International 2006). 이는 아프리카사회가 어떤 행동이 수용되고, 수용되지 않는지에 대해 국민과 관료를 위한 명확한 규정을 제정하지 않는다면, 부패의 영향이 그들의 생활 속으로 깊이 스며들 수 있다는 것을 암시한다. 공공 분야의 부패관행에 불분명한 메시지를 보내면, 그것은 근본적인 풀뿌리 수준에서 부패를 더욱 조장하는 것이며, 이는 부패가 국민의 일상생활 속으로 침투하여 사회 전체를 급격히 침식하는 결과를 초래한다.

관료가 부패에 쉽게 노출되는 이유는 국가가 채용하는 그들의 급료가 매우 적기 때문이다. 그 결과 그들은 가계 수입 증대를 위해 부패관행에 개입하게 된다.

"정부 용역, 예컨대 수출 허가, 법적 공과금, 여권, 심지어 출생과 사망 신고에 대한 대가로 건넨 돈의 일부를 착복하는 것. 공적 인허가나 결재가 필요한 것이면 무엇이든 뇌물을 받는다."

(Thomson 2000 : 84).

분명히 국제투명성기구의 보고는 다음과 같다.

"공공서비스를 받는 대가로 뇌물을 바치는 것은 아프리카에서 가장 흔한 일이다. 등록과 인허가에는 가장 큰 뇌물이 필요한데, 평균 50달러 이

| 표 6.2 | 부패관행에 대한 국가별 반응

아프리카인에 대한 조사 질문	범주별 응답 선택	마다가 스카르	우간다	나이지 리아	나미 비아	잠비아
(1) 공무원이 자기 동료와 후원자가 사는 지역에 개발 프로젝트를 결정한다.	잘못된 게 없다	38	31	13	13	13
	잘못되었으나 이해 가능하다	35	35	30	30	33
	잘못되었고 처벌 가능하다	23	34	51	52	54
(2) 공무원이 자격이 없는 자기 가족에게 직업을 제공한다.	잘못된 게 없다	9	7	6	6	3
	잘못되었으나 이해 가능하다	34	29	25	20	26
	잘못되었고 처벌 가능하다	53	63	68	73	71
(3) 공무원이 자기 업무인데도 직무상 특혜나 추가 뇌물을 요구한다.	잘못된 게 없다	9	8	7	9	8
	잘못되었으나 이해 가능하다	30	29	25	30	22
	잘못되었고 처벌 가능하다	58	62	66	58	29

주 : '모른다'는 이 표에서 제외되었으나 원본에는 포함됨.
출처 : Afrobarometer(2005).

상이다. 공기업에 대한 뇌물은 평균 6달러이지만, 이는 아프리카 대륙의 절대적으로 빈곤한 민중의 힘이 미칠 수 없는 전기나 다른 필수 서비스를 받기에는 여전히 엄청나게 큰 액수이다"

(Transparency International 2006).

세계부패지수(Global Corruption Barometer)에 대한 아프리카 응답자는 자신의 당연한 권리인 공공서비스를 이용할 때마다 평균 2회 이상 뇌물을 바친다는 사실을 폭로했다. 결국 "이처럼 악랄한 부패고리에서 희생되는 사람은 국민이다."

(같은 책)

사법부패

"법 앞에서 평등한 업무 처리는 민주사회의 근간이다. 사법부가 탐욕스럽거나 정치적 편의로 부패한다면, 정의의 저울은 넘어지고 국민은 고통을 받는다. 사법부패는 무고한 자의 목소리는 무시되고 죄 있는 자는 처벌을 받지 않는다는 것을 의미한다."

(Huguette Labelle, 국제투명성기구 의장).

"돈과 영향력이 정의의 기초라면, 빈곤 계층은 경쟁할 수 없다. 뇌물은 정의를 부당하게 만들 뿐만 아니라 부패에 대항해서 싸울 사법제도의 권능을 망치고, 독립과 신뢰의 촛불로 봉사하지 못하게 만든다."

(Akere Huma, 범아프리카 변호사협회 회장)

정치체제 내에서 감시와 형평성을 제공하는 사법체제는 일반적으로 재원이 부족하고 독립성이 없다. 영국의 아프리카위원회(Commission for Africa)는 부패를 여러 가지 방식, 즉 법적, 정치적, 경제적으로 드러나는 허약한 통치의 **부산물**로 간주한다. 판사와 변호사, 경찰, 교도관을 포함하여 사법체제의 역할은 권리를 보장하는 사회의 모든 분야에서 법을 공평하게 집행하는 것이다. 만일 이 사법체제가 없다면 일반국민은 폭력, 범죄, 불안으로 고통을 받는다. 그 역할을 다하기 위해 "사법체제의 모든 분야는 공정하고 적절한 예산의 뒷받침을 받고, 정부로부터 독립하여야 한다"(Commission for Africa 2005 : 149). 하지만 이 위원회는 사정이 반드시 그렇지 않다는 것을 발견했다. 즉, "저임금과 비숙련자 역시 정치적 협박과 부패처럼 직무수행을 방해하는 요소이다." 이 위원회는 시에라리온의 사례를 들었다. 이 국가는 인구가 약 600만 명인데 그중 변호사는 125명이며, 그중 95명은 수도인 프리타운(Freetown)에 있어서 소송사건을 법정에 이송하는 데 3~4년이 걸린다(같은 책 144). 국제투명성기구는 법조인이 공정한 사법절차를 지키려고 해도 사법부패의 영향력에서 자유로울 수 없다고 본다. "뇌물로 타락한 사법체제는 정부의 모든 분야에 걸쳐 부패를 조장함으로써 거버넌스에 대한 신뢰를 약화한다. 이런 체제는 이 나라에서는 부패가 허용된다는 직설적 메시지를 국민에게 보낸다"(Transparency International 2007). 사법 부패의 몇 가지 사례에 대해서는 〈글상자 6.1〉을 참고하라.

일반적으로 사법제도에 가장 크게 영향을 미치는 부패는 두 유형이 있다.

(1) 행정부나 사법부가 사법절차에 정치적으로 개입하는 것
(2) 뇌물

┃ **글상자 6.1** ┃ 사법부패의 사례

- 법관은 정치-사회적 고위 인사가 유죄 피고인인 경우, 그의 무죄를 합리화할 목적으로 특정 증거를 채택하거나 배척할 수 있다.
- 법관이나 법원 직원이 피고나 원고에게 유리하도록 재판 일자를 조작할 수 있다.
- 재판 녹취록이 없는 국가에서 법관은 공판기록을 틀리게 적거나 증인의 증언을 왜곡하여 소송 당사자 중 어느 한편이 매수한 판결을 한다.
- 하급법원 직원이 대가를 받고 파일을 '잃어버릴' 수 있다.
- 법관이 자기 가족을 소속 법원이나 사무실의 직원으로 고용할 수 있다.

출처 : Transparency International(2007).

토지권(土地權)의 중요 현안에 대한 짐바브웨 정부의 정치 개입 사례는 〈글상자 6.2〉에 나와 있다. 말을 잘 듣는 고분고분한 판사는 권력자에게 법적 방어 장치를 제공하여, 법치가 무의미한 환경을 조성한다. 정치 엘리트의 힘이 막강한 국가에서 법은 자의적이고 왜곡된다. 마찬가지로 뇌물 수수는 〈글상자 6.3〉에서 요약된 바처럼 사법절차의 모든 과정에서 발생할 수 있다. 뇌물수수를 조장하는 모호한 소송절차 역시 언론과 시민사회가 법정 활동을 감시하고 사법부패를 폭로하는 것을 가로막는다. 바로 이 때문에 전 세계가 사법 분야의 부패를 방지하는 데 전력을 기울이는 것이다. 부패한 사법부는 사회에 "막강한 영향력을 미치고" 사회 전체를 "부식한다"(Transparency International 2007).

〈글상자 6.4〉는 몇몇 아프리카 국가가 당면한 문제를 요약적으로 보여 준다.

사법 부패가 악화되면 정면으로 맞서야 한다. 국제투명성기구는 사법개혁이 공통적으로 지향해야 할 바를 발견했다. 그것은 다음과 같다.

- 나이지리아, 니제르, 잠비아, 짐바브웨 : 판사 선임에 대한 정치적 영향이 매우 심각하다.
- 니제르 : 1100만 명의 주민 대비 판사와 변호사의 수는 200인이다. 하급심의 과중한 업무로 소송이 지연되고 부패가 만연한다.
- 남아프리카공화국 : 극소수의 법원만이 전산화되고, 많은 사건 처리과정이 제대로 기록되지 않는다. 판사실의 회계감사는 보전비용, 보석금, 공탁금과 관련하여 엄청난 자금 횡령을 밝혀내었다.
- 잠비아 : 판사의 훈련과 인원이 부족하다.
- 케냐 : '판사를 매수하지 왜 변호사를 고용하느냐'는 말이 회자되고 있다. 사법제도에 대한 일반의 신뢰가 광범하게 상실되었다.

출처 : Transparency International(2007).

- 판사 임명 : 판사를 공적에 따라 임명하지 않는 것은 말을 고분고분 잘 듣고 부패가 가능한 판사를 선택할 수 있기 때문이다.
- 고용 조건 : 빈약한 급여와 불확실한 노동조건, 불평등한 승진과정, 훈련 부족 등은 법원 직원을 부패에 취약하게 만든다.
- 책임과 규율 : 부패한 법관을 징계하고 해고하는 공정하고 효율적인 절차가 부재하다
- 투명성 : 불분명한 재판절차는 언론과 시민사회가 법정 활동을 감시하는 것을 방해하고 부패폭로를 가로마는다.

(Transparency International 2007)

국제투명성 세계부패기구(Transparency International Global Corruption)의 조사에서 발견한 한 가지 흥미로운 사실은 사하라 이남 아프리카

의 조사 대상 7개국 중 6개국에서 대다수 국민이 법체제/사법부가 부패한 것으로 인지했다는 점이다. 이들 국가는 카메룬, 콩고-브라자빌, 가봉, 케냐, 나이지리아, 세네갈이다. 남아프리카공화국만이 이 견해에 동의하지 않았다. 하지만 아프로바로미터에서 케냐와 나이지리아의 응답자가 판사와 치안판사가 부패했는지의 여부를 질문 받았을 때, 소수가 그들이 부패한 것으로 생각했다(〈표 6.3〉 참고). 남아프리카공화국은 일관성이 있었는데, 이는 부패에 대한 인식이 질문 유형에 따라 달라질 수도 있다는 것을 암시한다. 국제투명성기구의 조사와 아프로바로미터에서 드러난 바는 경찰을 가장 부패한 것으로 생각한다는 것이다. 세계부패기구의 조사에서 아프리카 응답자의 55%가 경찰에게 뇌물을 주었으며, 응답자의 대부분이 경찰이 부패했다고 생각했다(〈표 6.4〉 참고). 경찰은 뇌물을 가장 흔하게 상납받는 조직이다.

┃표 6.3┃ 판사와 치안판사의 부패에 대한 인지도(%)

얼마나 많은 판사/치안판사가 부패에 연루되었다고 생각하는가?	남아프리카공화국	케냐	나이지리아
없음/약간	62	57	56
대부분/모두	22	28	41

출처 : Afrobarometer(2005).

┃표 6.4┃ 경찰관의 부패에 대한 인지도(%)

얼마나 많은 경찰이 부패에 연루되었다고 생각하는가?	전체 응답자
없음/약간	40
대부분/모두	45

출처 : Afrobarometer(2005).

정치부패

많은 아프리카 국가의 정치 환경은 부패관행뿐만 아니라 여러 어려움에 직면해 있다.

> "아프리카는 국가 재원을 약탈한 정부로 인해 고통을 받고 있다. 자국
> 민에게 서비스를 제공할 수 없거나 제공하지 않는 정부, 많은 경우 국가
> 재원을 부정하게 빼먹는 약탈 정부, 폭력과 뇌물을 통해 통제를 유지하
> 는 정부, 원조를 낭비하고 절도하는 정부로 인해 고통을 받고 있다."
> (Commission for Africa 2005 : 106)

영국의 아프리카위원회는 이처럼 격렬한 아프리카 정치사를 고발했
는데, 이는 토니 블레어 영국 총리의 지도 아래 아프리카 대륙에 관심을
집중시키려는 의도가 있었다. 그러면 아프리카인은 정치가가 부패했다고
생각하는가? 〈표 6.5〉는 종합적인 수준에서 대다수가 그렇지 않다는 것을
나타낸다. 하지만 개별 국가 수준에서 이러한 정치부패에 대한 인지는 각
기 다르다. 예컨대 나이지리아 국민의 54%는 대통령과 그의 측근이 부패

┃표 6.5┃ 정치가의 부패에 대한 인지도(%)

질문	응답자 평균(%)
대통령과 고위 관료가 부패한가?	
없음/약간	54
대부분/모두	22
국회의원은 부패한가?	
없음/약간	52
대부분/모두	25

출처 : Afrobarometer(2005).

했다고 생각하며, 59%나 되는 대다수 국민은 국회의원이 부패했다고 여긴다. 이는 이 분야의 전체 아프로바로미터 조사 중에서 가장 높은 정치 부패의 인지율이었다.

따라서 거버넌스 개선이 아프리카의 부패를 추방하는 핵심 사안으로 떠올랐고, 유엔은 굿 거버넌스의 중심 원리를 간략히 정리했다(〈글상자 6.5〉 참고). 하지만 아프리카 국가의 3분의 2가 최근에 다당제 선거를 치렀는데도, 선거로 정당이나 대통령의 집권이 바뀐 사례는 없다. 선거가 정치적 사건으로 필요한 것이라는 점이 점차 인식되면서, 국민은 부패와 부정선거에 대해 좌절감을 느꼈다. 경쟁적이고 폭력적이고 부패한 선거 행태가 많은 국가에서 분명하게 나타났다. 짐바브웨, 상투메 프린시페, 토고, 적도기니, 코트디부아르, 모리타니가 그런 국가이며, 그중 코트디부아르는 투표 관련 시비 끝에 시민전쟁이 발발했다. 정당의 역할에도 문제가 많은데, 이는 많은 정당이 재정 투명성이나 내부적 민주절차를 가지지 못했기 때문이다. 〈표 6.5〉가 보여 주듯이 응답자의 4분의 1이 국회의원 대다수가 부패했다고 믿는데, 여기에는 정당도 포함된다. "국가 재원을 곧잘 축내는 정치가는 약탈을 자행한다"(Williamson 2005). 2008년에 탄자니아의 유력한 각료는 "해외 계좌에 100만 달러를 숨겨 두었다는 혐의를 받고 사임했다"(EISA 2008d).

직책을 성실하고 정직하게 수행한다는 신뢰를 받지 못하는 국회의원은 부패를 억제하는 감시나 지도를 할 수 없다. 국제투명성기구의 직원은 반부패 아프리카 의원 협의체(African Parliamentarians' Network against Corruption, APNAC)를 통해 의원과 직접 연계된다. 부패 추방과 관련 위법사항에 대한 아프리카연합 협약(Africa Union Convention on Combatting Corruption and Related Offences)도 있어서 몇몇 아프리카 국가가 여기에 서명했다. 흥미롭게도 아프리카연합 협약은 **부패**란 용어를 정의하지 않는다. 대신 어떤 행위가 용납되지 않는지에 대한 포괄적

| 글상자 6.5 | 유엔 인권위원회

유엔 인권위원회는 굿 거버넌스의 주요 특성을 여덟 가지로 정의했다.

(1) 참여 : 굿 거버넌스에는 사회 문제에 정통한 남녀 모두의 조직적 참여가 필요하다. 참여는 적법한 기관이나 대표를 통하거나, 직간접적 형태가 될 수 있다.

(2) 법규 : 공명정대하게 운용되는 법률 체계가 있어야 한다. 더불어 인권보호와 공정한 법집행을 수반하여야 한다. 이는 독립 사법권과 공정하고 부패하지 않은 경찰력을 요구한다.

(3) 투명성 : 공공단체의 결정을 반드시 채택하여야 하고, 규칙과 규제에 따라 시행해야 한다. 또한 공공단체의 결정에 영향을 받는 사람은 정보를 자유롭게 이용하고 직접 구할 수 있어야 한다.

(4) 반응성 : 모든 이해당사자가 적절한 기간 내에 행정기관과 절차를 이용할 수 있도록 노력해야 한다.

(5) 합의 : 사회에 많은 책임자와 다양한 관점이 있다는 점에서 굿 거버넌스는 사회의 서로 다른 이해관계를 중재해야 한다. 이는 전체 공동체에서 최선의 이익이 무엇인지, 그것을 어떻게 달성할 수 있는지에 대한 광범한 합의를 얻기 위함이다.

(6) 공평성과 포괄성 : 사회의 모든 성원은 자신이 사회와 관계를 맺고 있다는 유대감을 가져야 하고, 주류에서 벗어났다는 소외감을 가져서는 안 된다. 이는 사회의 가장 취약한 구성원에게 가장 중요한 사항이다.

(7) 효과와 효율성 : 행정 절차와 기관은 자원을 가장 효율적으로 사용하면서 사회의 요구사항에 맞는 결과를 산출해야 한다.

(8) 책임 : 행정기관, 민간부문, 시민사회 조직은 대중과 기관의 이해당사자를 책임져야 한다.

출처 : 결의 2000/64. UN Commission on Human Rights.

인 가이드라인만 제공함으로써 부패 행위를 정의한다(〈글상자 6.6〉 참고). 하지만 아프리카 인간안보 이니셔티브(African Human Security Initiative, AHSI)에 따르면, 굿 거버넌스의 특징을 통해 부패의 수준을 측정할 수도 있다. 그래서 유엔이 지정한 굿 거버넌스의 기본적 특징이 하나도 없는 국가는 "부패에 관대한 환경을 제공한다"는 것을 의미한다(Kututwa 2005 : 3).

분명히 부패를 근절하려고 한다면 사회, 국가, 풀뿌리 조직은 사전 대비책을 강구해야 한다. 하지만 이는 국민이 실제로 얼마나 큰 권한을 부여받았다고 느끼는가의 문제를 야기한다. 이 권한 부여는 아프로바로미터의 관심을 끌었는데, 이 기구는 "아프리카 국민이 국가의 권력이 무능하거나 남용되는 상황에 부딪혔을 때 어떻게 반응할 것인지"를 알고 싶어 했다. 저항할 것인가, 아니면 묵인하고 국가가 계속 공권력을 남용하고 잘못 관리하게 내버려 둘 것인가. 이 문제에는 정치적 차원 또한 존재한다. 즉, 그들이 "감시하는 적극적인 시민인지" 아니면 "권한을 지닌 국가의 피동적인 국민인지"의 여부이다. 평균했을 때, 대부분의 응답자가 주도적 시민으로 행동하고 이의를 제기하는 것으로 보인다(〈표 6.6〉 참고). 하지만 개별 국가를 고려하면, 그 응답은 상당히 가변적이다. 〈표 6.7〉이 증명하듯이 짐바브웨, 레소토, 나이지리아, 잠비아에서 선거인 명부에서 이름이 누락된 응답자의 부정적이고 피동적 대답은 평균 25%보다 훨씬 더 높았다. 짐바브웨 응답자의 35%는 선거인 명부가 아무 쓸모가 없으므로 기다리거나 할 일이 없는 것으로 느낀다.

이 문제에 대한 응답은 레소토에서도 거의 동일했고(34%), 잠비아(32%), 나이지리아(31%)에서는 아주 미미한 정도로 낮았다. 비록 더 많은 응답자가 공식적 행동을 취하려고 하지만, 약 3분의 1은 그렇지 않았다. 마찬가지로 이 수치는 많은 소수부족이 국가 권력을 박탈하는 식의 조치를 취할 수 없었다는 것을 암시한다. 아프로바로미터는 승인의 표시로서

(1) 공적 직무 수행과 관련한 행위 또는 누락의 대가로 공무원이나 기타 인물이 금전적 가치를 지닌 물건이나 선물, 호의, 약속 같은 것을 직간접적으로 청탁하거나 수용하는 것

(2) 공적 기능 수행과 관련된 행위 또는 누락의 대가로 공무원이나 기타 인물에게 금전적 가치를 지닌 물건이나 선물, 호의, 약속 같은 것을 직간접적으로 제공하거나 공여하는 것

(3) 공무원이나 기타 인물이 자신이나 제삼자의 불법적 이익 획득을 위해 자기의 의무를 게을리하는 것

(4) 공무원이나 기타 인물이 자기 지위를 이용해 국가나 국가기관, 독립 기관 또는 개인에게 속한 소유물을 유용하는 것

(5) 민간 부문의 지휘권자나 업무 담당자가 자신 또는 타인을 위해 의무에 저촉되는 행위로 발생한 과도한 이득을 제공, 증여, 약속, 간청 또는 수용하는 것

(6) 공공 또는 민간 부문의 기능 수행에서 개인의 의사 결정에 영향력을 발휘할 수 있다고 주장하거나 확언하는 사람이 과도한 이익을 직간접적으로 제공, 공여, 청탁, 약속하는 행위. 또한 그 영향력의 실행 여부나 추정된 영향력이 의도한 결과에 이르는지의 여부를 고려하여 그런 대가를 요구, 수령, 수용하는 것

(7) 공무원이나 기타 인물의 재산이 합리적으로 설명하지 못할 정도로 증식하는 것

(8) 이 조항에 언급된 행위에서 파생된 수익금을 사용 또는 은폐하는 것

(9) 사후에 고의적으로 의뢰하거나 또는 이 조항에 언급된 행위를 저지르기 위한 협력이나 모의에 당사자, 동업자, 대리인, 선동자, 공범자로 참여하는 것

출처 : 제4조, African Union Convention
on Combatting Corruption and Related Offences.

▌표 6.6 ▌ 국민과 부패의 전쟁

질문	평균 응답(%)
선거 관련 공무원이 선거인 명부에서 이름을 누락했다면 어떻게 하겠는가?	
걱정하지 않고 기다림	7
아무것도 하지 않음(항의해야 소용없기 때문에)	18
팁이나 뇌물 제공	1
연줄 이용	7
이의 제기	55
학교나 병원 관리가 절도 혐의가 있다고 생각되면 어떻게 하겠는가?	
걱정하지 않고 기다림	4
아무것도 하지 않음(항의해야 소용없기 때문에)	11
팁이나 뇌물 제공	1
연줄 이용	7
이의 제기	64
경찰이 가족 한 사람을 잘못 체포한다면 어떻게 하겠는가?	
걱정하지 않고 기다림	3
아무것도 하지 않음(항의해야 소용없기 때문에)	7
팁이나 뇌물 제공	4
연줄 이용	10
이의 제기	67

출처 : Afrobarometer(2006 : 39).

이의 제기에 응답한 것을 제외하고 다른 모든 응답을 취합했다. 왜냐하면 "유권자가 제대로 작동하지 못하는 국가 시스템을 용인하거나 포기하거나 피하려고 하기 때문이다"(Afrobarometer 2006 : 38).

┃표 6.7┃ 부패에 대한 국가별 응답(%)

선거 관련 공무원이 선거인 명부에서 이름을 누락했다면 어떻게 하겠는가?	짐바브웨	레소토	나이지리아	잠비아
걱정하지 않고 기다림	3	6	6	5
아무것도 하지 않음(항의해도 소용없기 때문에)	32	28	25	27
팁이나 뇌물 제공	1	1	2	1
연줄 이용	4	2	8	4
이의 제기	57	56	49	58

출처 : Afrobarometer(2006 : 39).

경제 부패

케냐 국민 총생산량의 약 42%가 뇌물로 공여되는 것으로 추산된다(Koli 인터뷰 2004). 물론 부패는 여러 차원의 권력 남용으로 나뉜다. 사회 저변에서 이루어지는 하찮은 부패는 주로 가난한 사람에게 영향을 끼치지만, 엄청난 부패는 조달 분야에서 더욱 만연하고 있으며, 리베이트와 연계되어 계약이 이루어진다. "전설적인 20% 얹어주기"는 거시경제에 심각한 영향을 미친다(Williamson 2005). '지불한 것을 공개하라(publish what you pay)!'는 운동은 정치 엘리트와 기업 간의 유착관계와 돈거래를 겨냥한 것으로서 인권감시(Human Rights Watch)와 국제투명성기구의 강력한 지지를 받았다(www.publishwhatyoupay.org 참고). 물론 아프리카의 많은 국가는 천연자원이 풍부한데, 이는 국가에 유리할 수 있지만 동시에 문제가 될 수도 있다. 천연자원이 각국에 상당한 수입을 가져다주기는 하지만, 특히 천연자원 채굴은 "취약한 분야"로 확인되기도 한다. 그것은 "부패가 분쟁이나 정치적·사회적 불안으로 이어질 수 있기" 때문이다(Eigen 2006). 2002년에 시작된 광물산업 투명성 이니셔티브(Extractive Industries Transparency Initiative, EITI)는 석유, 천연가스, 광업회사와 자원 보유국 간의 수익자금 흐름의 투명성을 확보하기 위해 창설되었다. 이 이니셔티브의 목표는 수익자금을 감시하고 공개하며, "국민이 정부로 하여금 그 수익자금의 용도를 해명하도록" 하는 것이다(같은 책). 석유, 천연가스, 광업회사가 개도국에 지불하는 모든 자금을 공개적으로 밝히는 것에 합의하고, 정부는 지불받은 자금을 공식적으로 발표하는 것에 동의했다. 나이지리아, 가나, 콩고 공화국, 상투메 프린시페 등 아프리카 4개국은 이 이니셔티브에 참여하기로 결정했다. 이는 중요한 움직임인데, 대개 인간개발 수준이 빈약한 자원 의존국가는 국가 수입의 '오용과 횡령, 부패'와 연계되어 있기 때문이다. 예컨대 석유 수출에서 생기는 수익은 통치 엘리트의 부만 늘린다(Commission for Africa 2005 : 145). 〈표 6.8〉은 천연자원 의존 국가와 관련된 유엔개발계획 인간개발지수(UNDP Human Development Index)를 보여 준다. 나이지리아 프로파일에 대해서는 〈글상자 6.7〉을 참고하라.

기업 환경은 기업 내에서뿐 아니라 기업과 공공부문 간의 관계에서도 부패의 공모 문제를 해결해야 한다. "뇌물수수의 개입 여지가 큰 사업은 뇌물수수에 더욱 관대한 풍토를 조성하고, 이러한 풍토에서 관료는 지불 자금을 착복하려는 백지 위임장(Carte Blanche)을 가진 것으로 생각한다"는 것이 보편적 인식이다(Business Action for Africa 2006 : 37). 또 다른 분야로서 정부가 물품과 용역을 구매하는 조달방식 역시 우려를 자아낸다. 아프리카위원회가 가장 우려하는 것은 공공부문의 계약을 입찰에 부쳐도 "뇌물이나 완곡한 표현으로 소위 사인 보너스(signature bonuses)를 요구하거나 제공받을 경우, 최상이 아닌 계약으로 낙찰될 수 있다"는 사실이다. 정치가와 공무원만이 관행적 부패의 고리에 연결된 것은 아니다. 공공계약 관련 업무를 담당하는 "은행가, 변호사, 회계사, 엔지니어"

역시 부패에 개입한다"(Commission for Africa 2005 : 150). 아프리카의 국제 무역거래와 조달, 천연자원 개발, 전문 업무에서는 선진국의 책임도 있다. 아프리카위원회의 한 위원은 다음과 같이 주장했다. "아프리카인이 부패했다고 말하는 것으로는 부족하다. 누가 그들을 부패하게 만드는가를 물어봐야 한다. 아프리카인이 돈을 횡령한다고 말하는 것으로는 충분하지 않다. 누가 그들에게 자금을 지원하는지를 물어봐야 한다"(Anna Tibaijuka, Bantiy 2005 : 6 재인용). 인간개발지수 순위는 기대수명, 식자율로 측정한 교육과 학교 등록률, 1인당 국내 총생산량과 구매력으로 측정한 생활수준을 포함한다. 이는 정면으로 맞서기 어려운 문제이지만, 부패와 맞서 싸우려면 석유와 다이아몬드 같은 천연자원이 아프리카에 분쟁을 유발하고, 이로 인해 창출된 부의 상당수가 서방 은행계좌에 안착한다는 점 역시 전적으로 인정해야 한다. 그것이 바로 아프리카 비즈니스 행동 협의체(Business Action for Africa network)가 드비어스(De Beers), 리오 틴토(Rio Tinto), 앵글로-아메리칸(Anglo-American) 같은 기업뿐만 아니라 스탠다드차타드(Standard Chartered)와 시티그룹(Citigroup) 같은

▮표 6.8 ▮ 천연자원과 인간개발지수 순위

국가	일차 수출상품 비율(2000)	인간개발지수 순위(2002) (총 177개국)
적도기니	91.8	109
앙골라	92.6	166
콩고	97.5	168
가봉	86.6	122
기니비사우	99.7	172
나이지리아	98.1	151

출처 : UNCTAD Commodity Yearbook 2003(www.unctad.org/inforcomm/yearbook) ; UNDP Human Development Report 2003(http://hdr.undp.org/en/reports/global/hdr2003).

은행도 감시 대상에 반드시 포함해야 하는 이유이다. 이러한 것은 비교적 최근의 계획 이지만, 경제부패의 복잡한 국제적 차원을 밝혀내는 것은 아직 시기상조이다.

아프리카연합 및 영국의 NEPAD 아래에 아프리카 상호평가제도(APRM)가 도입되어, 가나와 케냐를 포함한 24개국이 이에 서명했다. 부패 방지와 거버넌스 향상을 위한 광범한 활동에서 중요한 것은 투명성 수준을 높이는 것이다. 아프리카 상호평가제도가 부패관행을 없애는 수단을 제공할 뿐만 아니라 굿 거버넌스와 신뢰성을 향상하는 아프리카식 접근방식을 제시할 것으로 기대된다. 아프리카 국가가 서로를 평가하는 이 메커니즘은 강력한 조치가 될 가능성이 높은데, 이는 그것이 다음과 같은 핵심 분야를 포함하기 때문이다.

- 정치적 사안, 민주주의, 거버넌스, 법치
- 경제 거버넌스, 장기적 빈곤 감소
- 긴장, 교육, 물, 위생 같은 사안에 대한 정책평가가 포함된 사회-경제적 거버넌스
- 기업 거버넌스, 민간 부문의 건강 검진

회의론자는 아프리카 상호평가제도의 계획을 '악동 스스로 자신을 감시하게' 만드는 수단으로 보았다. 하지만 케냐의 2007년 선거 후에 일어난 분쟁 보고서는 부패관행의 문제를 제기하면서, 여당 위원과 정부의 고위 공직자가 조사도 받지 않고 무기소 상태로 여전히 재직하고 있다는 점을 지적했다. 그들에게 맞서지 못하는 무능함이나 자발성의 결여는 "불처벌에 대한 일반 대중의 인식" 상태를 분명히 보여 주며, 나아가 케냐 내의 부패에 대한 감각을 더욱 무디게 만들었다. 실제로 이 보고서는 "토지 분배에 관한 민감한 부패 문제를 회피하지 않았다"는 이유로 "매

▌글상자 6.7 ▌ 나이지리아 프로파일

　나이지리아는 아프리카에서 석유와 천연가스를 가장 많이 생산하는 국가이다. 석유는 정부의 모든 부문에서 국가 재정 수입의 약 70%를 상회하며, 국민총생산량의 40%, 외화 획득의 85% 이상을 차지한다. 이 분야의 투명성 개선은 석유 산업뿐만 아니라 국가 전체에도 큰 이익이 된다. 나이지리아 광업투명성 이니셔티브(Nigeria Extractive Industries Transparency Initiative) 의장인 오비아겔리 에제퀘실리(Obiageli Ezekwesili)는 투명성 감시(Transparency Watch)와 인터뷰하였다.

질문 : 이니셔티브가 당면한 도전은?

답변 : 설명이 안 되는 원유 생산량이다. 나이지리아는 유전에서 바로 끌어올린 원유보다는 수출 기지에 도달한 기름의 산유량을 측정한다.

질문 : 이니셔티브는 석유와 가스회사의 관계를 바꾸었는가?

답변 : 나이지리아가 대금 지불과 수입 발표를 의무화했기 때문에 석유회사는 정부가 장난치지 않을 것이라는 것을 안다.

질문 : 얼마나 많은 나이지리아인이, 이 이니셔티브를 알고 있는가?

답변 : 현재 약 45%이고, 아는 사람이 점점 많아지고 있다.

질문 : 시민사회가 이 이니셔티브를 얼마나 강화할 수 있는가?

답변 : 이 이니셔티브는 광범한 부문에 확산되고 있다. 시민사회는 인터넷의 힘을 이용하여 정보를 퍼트리고 경험을 공유한다.

출처 : www.transparency.org/publications/newsletter/2006/
July_2006_interview.

우 솔직한" 것으로 간주되었다(APRM Eminent Persons' Report on Kenya 2008과 B. Manby, 둘 다 EISA 2008b 재인용). 이는 아프리카 상호평가제도가 아프리카 대륙에서 책무와 신뢰성에 대한 인식을 향상한다는 긍정적인 신호가 될 수 있다.

반부패 조치

아프리카 인간안보 이니셔티브(AHSI)에서 입법체제는 부패에 대한 전쟁의 출발점이다. 모든 아프리카 국가는 깨끗하고 분명한 절차를 제시하는 반부패법을 제정해야 한다.

(1) 부패를 효과적으로 처벌할 수 있는 형법의 제정과 집행
(2) 증인 및 내부 고발자 보호를 포함하여 국민이 부패와 관련된 고발을 할 수 있는 입법 메커니즘과 절차 수립

다수의 아프리카 국가는 반부패법을 도입했다. 2001년에 에티오피아는 새로운 입법인 반부패 경제범죄법(Anti Corruption and Economic Crimes Act)을 도입하였고, 남아프리카공화국은 2004년에 부패행위방지와 추방법 12조(Prevention and Combatting of Corrupt Activities Act no. 12)를 통과시켰으며, 나이지리아는 부패를 불법화하는 독립부패관행과 기타 관련 위반 행위법(Independent Corrupt Practices and other Related Offences Act)을 공포했다. 하지만 부패에 대한 전쟁에는 입법보다 더 필요한 것이 있다. 바로 "위법자가 부패법을 피할 수 없게 막는 정부의 강력한 의지이다"(같은 책 : 4). 입법을 도입한 국가에도 문제점은 있다. 예컨대 케냐에서는 부패로 기소당한 자가 여전히 정부 부처에 근무한다. 마찬가지로 아프리카 인간안보 이니셔티브는 에티오피아나 세네갈에 부패를 추방할 정치적 의지가 있는지를 의심한다. 에티오피아의 반부패 캠페인은 부패관행의 처단보다 **정치 점수 계산**에 더 큰 관심이 있는 것 같다(같

은 책). 나이지리아가 반부패기구를 변화시키고, 새로운 뇌물수수 방지단체인 특수법인단(Special Legal Unit)을 도입하려고 결정하자 우려가 표명되었다. 비록 이 단체는 핵심 권력을 상실했지만, 나이지리아의 법집행에 대한 국내외 존경을 받는 단체인 경제재정범죄위원회(Economic Financial Crimes Commission)의 별도 기구로 창설되었다. 2007년의 힘든 선거를 치르고 나서 중첩되는 권한을 지닌 단체들이 효율적이고 효과적으로 감독하는 대신 서로 경쟁할 것이라는 우려가 있었다(Africa Programme, Chatham House, 2007. 10. 29). 감독기관에는 부패 혐의자를 조사하고 기소하는 임무를 맡은 모든 단체가 포함된다. 아프리카연합의 부패에 관한 협약은 아프리카 국가에 이러한 기구의 기능에 대한 가이드라인을 제공한다. 정부는 다음 사실을 보장해야 한다.

(1) 반부패기관은 자율적이고 독립적이며 효율적 법에 따라 운영된다.
(2) 감찰장관이나 감사원장 같은 다른 감독기구를 도입한다.
(3) 사법부는 독립을 보장받고, 의회의 실질적인 감시를 받는다.

감시제도의 핵심적인 요구조건 가운데 하나는 충분한 자격을 갖춘 전문직 직원이다. 그러나 적절한 훈련이나 교육을 받지 못한 직원에게는 이러한 전문지식이 없다. 보츠와나의 공공기관에서도 법률 및 경영 훈련에서 교육의 필요성을 인식하고 있다(Kututwa 2005; Seleetso 인터뷰 2004).

세계은행은 몇몇 국가의 반부패 조치 성과를 감시하는 시행과정에 착수했다. 그것은 정부의 주요한 부패집행기관, 즉 반부패기관인 검찰청, 법원에 초점을 맞추고 있다. 이러한 분석을 수행하기 위해 세계은행은 다수의 질문지를 작성했다. 이러한 기관은 어느 정도로 부패 혐의를 조사하고 기소할 수 있는가? 고발의 몇 퍼센트를 조사하는가? 얼마나 많은 조사가 기소로 이어지는가? 얼마나 많은 부패 혐의자가 유죄 판결을 받는가? 이러한 범주 내에서 반부패기관이 이 질문을 감시하는가? 나이지리아 정부는 2005년에 209건의 부패 사건을 조사했다. 같은 해에 14건이 기소되었고, 한 소송사건은 무죄판결로 종결되었다(Mennen et al. 2007). 나이지리아 검찰청이 공식보고를 하지 않아서 완전한 정보라고 할 수는 없지만, 작은 정보라도 없는 것보다는 있는 것이 낫다. 바로 이런 이유로 국제투명성기구(TI)가 민형사 소송절차를 감시하기 시작한 것이다. 예컨대 가나에서는 문제의식을 일깨우고, 훈련을 시키고, 사법감시 매뉴얼(Judiciary Watch Manuel)을 작성하여 법원을 감시했다. 마다가스카르에 있는 국제투명성기구 사무실은 여러 언어로 된 사법절차를 기술한 책자를 배포했다. 이러한 책자를 배포하는 것은 "법무부의 투명성을 증진하고 이용자에게 사법절차를 공지함으로써 미미한 부패도 줄이기 위해서이다"(Transparency International 2006). 이렇게 반부패 조치 감시활동은 사회의 상부 구조와 하부 구조에서 이루어지고 있다.

부패는 극복할 수 있는가

부패는 다면적이고, 국가 내부 깊숙이 뿌리박혀 있다. 따라서 단일 차원의 조치로 이 문제를 척결할 수는 없다. 리더의 정치적 의지와 결단이 반드시 필요하지만, 이것만으로는 충분하지 않다. 제도 개혁과 함께 사법, 입법, 보안, 다른 정부기관의 신뢰성이 확고하게 담보되어야 한다. 하지만 적절한 훈련과 교육을 받은 엄격한 직원이 없는 상태에서 이러한 제도는 허술하고 비효율적이다. 법체계는 조달과정에 초점을 맞춰야 하고, 권력자를 기소하는 것을 두려워하거나 머뭇거려서는 안 된다. 자유로운 언론과 세련된 시민사회는 권력자의 부패 개입혐의를 밝히는 데 중요한 역할을 한다. 국제사회의 반부패에 대한 강조는 유익하지만, 이것이 다면적인 뇌물 제공자의 돈상자를 감시하는 데 혈안이 된 국가에서 세운 순전히 허울뿐인 기관으로 변질되어서는 안 된다. 단지 국제기구의 요구를 충족하기 위해 설립된 반부패기관은 효과적이지도, 효율적이지도 않다. 마찬가지로 선진국의 비즈니스 관행이 개도국의 정부와 공모해서 부패 고리를 만들거나 부패를 심화해서도 안 된다. 특히 자금이 서구은행으로 빠져나갈 때, 대형 부패와 부당 이득은 서방국가의 노련한 도움이 없으면 처리할 수 없다. 자금 회수는 오늘날 훨씬 더 큰 관심을 끌고 있다. 유엔 역시 부패의 위협에 맞서 국제적 환경을 변화시키고, 부패 문제를 추방하기 위한 체제를 제공하는 데 중요한 역할을 한다. 유엔은 공개적인 지지에도 열중하지만, 어떤 경우에는 사전 예방조치를 취하기도 한다. 일례로 유엔은 콩고민주공화국의 광산자원의 불법 착취에 대한 패널 토론을 개최한 바 있다. 만일 부패관행이 어떤 조치도 취할 수 없는 일상생활로 간주된다면, 사회 전체에 깊은 불안이 만연하여 정치, 경제, 법, 사업의 모든 분야가 악영향을 받는다. 한마디로 국가의 모든 분야가 부패로 점철되는 것이다. 비록 국제투명성기구가 아프리카의 반부패 조치에서 낙관론을 펼칠 근거를 찾아냈더라도, "책무와 행동 사이에는 상당한 차이"가 있다. 결국 이 기구는 "아프리카 정부가 더욱 효과적으로 부패를 추방하려면 더 큰 정치적 책무를 짊어져야 한다"고 결론짓는다(Transparency International 2006).

제 7 장

질병과 인간안보

심각한 건강 문제

아프리카는 다양한 건강 문제에 직면하고 있지만, 많은 문제가 치료나 위생 상태를 개선함으로써 예방이 가능하다. 아프리카 적십자(African Red Cross)와 아프리카 적신월 보건계획(African Red Crescent Health Initiative, ARCHI)의 보고에 따르면, 아동 사망의 70%는 설사병, 하기도 감염(ARI), 영양 부족, 말라리아, 홍역 등 다섯 가지 병에서 연유한다. 아동은 흔히 여러 가지 열악한 건강상태로 인해 한꺼번에 고통을 받으므로 한 가지 건강상태를 개선한다고 해서 다른 잠재적인 병으로 인한 사망을 막을 수는 없다. 영양 부족이 심하지 않더라도 다른 예방 가능한 질병으로 인해 사망할 위험이 증가하는데, 이는 면역력과 저항력이 약하기 때문이다. 그리하여 적신월 보건계획은 건강 프로그램을 다섯 가지의 신체상태에 동시에 초점을 맞출 것을 권고한다(African Red Cross and Red Crescent Health Societies 2007). [그림 7.1]은 아프리카 대륙에서 흔히 볼 수 있는 여러 질

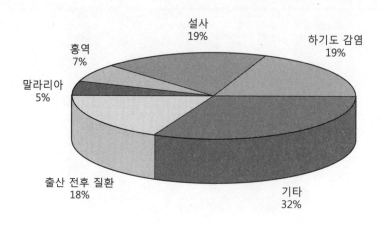

┃그림 7.1┃ 아프리카의 주요 건강 문제 : 하기도 감염-급성 호흡기 질병

병을 보여 주고, 〈글상자 7.1〉은 아프리카 사회와 정부를 위협하는 질병의
자세한 내역을 보인다.

┃글상자 7.1┃ 아프리카의 일반 질병

- 설사 : 수인성 박테리아, 바이러스, 기생균으로 옮는 질병. 예컨대 콜레라, 이
  질, 대장균
- 결핵 : 기침과 재채기로 옮는 박테리아 감염
- 말라리아 : 모기로 옮는 기생균
- B형 간염 : 간 질병을 일으키는 피로 옮는 바이러스
- 파상풍 : 비위생적 환경에서 출생할 때 아기와 산모에게 옮는 박테리아 감염
- 백일해 : 허파의 박테리아 감염
- 수면병 : 기생균 트리파노소마로 옮는 박테리아 감염
- 수막염 : 사람 접촉으로 옮는 박테리아 감염
- 에이즈 : 체액으로 옮는 바이러스가 일으키는 병

2000년과 2010년 사이에 걸쳐 운영한 보건계획은 아프리카에서 활동하는 53개 적십자와 적신월 보건계획의 업무를 조정하며 풀뿌리 차원에서 예방이 더욱 효과를 거두도록 하고 있다. 때로는 특정 비타민의 부족만으로 어린 아동이 생존에 치명적인 악영향을 입을 수도 있다. 예컨대 5세 이하 아동의 비타민A 결핍증(Vitamin A deficiency, VAD)은 조기 사망의 위험을 크게 증가시킨다. 아프리카는 임상 비타민A 결핍증의 고유병률을 보이며, 이로 인해 실명이나 신체 허약이 나타난다(〈글상자 7.2〉 참고).

▎글상자 7.2 ▎ 비타민A 결핍증(VAD) 국가

비타민A 결핍증으로 인해 고통받는 인구가 많은 국가
앙골라, 베냉, 부르키나파소, 카메룬, 차드, 에티오피아, 가나, 케냐, 말라위, 말리, 모리타니, 모잠비크, 니제르, 나이지리아, 르완다, 토고, 우간다, 탄자니아, 잠비아, 짐바브웨

출처 : www.ifrc.org.

그러나 이 비타민 결핍증은 쉽게 치료할 수 있는데, 그것은 이 비타민이 생후 6개월부터 구강 소아마비 백신과 홍역 백신으로 처치될 수 있기 때문이다. 실제로 예방접종 프로그램은 아프리카 아동에게 불필요하게 광범히 번지는 질병을 예방할 수 있지만, 대개는 효과적인 백신이 있어도 널리 이용되지 않고 있는 것이 현실이다. 이에 대한 한 가지 사례로 백신이 사용될 수 있음에도 아프리카 34개국에서 나타나는 황열병(黃熱病)의 고발병률을 들 수 있다(〈글상자 7.3〉 참고).

예방 백신 접종률이 극히 낮기 때문에 전염병이 계속해서 창궐한다. 황열병은 열대 삼림지대에 사는 원숭이에 기생하는 바이러스에 기인한

| 글상자 7.3 | 황열병 위험 국가

황열병 위험 국가 : 34개국(모두 아프리카 국가)

앙골라, 베냉, 부르키나파소, 부룬디, 카메룬, 카보베르데, 중앙아프리카공화국, 차드, 콩고, 코트디부아르, 콩고민주공화국, 적도기니, 에리트레아, 에티오피아, 가봉, 감비아, 가나, 기니, 기니비사우, 케냐, 라이베리아, 말리, 모리타니, 니제르, 나이지리아, 르완다, 상투메 프린시페, 세네갈, 시에라리온, 소말리아, 수단, 토고, 우간다, 탄자니아

출처 : Strategic Plan 1988 – 2001, Global Programme for Vaccines and Immunization, World Health Organization, Geneva. http://ifrc.org/WHAT/health.archi/fact/Fyelfev 인용.

다. 사람들은 모기를 매개로 이 질병에 감염된다. 모기가 황열병을 마을 전체에 퍼뜨리는 것이다. 일상적인 예방접종 프로그램만으로 황열병을 예방할 수 있다.

2000년경 세계보건기구(WHO)의 나병 퇴치 캠페인에도 불구하고 〈표 7.1〉이 보여 주듯이 아프리카 전역에 나병이 여전히 발병하고 있다. 세계보건기구의 용어로 나병 퇴치는 인구 1만 명당 환자 1인 이하의 유병률을 낮추는 것으로 정의되지만, 〈표 7.1〉이 보여 주듯이 이러한 사례는 일어나지 않았고, 모잠비크, 마다가스카르, 기니 같은 국가에서는 1만 명당 환자가 6인 이상이나 된다.

북부 나이지리아의 카노(Kano)에서 겪은 필자의 경험에 따르면, 나병 환자는 길거리에서 구걸하고, 손과 사지가 없거나 얼굴이 일그러졌을 뿐만 아니라 악화된 증세로 고통을 받고 있었다.[1] 또 다른 질병인 말라리아는 지난 10년간 사하라 이남 아프리카 지역의 유행성 전염병이 되었다. 매년 3~5억 명으로 추산되는 말라리아 환자 중 "150~270만 명이 사망

국가	발생 건수	1만 명당 유병률
나이지리아	12,878	1.06
모잠비크	11,072	6.24
콩고민주공화국	4,863	1.01
에티오피아	8,104	1.35
마다가스카르	11,005	6.78
수단	4,065	1.34
기니	4,805	6.56
니제르	2,738	2.71

출처 : WHO Weekly Epidemological Record 2001, www.ifrc.org/WHAT/health/archi/fact/ Fleprsy 인용.

에 이르며", "아프리카에서는 사망자의 90% 이상이 5세 이하의 아동이다"(www.ifrc.org/WHAT/health/archi/fact/fmalar). 말라리아 전염을 확산하는 요인은 다음과 같다.

- 약에 대한 모기의 내성
- 감역 지역에서 강제이주를 야기하는 내전
- 농사를 지으려는 무면역인이 감염 지역으로 이동
- 모기 서식에 양호한 강우 패턴으로 변화
- 열악한 사회-경제적 여건으로 인한 말라리아 퇴치 예산 부족

그리하여 말라리아 퇴치는 모든 사람의 관심사가 되었으며, 공동체 성원과 지역발전기구의 협력이 요구된다. 살충제가 주입된 모기장이 도입되어 다소 성공을 거두었으나, 모기를 박멸하는 실질적 대책은 모기 서식지인 고인 물과 배수가 원활하지 못한 지대를 없애는 것이다.

〈표 7.2〉가 보여 주듯이, 시골 지역에서는 불결한 물과 건강위생시설이 무엇보다 이 질병을 유발하는 주요 원인이다. 하지만 적십자와 적신월 보건계획의 노력만으로는 이 거대한 인프라 문제를 해결할 수 없다. 공동체 기반 건강관리는 안전한 식수 문제를 다루지 않고서는 완전히 해소할 수 없다는 점이 인지되고 있지만, 정부만이 아니라 지역주민 역시 이러한 문제를 직시해야 한다.

적신월 보건계획은 공동체와 지역, 정부와 다른 국제인권기구를 연계하는 물과 위생(Water and Sanitation, WatSan) 활동을 구축했다. 화장실의 공급과 이용(〈표 7.3〉 참고)은 위생시설과 개인위생을 향상하는 데 있

┃표 7.2┃ 국가별 안전한 식수 취수율

25% 이하	26~50%	51~75%	76% 이상
앙골라	부르키나파소	베냉	보츠와나
차드	부룬디	가나	적도기니
콩고	카메룬	레소토	르완다
에리트레아	코트디부아르	말리	
에티오피아	가봉	남아프리카공화국	
라이베리아	기니	짐바브웨	
시에라리온	케냐		
소말리아	말라위		
잠비아	나미비아		
	니제르		
	나이지리아		
	세네갈		
	스와질란드		
	탄자니아		

출처 : African Red Cross and Red Crescent Health Societies(2007).

┃ 표 7.3 ┃ 화장실 구비율

25% 이하	26~50%	51~75%	76% 이상
베냉	앙골라	우간다	케냐
카보베르데	보츠와나	잠비아	르완다
차드	부르키나파소		남아프리카공화국
코트디부아르	부룬디		탄자니아
콩고민주공화국	카메룬	'	토고
에리트레아	가나		
에티오피아	적도기니		
감비아	레소토		
기니	짐바브웨		

출처 : African Red Cross and Red Crescent Health Societies(2007).

어 매우 중요하다.

몇몇 아프리카 국가의 도시 지역에서는 사람들이 뒷골목이나 철로 변에서 대소변을 보는 것을 쉽게 목격할 수 있다.[2] 적십자와 적신월 보건 계획은 위생교육과 실천전수의 핵심 사항을 다음과 같이 정리한다.

- 사람들은 대변 후 위생적으로 뒤처리를 하여야 한다. 문화관습에 따라 적절한 청결도구(막대, 종이, 물)를 가능하면 비누와 함께 화장실에서 이용할 수 있도록 해야 한다.
- 특히 용변 후와 식사 전의 손씻기가 대변성 구강질병을 예방하는 효과가 있다는 것을 보여 주어야 한다. 손씻기 장려 대책에는 실제로 손씻기를 자주 하는지 확실히 감시하는 부분이 있어야 한다.
- 비누는 설사병을 예방하므로 비누의 이용가능성과 실제적 이용이 건강 유지에 중요하다는 것을 보여 주어야 한다.
- 교육 메시지는 간단명료하고 초점이 있어야 한다. 교육 캠페인에

서 사용되는 모든 메시지는 공동체에서 특정한 건강 위협을 예방하기 위해 기존의 모든 조치를 취해야 하며, 상당수의 주민이 관행적으로 실천하지 않는 행동에 초점을 맞춰야 한다.

(*Jones Hopkins RC/RC Health Emergency Reference Manual* 1999, www.ifrc.org/WHAT/health/archi/fact/FWATSANI 인용).

고무적인 사실은 미국 카터센터의 보건 프로그램(US Carter Center Health Program)이 지난 3년에 걸쳐 에티오피아에서 30만 개의 화장실 건설을 지원했다는 점이다(www.cartercenter.org/health).

HIV/AIDS

에이즈(Acquired Immune Deficiency Syndrome, AIDS, 후천성 면역결핍증)는 최근 몇 년간 유엔에이즈계획(UNAIDS)/세계보건기구(WHO)와 함께 세계적 관심사가 되었고, 전 세계적으로 3950만 명이 감염되었으며, 그중 2470만 명은 HIV(Human Immunodeficiency Virus, 인체 면역결핍 바이러스) 양성반응자로서 사하라 이남 아프리카에서 거주하는 것으로 추산되고 있다(UNAIDS/WHO 2006). HIV/AIDS의 지역 비교통계는 〈표 7.4〉에 나와 있으며, HIV 보균자의 3분의 2가 사하라 이남 지역에 살고 있다. 마찬가지로 에이즈로 인한 성인과 아동 사망자의 4분의 3가량이 사하라 이남 아프리카 출신인데, 이는 전 세계 에이즈 사망자 290만 명 중 210만 명에 해당하는 수치이다. 유엔에이즈계획이 주장하듯이 "아프리카는 전 세계 에이즈의 최대 진앙지로 남아 있다"(같은 책, 6). 〈표 7.5〉가 보여 주듯이 남부 아프리카 국가는 세계에서 감염률이 제일 높다.

하지만 최근 HIV 감염은 질병이 공존하는 더욱 폭넓은 환경 맥락에

| 표 7.4 | HIV/AIDS 감염자 대륙별 분포

지역	HIV 보균자	신 감염자 (2006)	AIDS 사망자 (2006)	성인 유병률(%)
사하라 이남	24,700,000	2,800,000	2,100,000	5.9
아프리카 남부 및 남동 아시아	7,800,000	860,000	590,000	0.6
동아시아	750,000	100,000	43,000	0.1
라틴아메리카	1,700,000	140,000	65,000	0.5
북아메리카	1,400,000	43,000	18,000	0.8
서부 및 중앙 유럽	740,000	22,000	12,000	0.3
동부 유럽 및 중앙아시아	1,700,000	270,000	840,000	0.9
중앙아시아 중동 및 북아프리카	460,000	68,000	36,000	0.2
카리브해	250,000	27,000	19,000	1.2
오세아니아	81,000	7,100	4,000	0.4
총계	39,500,000	4,300,000	2,900,000	1.0

출처 : UNAIDS & WHO(2006).

| 표 7.5 | 남부 아프리카 국가의 HIV 양성 감염자 수

국가	인구율(%)
보츠와나	24.10
스와질란드	33.40
짐바브웨	25.06
레소토	23.20
남아프리카공화국	19.95
나미비아	19.94
모잠비크	16.10

출처 : UNAIDS & WHO(2006).

서 고려되고 있다. 이미 에이즈에 심각하게 감염된 남부 아프리카사회에서는 '항생제 내성 신종결핵(XDR TB)'으로 불리는 결핵(TB)의 새로운 악성 변종이 2006년에 출현했다. 현재 이용가능한 항생물질에 저항력을 지니며, 특히 공격적인 이 결핵 변종은 불규칙하고 미숙한 치료와 무분별한 투약 그리고 일반 보건체계의 부재로 인해 생성되었을 가능성이 크다. 결핵치료가 열악하고, 환자가 내성치료를 거의 끝내지 못한 국가에서는 치료 실패의 위험으로 인해 퇴치의 어려움이 가중되고 있다. 주요 결핵의 치료 실패, 즉 "열악한 치료와 불완전한 내성치료는 자주 약에 대한 내성 변종의 출현을 증가시킨다"(Garrett 2007 : 10). 제대로 검사하지 못하거나 처치하지 못한 치료는 특정 질병에 대해 무방비 상태로 사망 위험을 악화시키거나 증가시킨다. 다른 질병도 HIV와 연계되어 있다. 예컨대 HIV와 말라리아는 "밀접한 관계"에 있다고 하는데, 특히 임산부가 "둘 중 어느 한 병에 걸려 있으면 다른 병이 악화된다"(같은 책).

한때 세계적 질병이던 에이즈는 사회, 경제, 정치 등 여러 반면에서 아프리카 국가를 직접적으로 위협하는 것으로 인식된다. 이 질병은 "농민을 죽이고, 후세에 농사 비법을 전수하는 것을 막으며, 노동과 양식, 저축이 없는 상태로 방치하여 가족을 끝없는 기아에 이르게 한다"(Patterson 2005 : 4). 평균 기대수명도 급격히 감소하는데, 이 병을 장기적 관점에서 고려하면 더욱 그렇다. "많은 남부 아프리카 국가에서 에이즈는 국가가 기대수명의 연장을 위해 실시하는 모든 조치를 한꺼번에 날려 버렸다"(Youde 2005 : 198). 오늘날 많은 국가의 평균 기대수명이 1960년대보다 더 짧아졌다. 예컨대 오늘날 보츠와나에서 "출생한 아동의 평균 기대수명은 약 38세이지만, 에이즈만 없다면 30년은 더 늘어날 것으로 예측된다"(같은 책 : 198; 〈표 7.6〉참고).

고아, 감염 산모, 대량 사망자 등으로 인한 인적자본의 손실은 엄청나다. 패터슨은 아프리카 대륙의 몇몇 국가, 즉 우간다, 가나, 남아프리카

┃표 7.6┃ 에이즈 감염에 의한 기대수명

국가	2002년 기대수명	1960년대 무에이즈인 기대수명
보츠와나	38	68
짐바브웨	36	70
남아프리카공화국	50	65

출처 : UNAIDS & WHO(2002).

공화국, 스와질란드, 짐바브웨가 이 위기에 어떻게 대처하는가를 고찰했다. 어떤 국가는 이 가혹한 질병에 대해 "허약하고 무능"해서, 때로는 그것을 부인해서 비난을 받는다. 대개는 빈곤, 개발 부재, 취약한 제도, 정치적 의지 결여로 인해 국가 차원에서 이 문제에 대처하려는 노력이 약하다. 실제로 이러한 어려움이 강조된다. "HIV/AIDS를 위한 계획 원조가 단지 아프리카 관료의 치부 수단이 되는 것은 아닌가? … 에이즈 문제는 일부 아프리카 국가 지도자의 정치조작에 이용될 수도 있다"(같은 책 : 188). 정치엘리트가 이 문제에 책임이 있는 것으로 드러난다면 보건정책도 비판을 받는다. 2006년 세계은행 보고서는 사하라 이남 아프리카에서 보건증진을 위한 원조기금의 절반 정도가 "병원, 치료기관의 말단 기관까지 지원되지 않는 것"으로 추산하는데, 그 이유는 무엇인가? "기금이 유령 고용자의 임금 지불, 운송/보관 대금 부풀리기, 암시장 반출, 때로는 위험한 가짜약품 판매 등으로 새어 나가기 때문이다." 일례로 가나는 "기금의 80%가 본래 목적과 달리 유용되었다"(Garrett 2007 : 4).

세계보건기구는 예방접종 프로그램의 공여 기금을 유용한 국가를 비난했다. 어느 서부 아프리카 국가의 정치엘리트는 포르투갈 휴가지에서 보건기금을 유용했다(저자의 개인적 인터뷰). 하지만 2005년과 2006년 사이 아프리카 18개국의 여론조사에 대한 아프로바로미터 자료에 따르면, 전반적으로 "상당수 대중은 보건종사자가 비교적 정직하다고 여겼다."

| 표 7.7 | 건강종사자의 부패 연루율(%)

구분	말라위	나이지리아	나미비아	모잠비크
없거나 소수	53	65	60	56
대부분/전부	24	32	32	27

출처 : Afrobarometer(2006).

피조사자의 64%는 "보건종사자 중 소수만이 부패에 연루되어 있다고 생각하였고, 조사자의 20%는 대부분의 종사자가 부패에 연루된 것으로 생각하였다"(Afrobarometer 2006). 심지어 가나에서는 응답자의 69%가 부패가 아예 없거나 거의 없다고 믿었고, 상당한 부패가 있다고 생각하는 응답자는 17%에 불과했다. 그럼에도 〈표 7.7〉에서 볼 수 있듯이, 개별국가를 조사하면 그 차이는 더욱 커진다.

대중이 보건종사자를 부패하지 않았다고 여긴다면, 진짜 문제는 의약품을 비롯한 다른 의료제품의 공급과 관련이 있고, 이는 심각한 난관이 있음을 의미한다. 〈표 7.8〉은 필요한 의약품을 거의 제공받지 못한 사람의 난감한 응답을 보여 주는데, 짐바브웨는 최악의 수치를 기록하고 있다. 응답자의 79%가 의약품을 정기적으로 공급받은 적이 없다고 대답한 것이다. 물론 짐바브웨 정부는 신랄히 비판받았고, HIV 감염률이 "하늘로 치솟아" "이 질병으로 인해 매주 1200명 이상의 사망자가 나올 때

| 표 7.8 | 의약품 또는 다른 의료제품의 부족률(%)

의약품/다른 물품이 부족한가?	케냐	말라위	세네갈	우간다	잠비아	짐바브웨
아니다	14	18	27	15	6	5
한두 번	20	8	10	13	20	10
여러 번/자주	51	62	57	61	42	79

출처 : Afrobarometer(2006).

까지"(Batsell 2005 : 69) 무가베 대통령은 침묵했고, 그에 대한 진지한 해명은 없었다. 무가베는 2000년부터 HIV 발병을 인정했지만, 국제 에이즈 비정부단체(NGO)는 "정치계에서 이 문제는 신경도 쓰지 않는다"고 불만을 터뜨렸다(Patterson 2005 : 8). 짐바브웨 아프리카 민족동맹애국전선(ZANU-PF)이나 야당인 민주변혁운동당(MDC)도, 의회나 대통령의 선거공약에서 이를 중요 정책으로 삼지 않는다. 하지만 고무적인 것은 최근 유엔에이즈 보고서가 짐바브웨와 케냐의 국가적 HIV 전염률의 감소를 보여 준다는 사실인데, 이는 주로 행동상의 변화, 즉 "콘돔 사용 증가, 섹스 파트너 축소, 성적 첫 경험 연기" 등으로 인한 것이다(UNAIDS & WHO 2006 : 6).

일반적으로 아프로바로미터는 많은 국가에서 "정부의 정책수행에 대한 긍정적인 고평가와 보건의료체계에서 빈번하게 접하는 문제 사이에 괴리"가 있다는 것을 목격했다. 일례로 우간다 조사 응답자의 3분의 2는 의약품을 정기적으로 배급받지 못하는데도 국가의 의료서비스 제공 수준을 75%로 가장 높게 평가했다. 케냐 정부 역시 의약 배급체계가 열악함에도 응답자의 69%가 기초 의료서비스가 향상되었다고 평가했다. 실제로 두 국가의 응답자만이 의료서비스가 나쁘다고 평가했는데, 나이지리아와 짐바브웨 정부가 잘하고 있다고 믿는 응답자는 각각 58%와 67%, 그렇지 않다고 평가한 응답자는 각각 42%와 32%였다(Afrobarometer 2006 : 21). 하지만 〈표 7.9〉가 보여 주는 전반적 수치는 보건 서비스의 질이 염려할 만한 수준임을 암시한다. 고가의 의료서비스와 장시간 대기, 의사의 부재와 필요한 관심 결여 등은 숙고해야 할 보건공급체계의 특징이다.

남아프리카공화국의 대통령 타보 음베키 역시 HIV/AIDS에 대해 모순적인 태도를 취한다. 1999년에 음베키는 HIV가 에이즈의 유일한 발병 원인이라는 과학적 증거에 대해 이의를 제기했다. 하지만 시민사회의 비

| 표 7.9 | 의료서비스 경험률(%)

구분	없음	한두 번	몇 번/자주
장시간 대기	23	14	47
의사 부재	38	15	30
의료진의 주의나 존중 부족	39	15	30
진료비 과다/지불 불능	41	14	29

출처 : Afrobarometer(2006).

판을 받자 음베키는 입장을 바꾸어 2002년에 에이즈 예산을 10억 랜드 (Rand)로 증액하였다. 분명히 에이즈 확산과 퇴치를 위한 노력은 있었지만, 2006년의 경우 "감소하는 증거"가 없었다(UNAIDS & WHO 2006 : 6). 가나는 HIV 감염률이 다소 낮은 국가임에도 에이즈 퇴치를 위해 지속적으로 노력했지만, 그 반응에 난관이 없는 것은 아니었다. 예컨대 "가나의 정치 환경은 자유로운 언론과 시민사회의 활동, 자유로운 경쟁선거로 더욱 개방적이 되었지만, 정부 관료는 에이즈 퇴치를 위한 국제 증여기관의 요구 정도만 겨우 수용했다"(Patterson & Haven 2005 : 92; 또한 Whiteside 2008 참고). 하지만 〈표 7.10〉이 보여 주듯이, 항레트로바이러스(ARV) 치료를 수용하는 인구는 더욱 증가하고 있다.

| 표 7.10 | 항레트로바이러스 처치(2006년 6월)

지역	ARV 치료받은 환자 수(추산)	ARV 치료 필요 환자 수(추산)	ARV 처치율(%)
사하라 이남 아프리카	1,040,000	4,600,000	23
동부, 남부 및 남동아시아	235,000	1,440,000	16
라틴아메리카 및 카리브 해	345,000	460,000	75

출처 : UNAIDS & WHO(2006).

물론 이 문제에 대한 국제적 차원의 강력한 조치도 있다. 선진국의 우선 자금지원뿐만 아니라 유엔, 세계보건기구, 여러 자선기관과 비정부단체는 HIV/AIDS를 척결해야 할 주요 사업으로 채택하고 있다. 이제는 기업과 유관 협력기관도 아프리카 인력의 건강 문제에 적극 개입한다. 예컨대 영미 기업과 기관은 이 질병으로 고통받는 직원을 지원하는데 수년 동안 상당히 적극적이었다. 대부분 국가의 국제 원조기관은 행동상의 태도에 초점을 두고 사전예방에 집중적으로 관심을 기울인다. 예를 들어, 2004년의 보츠와나 선거캠페인은 1인 1명 섹스 파트너 갖기 운동을 홍보했고, 남아프리카공화국의 국가청년위원회(NYC)는 **청년 청결생활 대사(大使)** 제도를 도입하여 "대중에게 에이즈를 경고하도록 젊은 HIV 양성 감염자 남녀를 파견했다." 기본적으로 세 가지 주요 사항을 성행동의 변화에 목표를 두고 추진했다. 사용한 슬로건은 ABC 운동으로 Abstinence(금욕), Be faithful(성실한 남녀관계), Condom Use(콘돔 사용)이 그것이다.[3] 이 전략은 우간다에서도 채택되었는데, 유엔인구활동기금(UNFPA)은 특히 젊은 미혼 남녀의 콘돔 사용에 '획기적' 변화가 있었음을 보고했다.

> "콘돔 이용률은 성관계가 활발한 15~17세 여성의 경우 6%에서 25%로, 18~19세 여성의 경우 3%에서 12%로 증가했다. 남성은 15~17세가 16%에서 55%로, 18~19세는 20%에서 33%로 콘돔 사용이 증가했다"(UNFPA 2004 : 69).

그러나 남성 10명당 여성 13명의 감염자가 있다는 사실이 보여 주듯이, HIV/AIDS는 여성에게 더욱 만연한, 성별의 차이가 뚜렷한 병이다. 즉, 여성에게 더욱 크게 영향을 미치는 불평등한 질병인 것이다. 유엔인구활동기금은 사하라 이남 국가의 HIV/AIDS 감염자 중 여성 감염자가

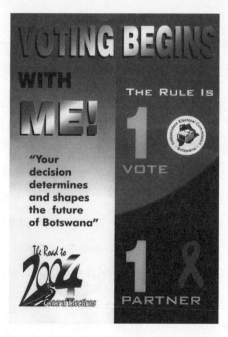

┃그림 7.2 ┃ 선거 캠페인과 연계한 보츠와나 HIV 홍보

60%라고 추산하며, "세계적 전염병의 여성 감염"(같은 책)이라고 명명했다. 스와질란드 성인의 42%가 양성 감염자이지만, 26~29세의 여성 감염자 수는 56%에 달한다(www.avert.org/aids-swaziland). 이 기구는 여성과 어린 소녀의 감염 증가율이 사회에서 여성이 이 병에 "더 취약하다"는 것을 반영하는 것으로 본다. 성차별과 남성 우위의 사회로 인해 여성의 감염 위험이 증가하고, 콘돔 착용에 대한 요구가 묵살된다. 때로는 빈곤으로 많은 여성과 어린 소녀가 고령의 섹스 파트너와 불안한 성매매에 빠진다(UNFPA 2004 : 65). 이러한 추세는 아프리카사회의 가부장적 성격을 보여 주며 "성에 대한 여성의 권리를 강탈한다." 궁극적으로 여성은 취약하고, 성관행을 좌지우지하는 남성으로 인해 주도적 삶을 살 수 없다. 즉, "남편에게 콘돔을 사용하도록 요구하는 부인은 신체를 구타당하

고 바람난 것으로 질책받는다"(같은 책 : 23). 여성의 HIV/AIDS 감염은 감염된 가족을 돌보는 여성의 역할 때문에 더욱 악화된다. 주요 영역, 예컨대 법적·경제적·사회적 영역에서 여성이 당하는 불평등은 이 상황을 더욱 복잡하게 만든다. 〈글상자 7.4〉에서 설명한 바대로 유엔인구활동기금은 불평등에 대처할 수 있는 일련의 행동계획을 설정하고 있다.

대부분의 HIV 감염은 성적 접촉으로 일어나기 때문에 생식기관과 성에 대한 정보와 서비스는 HIV/AIDS 감염 예방을 위해 대단히 중요하다. 그러한 서비스는 성행동에 영향을 미치는 위험을 교육함으로써 전염을 예방하는 데 도움이 된다. 그것은 성적 감염경로(STI)를 찾아서 차단하고, 콘돔을 정확하게 착용하도록 촉진하는 교육이다. 이러한 정책이 의도는 좋지만 어떤 사회에서는 실행하기 힘들다. 일례로 탄자니아에서 "이 질병은 성 활동이 활발한 미혼 여성보다 일부일처의 기혼여성에게 더 쉽게 감염된다." 왜냐하면 "그들은 남편이 섹스 파트너가 현재 여럿 있는 걸 알거나 이미 있던 것을 알더라도 콘돔 착용을 남편과 상의할 수 없기 때문이다"(같은 책 : 67). 하지만 아무런 개선책이 없다고 할 수는 없다. 2006년 유엔에이즈계획 보고서는 연구 대상인 아프리카 11개국 중 6개국에서 "주요 도시의 15~24세 청소년의 에이즈 감염률이 25%나 감소했다"고 지적한다. 그리고 몇몇 국가에서는 15세 이전에 성 경험을 하는 젊은이의 비율이 감소하고, 콘돔 사용이 증가하였다"(UNAIDS & WHO 2006 : 4). 이러한 긍정적인 움직임은 대부분 젊은이를 상대로 한 사전행동 캠페인이 거둔 성과이다. 예컨대 아프리카 청년연맹은 보츠와나와 우간다, 탄자니아의 HIV/AIDS 발생과 성적 감염경로를 줄이기 위한 목적으로 주로 10~19세의 젊은 세대에게 가장 먼저 정보를 제공했다(UNFPA 2004 : 82).

빈곤과 교육 부재 같은 요인도 이 질병에 감염될 확률을 높이는 역할을 한다. 우간다에서 나온 보고서는 학교 중퇴자가 기초학업을 끝낸 졸업자보다 20대에 HIV 양성 환자가 될 가능성이 3배나 높다고 지적한다(UNAIDS & WHO 2006 : 15). 결국 교육 기회의 확대가 유엔에이즈계획이 인정하는 우선순위 정책이 되었다. 2006년에 사하라 이남 아프리카의 25개국 중 21개국이 "취약 아동에 대한 교육비를 낮추거나 면제했으며, 고아를 지원하기 위해 공동체 기반 프로그램을 이식한 것"으로 보고되었다(같은 책). 또한 HIV에 대한 인식을 일반적 생식건강 및 가족계획에 연계함으로써 건강 서비스의 폭을 확대하였다. 인구개발국제회의(International Conference on Population and Development)는 생식건강을 "건전한 육체적 · 정신적 · 사회적 복지" 상태로 정의한다. 그것은 "안전하고 효과적이며 수용가능한 적절한 선택으로, 가족계획 방법을 알고 접근할 수 있는 권리"를 제공한다(UNFPA 2004 : 37). 그러한 건강관리의 제공은 많은 차원에서 다음과 같은 실제적이고 경제적인 이득을 가져다준다.

- 개인에게 이득 : 모자 건강 향상, 여성 교육기회 확대, 고용 및 사회참여, 건강상 위험 노출 감소
- 가족에게 이득 : 경쟁 감소와 노동자원 희석, 가구 빈곤 감소, 의사결정 참여 증가
- 사회에 이득 : 인구학적 변화(출생률 상승과 사망률 감소) 가속화, 경제발전 증대

(같은 책 : 39)

분명히 사하라 이남 국가의 산모 치사율은 임산부 20명당 1명으로 상당히 높다. 물론 HIV/AIDS뿐만 아니라 아프리카 국가가 당면한 광범한 건강 문제에 한 가지 해결책만 있는 것은 아니다. 근본적 차원에서 사회구조도 바꾸어야 하고, 정부와 시민사회의 관리능력도 향상하여야 한다. 그러나 국제사회 역시 중요한 역할을 계속해야 하고, 아프리카 국가도 각국의 특수한 사정에 기초해 전략적 우선순위에 대한 책임을 져야 한

┃글상자 7.4 ┃ 남녀 불평등/차별 대응책

- 남성에 비해 여성이 신체적으로 크게 취약하다는 기본적 사실을 인정하고, 성에 대한 유해한 신화와 고정관념을 타파하는 캠페인을 통해 사춘기 소녀와 여성이 HIV를 예방하는 지식과 수단을 갖도록 한다. 또한 결혼으로 반드시 HIV 전염이 방지되는 것은 아니며, 젊은 남녀도 성과 생식기관의 건강 증진에 힘써야 한다는 것을 확실히 경고한다.
- 광범한 치료를 받는 국민의 50%가 여성이라는 것을 확인하고, 여성이 평등하고 보편적으로 치료를 받을 수 있게 한다.
- 젊은 여성의 일, 이차 교육을 증진하고 교육비를 면제하여 여성의 식자율을 높인다. 성 관련 폭력과 성희롱에 대한 무관용 원칙을 강화하고, HIV/AIDS에 초점을 맞춘 글자 교육을 여성에게 실시한다. 교내외에서 생활기술교육을 실시하고, 성 고정관념을 깨는 교과를 만들고, 여아의 자기 평등의식을 고취한다.
- 불공평한 가사 부담을 없애 주고 간병인을 지원함으로써 가족 환자와 고아를 돌보는 책임을 면제해 준다.
- 미디어를 통해 성폭력에 대한 무관용, 여성에 대한 남성의 책임과 존경심, 위험한 행동규범 캠페인을 벌임으로써 여성과 어린 소녀를 대상으로 한 모든 형태의 성폭력을 근절한다.
- 여성 권리를 보호하는 법을 제정·강화하고 강제함으로써 여성 차별 제거(Elimination of Discrimination Against Women) 임무를 맡은 유엔위원회에 성폭행을 보고한다. 여성의 재산과 상속권을 보호하고, HIV/AIDS에 감염된 여성을 위한 자유롭고 적절한 법률 서비스를 지원함으로써 여성과 어린 소녀의 인권을 보호하고 증진한다.

출처 : UNFPA(2004 : 64).

┃ 글상자 7.5 ┃ 새천년개발목표

새천년개발목표는 2015년경 국제사회가 다음 목표를 달성할 것을 요구한다.

(1) 극심한 기아와 빈곤 근절

(2) 보편적 초등교육 달성

(3) 성 평등과 여성의 지위 향상

(4) 아동 사망률 감소

(5) 산모의 건강 증진

(6) HIV/AIDS, 말라리아, 기타 질병 퇴치

(7) 지속가능한 환경과 깨끗한 식수 공급 보장

(8) 개발을 위한 세계적 협력체제 구축

다. 하지만 HIV와 AIDS에 가장 심각하게 감염된 국가가 "빈곤, 기아, 유아 사망을 줄이려는 새천년개발목표를 달성하지 못하고, 이미 쇠퇴 중인 개발도상국이 계속하여 약화하고, 잠재적으로 사회안정과 국가안보가 위협받게 된다"(UNAIDS 2006 : 6). 신속하고도 손쉬운 해결책은 나타나지 않을 것이다.

인간안보

분쟁과 재난으로 사회와 인구가 질병에 취약해지고 생활수준이 저하되면서, '인간안보'란 용어가 받아들여지고 있다. 유엔인간안보위원회(UN Commission on Human Security)에 따르면 이 용어의 정의는 다음과 같다.

"인간안보(human security)는 자신의 능력과 희망에 기초하여 구축하며, 만연하는 위급한 위협으로부터 사람을 보호하는 것을 의미한다. 그것은 또한 사람들에게 생존, 존엄, 생계의 구성 요소를 제공하는 체제의 제정을 의미한다. 인간안보는 상이한 유형의 자유와 연결된다. 결핍에서 자유, 공포에서 자유, 자신을 위해 행동을 취할 자유가 그것이다. 이를 위해 인간안보는 두 가지 일반 전략, 즉 보호와 권한 부여를 제공한다. 보호는 인간을 위험에서 막아 준다. 그것은 불안을 체계적으로 다루는 규범, 과정, 제도를 개발하려는 통합적인 노력을 요구한다. 권한 부여는 사람들이 자기 잠재력을 개발하고 의사결정에 전적으로 참여하게 한다 … 인간안보는 국가안보를 보완하고 인간개발을 증진   하고 인권을 향상한다 … 인권을 존중하는 것은 인간안보를 지키는 핵심이다."
(UN Commission on Human Security 2003; Hough 2004 : 15 재인용)

세계적인 건강 문제와 관련하여 HIV/AIDS가 인간안보 문제를 제기한다는 것은 그리 놀랄 일이 아니다. "인구의 보건상태와 병원균에 의한 인구 급락으로 야기되는 급격하고도 부정적인 변화는… 국가의 불안정으로 나타날 수도 있다"(Upton 2004 : 73). 다른 말로 하면, 악성 질병은 인구를 대량으로 살상할 뿐만 아니라 국가 조직에도 피해를 입힌다. 그러므로 인간안보는 국가와 정부의 구조와 관련될 뿐만 아니라 사회 전체를 포괄하는 문제이기도 하다. 국제사회가 건강에 대해 큰 관심을 갖는 것은 건강과 발전 사이에 밀접한 관계가 있기 때문이며, 이것이 경제발전과 평화, 안보의 중요한 결정요인이 될 수 있다는 인식에서 유래한다.

2000년에 유엔은 결의안 1308호를 통과시켰다. 이는 세계적 유행병인 HIV/AIDS를 점검하지 않으면 "국가의 안정과 안보가 위협"받으며, 이 질병의 확산으로 "폭력과 불안이 더욱 만연한다"는 것을 강조했다 (UNS Resolution 1308, 2000. 7, www.un.org/docs/SC/UNSC_resolutions).

분명히 유엔에이즈계획은 "분쟁과 재난으로 안보가 더욱 취약해지면, HIV가 더욱 확산될 잠재적 가능성"이 있다는 것을 인정한다. 결과적으로 유엔에이즈계획은 국가의 HIV 정책을 긴급사태 시의 실행계획에 반영하고, HIV 인지 및 훈련에 투자하여, "국가적으로 통일된 서비스와 국제적 평화유지" 작전에 투입해야 한다는 것을 환기한다(UNAIDS & WHO 2006 : 16). 아프리카 군대의 HIV/AIDS 감염률은 민간보다 높은 것으로 보고된다. 말라위는 군인의 75%가 감염되었고… 우간다는 군대의 66%가 감염되었다… 짐바브웨는 군인의 80% 이상이 HIV 양성반응을 보이는 것으로 추산된다"(Ostegard 2002 : 343). 하지만 군대의 HIV/AIDS 유병률이 민간보다 높다는 가정은 의문시된다(Whiteside et al. 2006 : 201). 분쟁 상황에서, 예컨대 시에라리온, 르완다, 콩고민주공화국에서 감염된 군대가 이 면역결핍 바이러스를 퍼트릴 목적으로 여성을 폭행한 사례 보고서가 나오고 있다(Youde 2005 : 200). 강간과 성 관련 폭행은 전쟁 기간에 더욱 빈번하고, 이러한 성학대의 희생자는 HIV/AIDS를 비롯해 성관계를 통해 유발되는 질병에 더욱 걸리기 쉽다. 마찬가지로 분쟁도 언제나 사회적 분열과 와해를 초래한다. 유엔인구활동기금은 최근까지 갈등이나 강제이주 시기에 성폭력이나 성 관련 폭력은 거의 없었다고 주장한다. 오늘날 분쟁 영향권의 주민을 위해 다양한 대책을 마련하였다.

- 성폭행은 인권유린이며, 공중보건에 위협이라는 인식의 증진과 규탄
- 교육, 홍보 캠페인 지원
- 적정한 조명도, 안전 순찰, 서비스와 이용시설의 안전한 위치 지정을 포함하여 강제이주지의 여성에 대한 안전 조치를 강화하고, 물, 연료, 식량, 기타 생필품을 위해 장거리를 이동하는 모험을 하지 않도록 함.

- 강간과 성폭행에 맞서는 성차별 관련 법률과 정책의 입안과 집행을 옹호
- 남성의 행동 변화 유도

(UNFPA 2004 : 83-84)

난민과 국내 강제이주자

분쟁이 초래한 가장 심각한 결과는 바로 난민과 국내 강제이주자 수의 증가이다. 전문적 용어로서 난민(refugees)은 자국의 국경을 넘어서 이주한 자를 가리키며, 국내 강제이주자(IDP)는 국내의 다른 지역으로 강제 이동한 자를 가리킨다. 이 두 유형은 인간안보에 심각한 영향을 미친다. 난민 지위와 관련된 1951년 국제규약에 의하면, 난민의 정의는 다음과 같다.

> "인종, 종교, 국적, 특정 사회집단에 소속되거나 정치적 견해 때문에 박해의 공포를 확실히 느끼지만 자국의 보호는 원치 않는 자이다."

(Clover 2002 재인용)

국내 강제이주자의 정의는 다음과 같다.

> "무장분쟁, 일반적 폭력 사태, 인권유린이나 자연적 · 인위적 재난의 결과로 인해, 또는 그것을 피하기 위해 어쩔 수 없이 고향이나 일상 거주지를 떠나거나 도망치는 자, 그리고 국제적으로 인정된 국경을 넘지 못하는 자이다."

이것은 1988년 유엔인도주의협의처(UN Office for the Coordination

of Humanitarian Affairs)가 작성한 「국내 강제이주에 관한 지도원리
(Guiding Principles on Internal Displacement)」의 정의이다(같은 책 재인
용). 〈표 7.11〉은 2001년 이 문제가 지닌 특성을 보여 준다. 안타깝게도
아프리카 전체 난민 중 56%가 18세 이하 아동이다. 앙골라, 토고, 기니,
부룬디, 르완다, 콩고민주공화국 같은 망명국에서는 그 수가 60%를 상회
한다(Clover 2002 : 2; 〈표 7.12〉 참고).

분쟁과 산발적인 폭력, 마약, 가뭄, 홍수, 그리고 공동체와 인종적·
종교적 집단 사이의 일반적 마찰 발생률은 수년 동안 아프리카의 현실을
보여 주는 특징이다. 최근 가장 절망적인 사태는 수단의 다르푸르 지역
에서 일어났다. 유엔난민고등판무관(UNHCR)은 수단/차드 특수작전부대
(Sudan/Chad Special Operations)로 부르는 별도의 부대를 창설했는데, 이
부대는 오직 이 두 나라만을 위해 창설되었다. 이 단체는 이 양국에 야전
주둔지 868개소와 26개 지휘소를 개설하고, 다수의 인도주의적 전선에서
작전을 폈다.

- 동부 수단은 12만 명의 에리트레아 난민을 보호

ㅣ표 7.11 ㅣ 2001년 아프리카 난민, 국내 강제이주자(IDP), 망명신청자

지역	난민	망명신청자	IDP	송환 IDP	송환 난민
중앙/서부 아프리카	851,540	12,800	410,686	213,361	86,539
동부와 아프리카 뿔	2,261,319	45,464	443,834	미상	183,892
남부 아프리카	308,540	19,788	257,508	미상	8,930
합계	3,421,399	78,052	1,112,028	213,361	279,361

출처 : Clover(2002).

┃표 7.12┃ 국내 강제이주자(IDP) 최대 국가

국가	IDP 수
수단	4,000,000
앙골라	3,800,000
콩고민주공화국	1,800,000
시에라리온	1,300,000
우간다	610,000
르완다	600,000
부룬디	580,000
소말리아	350,000
에티오피아	350,000
에리트레아	208,000

출처 : Clover(2002).

- 다르푸르 지역에서는 20만 7000명의 난민이 동부 차드로 피난했고, 180만 명의 국내 강제이주자 발생, 70만 명이 서부 다르푸르에 거주
- 남부 차드는 4만 8000명의 중앙아프리카공화국 난민을 보호
- 남부 수단은 난민과 국내 이주자가 돌아가고 싶어 하는 곳

(*Africa Newsletter* 2006 : 5)

차드와 수단 사태 해결을 위한 특수부대 창설 결정은 "다르푸르의 복잡한 인도주의적 위기"뿐만 아니라 "남수단의 평화 전망과 이웃 7개국에서 온 500만 명의 수단 난민의 송환에 예상되는 대비책" 때문에 촉발했다(같은 책). 하지만 다르푸르 사태가 확산되면서 차드와 수단은 2006년 5월에 유엔고등판무관사무소의 아프리카 국(局)으로 재통합되었다. 중요 관심사 중 하나는 송환의 가속도와 난민의 권리 그리고 그들의 기본 욕구를

확실히 충족하는 것 사이의 균형을 유지하는 것이었다. 그리하여 강제로 고향을 떠난 사람뿐만 아니라 그들이 어떻게 고향으로 돌아가느냐 하는 것도 관심사였다. 어떤 의미에서 이 허술한 주민 이동은 아프리카 대륙에 엄청난 불안을 일으키는 주요 원인이다. 실제로 2006년 6월 28일에 유엔안보리의 특별 공개 회기가 무장분쟁 상황에 처한 민간인 보호를 논의하기 위해 개최되었다. 강제이주자는 당연히 고통을 받고 공격당할 것을 두려워했다. 수용소에는 무장 세력이 언제든 침입할 수 있었다. 유엔안보리는 그러한 사태가 인간안보에 잠재적인 위협이 되는 것은 물론이고 국제평화에 대한 위협으로 발전할 수도 있다고 생각했다. 유엔안보리 결의안 1674호는 인종 학살, 전쟁 범죄, 반인권 범죄로부터 민간인을 보호하는 것이 국제사회의 책임이라는 것을 재확인했다. 이 결의안은 강제이주자의 상황과 관련하여 평화유지 작전의 중요성 역시 강조했다. 평화유지군은 "모든 수용소 내와 주변의 안보를 보장하는 가능한 조치를" 취할 것을 요청받았다(UN Security Council Resolution 1674호, www.un.org/Docs/SC/UNSC_resolutions). 또한 결의안은 평화유지군이 안전하고 품위 있는 귀국 여건을 만들어 강제이주자가 분쟁을 종식하고 사회를 재건하는 것을 도와줄 것이라 기대했다.

유엔안보리가 강제이주자에 대해 관심을 가지는 것은 바람직하지만, 현지에서 실제 작업은 매우 어렵다. 실제로 미국 난민/이민위원회(US Committee for Refugees and Immigrants)의 평가에 따르면, 아프리카 19개국의 난민보호권은 악화되었다(International Refugee Rights 2006 : 3). 난민의 신체 보호와 송환과정, 망명자 강제귀환과 관련한 문제는 특히 부정적이다. 예컨대 우간다에서는 "조세제도의 변경으로 인해 더 이상 난민 신분 확인을 위해 세금 지불 영수증을 사용하지 못하게 되어 난민의 이주 자유가 제한되었다"(같은 책). 하지만 국제난민인권 이니셔티브(International Refugee Rights Initiative, IRRI)는 "아프리카의 지역 난민규

약이 국제법이 허용하는 것 이상의 보호를 제공한다"는 점에서 아프리카 난민은 운이 좋은 편이라고 여긴다(같은 책).

아프리카 인권 및 주민권리 위원회(African Commission on Human and People's Rights)를 창설하였는데 아프리카헌장(African Charter)의 제12조는 다음과 같은 권리를 표명한다.

모든 개인은 법이 허용하는 거주지 국경 내에서 이주 및 주거 자유의 권리를 가진다(제1항).

모든 개인은 박해받을 경우, 국가와 국제 관례에 따라 타국 망명지를 물색할 권리가 있다(제3항).

이러한 규정에는 평화, 질서, 법 환경이 전제된다. 하지만 국내 강제이주는 흔히 혼란과 무법 상황에서 발생한다. 그래서 어떤 의미에서는 이러한 요인이 아프리카 헌장을 무력화한다. 이는 아프리카의 국내 강제이주자의 권리가 이론적으로는 보장받지만 실제로는 지켜지기 힘든 이유이다. 국제난민인권 이니셔티브는 현지 난민이 망명국에서 여전히 인권유린으로 고통받고 있다고 인정한다. "난민은 수용국에서 항상 불안한 상황에 처해 있다. 그들의 이주자유는 경제-사회적 권리의 제한으로 인해 자주 제약을 받는다." 가장 핵심적인 난점은 난민법 집행의 문제이다. 정부는 종종 책무를 실행하지 못하거나 실행하기를 꺼린다. 그리고 유엔난민고등판무관은 "당사국과 미묘한 관계로 인해 포괄적인 집행"을 하지 못한다(IRRI 2006). 아프리카 난민, 즉 국내 강제이주자와 망명신청자에 관한 특별 조사위원으로 아프리카위원회가 임명한 바하메 톰 은얀두가(Bahame Tom Nyanduga)는 이러한 상황을 확실히 명백히 한다.

아프리카 헌장과 모든 아프리카 국가의 헌법과 법률에 따른 분명한 보장과 권리, 자유가 있음에도 정치, 경제, 사회의 지배 여건으로 인해 많은 아프리카 국가가 이 권리와 자유를 향유하지 못한다.

(Nyanduga 2006)

모든 분쟁은 해결하기가 매우 어렵고, 평화조약에 서명한다고 해도 국내 강제이주자는 그것에 동의하지 않는다. 예컨대 2006년 5월에 조인된 다르푸르 평화조약은 이 조약에 대한 반대 시위를 한 국내 강제이주자에 의해 거부되었다.

기본적으로 사람들은 폭력 때문에 이주한다. 잠비아에 본부를 둔 비정부단체인 아프리카 국내 강제이주자 목소리(Africa IDP Voice, www.africaidp.org)는 분쟁의 근본 원인을 다룰 것을 요청했다. 상당한 수준의 무장투쟁과 잔혹함을 경험한 아프리카 대륙에서 그것은 쉬운 일이 아니다. 민간인은 "고문, 폭행, 강간, 성 관련 폭력, 그리고 재산, 가구, 농장과 농작물의 파괴 등의 학대"에 처해 있다(같은 책). 그럼에도 장기간에 걸친 국내 강제이주자 문제에 대한 현실적이고 지속적인 해결책을 찾기 위해서는 다음의 핵심 요점을 어느 정도 이해하고 있어야 한다.

- 국내 강제이주자와 거주민의 평화로운 공존 모색
- 강제이주자의 자발적 귀국과 귀환
- 거주 지역에서 정착

(www.refugee-rights.org/NGODirectory/

africaIDPVoice-Zambia.htlm)

이를 위해서는 상이한 집단 사이의 상당한 협상과 지역 당국 및 수용국의 개입이 필요하다. 경제적 재정이 늘어나고 운영관리가 미숙한 상태에서 그들의 수가 많으면 지역주민과 강제이주자 사이에 긴장이 조성될 수 있다는 것을 쉽게 알 수 있다. 궁극적으로 강제이주를 가로막는 도전은 해당 국가가 국민에게 생명에 대한 존엄성과 인권에 대한 존중을 가르칠 때만 처리할 수 있다. 인간안보 측면에서 목표는 분명하다. 평화, 송환, 분쟁 예방, 지속가능한 분쟁의 해결이 그것이다. 아프리카사회는 이미 강제이주자와 취약한 정부로 인해 상당히 악화된 건강 문제의 도전을 받고 있기 때문에 이러한 요구를 달성하기란 쉽지 않을 것이다.

제**8**장

분쟁, 무기, 재건

2007년도에 나온 가장 충격적인 보고서 중의 하나는 아프리카의 발전에 대비하여 무장 분쟁이 차지하는 경제비용을 분석한 옥스팜(Oxfam)과 세이퍼월드(Saferworld), 소형무기에 대한 국제행동네트워크(International Action Network on Small Arms, IANSA)가 내놓은 연구였다. 이 보고서는 앙골라, 부룬디, 중앙아프리카공화국, 차드, 콩고민주공화국, 콩고공화국, 코트디부아르, 지부티, 에리트레아, 에티오피아, 가나, 기니, 기니비사우, 라이베리아, 니제르, 나이지리아, 르완다, 세네갈, 시에라리온, 남아프리카공화국, 수단, 우간다를 포함한 총 23개국의 아프리카 국가에 대한 연구에서 1990년과 2005년 사이에 분쟁 때문에 발생한 총비용이 2840억 달러라고 주장하였다. 이 수치는 무력 충돌로 인한 아프리카의 손실이 연평균 180억 달러에 달했다는 것을 의미함과 동시에 해마다 15%가량의 국내총생산액이 감소하였음을 뜻한다. 연평균 15%의 손실은 "아프리카가 평균적으로 보건과 교육을 합쳐 지출하는 재정 규모의 1.5배에 달하는 어마어마한 경제적 부담"이다(Oxfam 2007). 이러한 분쟁에 소요된 비용은 아프리카가 같은 시기에 지원받은 해외 원조 총액과 맞먹는다 (EISA 2007a). 세계 전체 무력 충돌의 38%가 아프리카에서 발생하고 있으며, 2006년에는 모든 고강도 분쟁의 50%가량이 아프리카에서 일어났다. 1990년 이래로 이 대륙의 거의 절반에 달하는 국가들이 크고 작은 분쟁에 휘말려 왔다. 〈표 8.1〉은 일부 국가를 선정해서 그 분쟁 비용을 요약한 것이다.

10년 이상 외국의 침략과 내전에 시달린 콩고민주공화국은 400만 명이 사망했으며, 국내총생산의 29%에 달하는 국가 손실을 보았다. 한때 이 나라는 "앙골라, 짐바브웨, 나미비아, 우간다, 부룬디, 르완다 등 6개국의 외국 군대와 대부분 후투족으로 구성된 반군 세력 잔당이 점령한 바 있다. 그리고 오늘날에도 여전히 민병대에 의해 시달릴 뿐만 아니라 자국민의 가장 기본적인 욕구조차 충족할 수 없다"(International Crisis Group Africa 2001 : i). 국제사법재판소는 우간다가 콩고민주공화국의 북동부 지역에서 자신들이 저지른 행위로 발생한 손해를 배상하도록 판결한 바 있다.

┃표 8.1┃ 일부 아프리카 국가의 분쟁 비용 결과

국가	분쟁 시기	연수	예상 성장률(%)[a]	실제 성장률(%)[b]	손실률 (%, GDP 대비)
부룬디	1993~2005	13	5.5	−1.1	37
르완다	1990~2001	12	4.5	2.8	32
콩고민주공화국	1996~2005	10	5.4	0.10	29
에리트레아	1998~2005	3	4.8	−3.8	11
콩고공화국	1997~1999	3	3.3	0.03	7.1

주 : a – 전쟁 기간 동안의 연평균 성장률
　　 b – 국내총생산 비율로서 연평균 손실률
출처 : Oxfam(2007).

사하라 이남 아프리카의 상태를 비참하고 쇠약하게 만드는 특징 중의 하나로서 많은 사람의 생명과 삶의 기회에 심각한 영향을 끼친 것은 폭력적인 싸움이 겉보기에 끝없이 계속될지도 모른다는 것이다. 전쟁, 종족 간의 증오, 시민의 무질서, 악순환적 군비 지출은 이 지역의 오랜 특징이었다. 몇몇 전쟁은 거의 한 세대에 걸쳐 이어졌다. 예컨대 앙골라 완전독립 민족동맹(National Union for the Total Independence of Angola, UNITA)과 앙골라 해방 인민운동(Popular Movement for the Liberation of Angola, MPLA) 간에 벌어진 앙골라 내전은 19년 동안 지속되었다. 군사 정권 또한 식민지배에서 벗어난 이후 이 지역 내의 국가에서 두드러지게 나타났다. 제리 롤링스(Jerry Rawlings) 치하의 가나에서는 소위 인민군이 정권을 잡았고, 나이지리아에서는 최근까지도 군부가 집권을 했다. 이에 대해 1966년의 나이지리아, 1972년의 가나, 1968년의 시에라리온의 사례에서 볼 수 있는 것처럼 정권을 잡은 각각의 군부들은 자신이 부패한 민간 정부로부터 나라를 구한 것으로 생각했다(Deegan 1996 : 188).

대중은 그러한 변화에 대해 큰 목소리를 내지 않는 경향을 보였다. 그 이유는 실제로 민간 정권과 군사 정권이 종종 별 차이가 없었고, 본래가 권위주의적인 이 두 정부 형태 말고는 별다른 대안이 없었기 때문이다(Luckham 1991 : 367). 새뮤얼 파이너(Samuel Finer, 1915~1993)는 군부에 관한 자신의 영향력 있는 저서 『말을 탄 남자(The Man on Horseback)』에서 "군 세력이 정부의 통치에 반복적으로 개입하는 국가"가 있다고 주장했다. 자유민주주의 사회도, 전체주의 사회도 아닌 이러한 국가는 정치적 효율성의 언저리에 놓여 있으며, 종종 끊임없는 군대의 개입을 받고 있다. 파이너는 군부의 개입을 단순히 일시적이고 예외적인 일회성 사건이 아니라 훨씬 더 깊이 들어간 정치 현상으로 보았다. 즉, 고질적이고도 만성적인 독특한 현상이었다는 것이다. 그는 군부의 횡행을 부분적으로는 낮은 수준의 정치 문화에서 나타나는 사회의 반향으로 보았다. 여기서는 정통성과 합의가 그다지 중요하지 않다. 그보다는 "문화와 종족 다원주의(ethnic pluralism)에 의해 크게 분열된" 사회가 중요하다(Finer 1962 : 129). 그렇다고 해서 그러한 국가의 국민이 반드시 정치적인 견해가 없다거나 정치적 자각에 따른 행위를 할 수 없다는 것은 아니다. 그보다는 사람들 사이의 화합이 거의 없었다는 게 맞을 것이다. 문제가 생기면 주로 무력이나 협박을 통해 해결했기 때문에 특히 부족주의나 종족주의로 분열된 국가의 국민은 종종 처참한 분쟁 속에 휘말렸다. 새로 조직된 민병대 역시 폭력과 무차별적인 학살을 통해 사태를 장악했다. 현대 아프리카에 반향을 일으킨 파이너의 해석은 어떻게 일부 국가에서 군과 민병대가 자유롭게 행동할 수 있는지도 부분적으로 설명해 준다. 예컨대 르완다에서는 수많은 무기로 무장한 민병대가 후투족과 투치족을 사악한 광란의 상태로 사냥하였다. 한 난민은 모두가 위협을 느꼈고, "쳐다봤다는 이유만으로도 죽임을 당했다"고 전했다(Dowden 1994).

냉전이 끝나면서 아프리카에서 벌어진 여러 대리전쟁도 함께 종식되었지만, 이로 인해 생긴 안보 공백은 "최근 20년 동안 지구상의 어느 곳보다도 많은 사람이 죽어 간" 시민분쟁이라는 새로운 현상으로 메워졌다. 콩고에서는 330만 명이, 1994년의 르완다 집단학살에서는 80만 명이, 그리고 "1993년 이후 부룬디에서는 25만 명 이상"이 내전 때문에 사망했다(NEPAD Secretariat 2005 : 2). 그러나 전쟁만이 사람을 죽인 것은 아니었다. 전쟁의 여파로 인한 사망자가 전투에서 죽은 사람보다 실제로 14배가량 더 많았다. "사람이 더 많이 희생되는 이유는 전투 때문이 아니라 경제와 사회가 붕괴함으로써 간접적으로 발생한 보건과 생계의 손실 때문이다."

평화로운 국가와 비교할 때, 분쟁 중인 아프리카 국가는 일반적으로 다음과 같은 문제를 안고 있다(Oxfam 2007 : 6).

- 유아사망률이 50% 더 높음.
- 영양결핍에 시달리는 사람이 15% 더 많음.
- 평균 기대수명이 5년 감소함.
- 성인 문맹률이 20% 더 높음.
- 의사가 환자보다 2.5배 더 적음.
- 1인당 식량이 12.4% 더 적음.

분쟁이 여성과 난민에게 어떤 영향을 미치는지에 대해서는 다른 장에서 별도로 논의하겠지만, 이 문제로 인해 사회가 마비되고, 또 그 과정에서 훗날 증오와 분열의 씨앗이 싹틀 수 있다. "폭력 가능성이 높으면 군인"의 무대라고 했는데(Lasswell & Kaplan 1950 : 252), 아프리카 역사에서는 다양한 형태의 군사조직이 두드러지게 나타났다(Thomson 2000; Zack-Williams et al. 2002; Clapham 1998 참고). 과거에는 폭력을 사용하여 정부를 전복하고 대치하는 사건이 "일반적이지는 않지만 흔한 정치 변화의 방식이었다… 군사적 폭력이 지속적으로 자주 일어남에 따라 많은 사람이 군사력을 유용하거나, 심지어는 필요불가결한 정치 도구로 여기게 되었다"(Garnett 1991 : 81). 그러나 폭력은 조직되고 조장되거나 혹은 "즉흥적이고 산발적"으로 발생한 위기의 결과일 수도 있다. 로리 네이든(Laurie Nathan 1998 : 5)에 따르면 폭력은 다음의 네 가지 원인에 의해 발생할 수 있다.

(1) 집단이 인종이나 종족성 혹은 종교적인 이유로 소외되거나 시민이 억압받을 때
(2) 굶거나 자원과 경제적 기회를 누리지 못한 사람 중의 일부는 생계 수단으로 강도가 될 수 있다. 그들은 지배 엘리트의 부패와 재산 축적에 대한 항의의 표시로 폭동을 일으키기도 한다.

(3) 국가가 법과 질서를 유지할 수 없을 정도로 약하면 공동체, 혹은 경우에 따라 국가 스스로가 안보를 민영화할 수 있다.

(4) 국가가 합법적이지 않고 사회적 분쟁조차 제도적으로 해결할 능력이 없을 정도로 낮은 수준의 정치를 펼친다면 일부 개인과 집단은 폭력적 수단을 통해 자신의 이해관계를 보호하고 문제를 해결하려 들 것이다.

폭력의 원인 역시 양면적이고 명확하지 않기 때문에 폭력은 비합리적이고 임의적이며 무분별한 것으로 간주하고 있다.[1]

군사적 마르크스주의

과거에는 무책임한 자칭 지도자들이 사람들의 안녕은 도외시한 채 폭력을 통해 정치 문제를 해결하려는 경향이 강했다. 이는 식민 시대 이후 냉전 시기에 아프리카 대륙에 흐르던 이념적 조류와 관련이 있었다. 인민군으로 대변되는 중국의 사회주의 이념과 자본주의의 불평등이 강조됨으로써 개발도상국에서 민병대의 역할과 영향력에 대한 주지화(intellectualization)*가 나타났다. 심지어 1983년에도 저술가들은 아프리카와 세계 체제에 사회주의의 건설 가능성을 극대화할 수 있는 **남부 아프리카의 혁명적 민족국가 블록**의 존립을 머릿속에 그리고 있었다(Bush 1983 : 11). 또한 민병대가 자본과 계급 분화의 측면에서 검토되었다. 로빈 럭햄(Robin Luckham)은 마르크스주의 관점에서 군사적 통치를 고찰하면서 "상부구조를 통제

---

* 옮긴이 주 : 주지화는 주로 불안을 통제하고 긴장을 감소하기 위해 본능적 욕동을 지적 활동에 묶어 두는 심리적 작용을 말함(참고 : 네이버의 정신분석 용어사전, www.naver.com).

하는 이들이 헤게모니를 잡기 위해 이념적 기제가 아닌 억압적 기제에 얼마나 의존하는가?"라는 질문을 던졌다(Luckham 1991 : 366). 민병대는 위기 시에 소외된 계급과 집단을 대변하고, 반제국주의와 반자본주의의 감정을 이용하는 혁명적 기능을 수행할 수 있었다. 일부 학자는 프롤레타리아화 과정이 민족해방을 위한 투쟁과 결합할 수 있다는 점에서 민병대를 아프리카 정치 지형의 바람직한 특징으로 보았다(Magubane 1983 : 19; Nzongola-Ntalaja 1983 참고). 일례로 앙골라와 같은 몇몇 국가에서는 소련과 중국이 **무장투쟁**의 지원을 놓고 서로 경쟁하였는데, **민족해방** 노선의 차이로 발생한 민병대 간의 초기 갈등은 궁극적으로 살인과 내전을 불러일으켰다. 이러한 분쟁은 주로 사회주의 세계의 상이한 노선 사이에 존재했던 경쟁과 국제적 이해관계의 결과로 발생하였다. 그런데도 몇몇 사회는 흑인 부르주아가 **제국주의의 전령**(couriers of imperialism)이었다는 이유로 서로 대치하였다. 따라서 민족해방투쟁이 한 걸음 더 나아가기 위해서는 혁명가가 아닌 수정주의자로 변질된 "자체 부르주아의 문제를 아프리카인이 해결하는 것"이 우선 필요했다(Magubane 1983). 적극적인 계급투쟁에 의해 탄력을 받은 정치운동은 "혁명 의식을 집단적으로 드높이는 데" 기여했다(Wallerstein 1983 : 168). 또한 폭력을 정당화하고 옹호한 지적 기류도 있었다. "민간 정권을 쓰러뜨린 군사 행동은 더 폭넓은 사회계급 모순의 맥락에서 봐야 한다"(Aidoo 1983 : 152). "계급 세력 간의 상관관계와 노동자 계급의 조직 정도, 그리고 그 적대 세력"에 따라 투쟁이 불가피하게 나타날 수 있다(같은 책).

일부 진영은 마르크스와 레닌에 기반을 둔 **과학적 사회주의**가 어느 정도까지는 아프리카의 문제를 해결할 수 있을 것으로 보았다. "1970년대 중반에 스스로 더 정통적인 마르크스주의라고 강력하게 주장하는 두 가지의 평행 노선이 아프리카에서 나타났지만, 태생적으로 그들 모두 권력으로 가는 고전적인 마르크스주의 노선과는 크게 달랐다"(Hughes

1992 : 10). 이러한 운동은 아프로-마르크스주의(Afro-Marxist) 혹은 아프로-공산주의(Afro-Communist)라고 일컬어졌다(Ottaway & Ottaway 1986; Young 1980). 여기서 한 가지 중요한 특징은 이 운동의 주동자가 불만에 찬 군인이었다는 사실이다. 소말리아, 베냉, 에티오피아, 마다가스카르, 가나, 부르키나파소 등 인민공화국을 열망하는, 급진적이고 혁명적인 마르크스주의에 입각한 군부 주도의 국가가 잇달아 나타났다. 최근에는 이런 집단이 독립 직후 탄생한 권위주의적 성향의 초기 정권에 맞서 해방 투쟁을 벌였다는 점에서 이를 제2의 해방운동이라고 부른다(Clapham 1998). 소련에서 부분적으로 자금을 조달받아 남아프리카공화국에 대항하여 군사행동을 전개한 아프리카민족회의(African National Congress)의 경우, 본래의 목표는 아파르트헤이트를 파기하는 것이었다(Deegan 2001). 그러나 수많은 제2의 해방운동 지도자를 이상화하는 것은 잘못이다. "그들이 온갖 군사적·폭력적 뜻을 가지고 해방의 깃발 아래 지속해서 정치운동을 하는 것은 자신들에게 권력을 가져다준 혁명적 방법에 등을 돌리기가 어렵다고 생각한 지도자의 심적 상태를 떠들썩하게 보여 주는 것이다"(Salih 2007 : 673). 비록 일부가 이념적 정당성을 다음과 같이 강조했다고 하더라도 말이다.

심각한 물질적 궁핍, 정치적 억압, 사회분쟁의 상황에서 마르크스-레닌주의가 매력적이었던 것은 신속한 발전과 사회정의, 그리고 민중의 주권에 대한 약속 때문이었다. 급진적인 군인은 사회주의가 신속하게 법령에 따라 이루어질 수 있으리라고 착각했다.

(Markakis, Hughes 1992 : 14 인용)

다른 이들은 마르크스주의 용어의 수용이 단순히 국가에 대한 통제를 획득하는 수단이었다는 것을 의심하지 않는다. 에티오피아, 마다가스카르와 같은 국가에서는 군사 지도자가 종종 **이념에 대한** 확신이 없었고, 단순히 실용주의적이고 편협한 정치적 노선만을 추구했다(Decalo 인터뷰 1995). 마찬가지로 1991년경에도 여러 국가에서 정권 내 군부의 존재를 확인할 수 있었다(〈표 8.2〉 참고).

┃표 8.2┃ 1991년 기준 마르크스-레닌주의 정당의 일반 특징

국가	1990년도 당의 명칭	설립 연도	기원	명칭 변경 횟수 (1991년 이전)	1991년 정부 내의 군인 (%, 수/총수)	파벌주의
앙골라	MPLA	1956	반식민주의	0	9.5%, 2/21	약간의 내부 이견 존재
베냉	PRPB	1975	군부가 창당	1	27.3%, 3/11	약간의 내부 이견 존재
콩고	PCT	1964	군부가 창당	1	86.9%, 20/23	심함
에티오피아	WPE	1984	군부가 창당	0	76.5%, 13/17	심함
모잠비크	Frelimo	1962	반식민주의	0	16.7%, 2/12	약간의 내부 이견 존재

주 : * Frelimo : The Front for the Liberation of Mozambique(모잠비크 해방전선)
 * MPLA : The Popular Movement for the Liberation of Angola(앙골라 해방 대중운동)
 * PCT : The Congolese Labour Party(콩고 노동당)
 * PRPB : The People's Revolutionary Party of Benin(베냉 인민혁명당)
 * WPE : Worker's Party of Ethiopia(에티오피아 노동자당)
출처 : 국제 공산주의 사정 연보(Hughes 1992 인용).

아프리카로 무기 유입

그러나 다음과 같은 문제가 제기된다. 여러 아프리카 국가의 이러한 이념적·군사적 배경이 과연 최근의 분쟁과 관련이 있는가? 확실히 민병대, 무기거래, 즉각적 폭력 사용, 무차별적 살인이 계속되는 이유 중 하나는 군사-정치적 문제 해결이 널리 용인되기 때문이다. 마르크스주의가 이념적으로는 사라졌을지 모르나 군사적 투쟁의 방법으로는 여전히 남아 있는 것으로 보인다. 그 이유는 냉전이 사라짐으로써 아프리카에도 많은 대리전쟁이 종식됐지만, 그 결과로 생긴 안보의 공백이 금전으로 좌우되는 시민분쟁이라는 새로운 현상으로 메워졌기 때문이다. 그렇다면 분명히 이념과 냉전의 대립관계가 대륙에서 발발한 전쟁의 유일한 원인이라고 할 수는 없다. 그러면 아프리카 자체가 전반적으로 뭔가 심각한 이상이 있는 것은 아닐까? 다음은 아프리카 대륙에 대한 극히 비관적인 관점을 인용한 것이다.

> 아프리카 국가는 종족성, 지역주의, 권한에 대한 경쟁적 요구의 원심력에 휩싸여 내부적으로 점점 분할하고 있다. 내전과 시들어 가는 경제, 그리고 정치적 불안정은 대부분의 아프리카 국가가 지리적 범위를 가로지르는 합법적인 권력과 권한을 발생시킬 준비가 되어 있지 않음을 보여주는 표지라 할 수 있다.
>
> (Khadiagla 1996)

분명히 다이아몬드, 린즈와 립셋(Diamond, Linz & Lipset, 1989)도 종족 분열과 취약한 정치 구조, 합법성 결여, 손상되고 왜곡된 현지 제도, 경제 개발에 대한 국가의 독점, 허약한 민간 부문을 분쟁과 불안정을 조장하는 요인으로 지적하고 있다. 그러나 이 목록에 또 다른 원인을 추가할 수 있다. 종교적으로 서로 경합하는 문제, 비정부 활동세력의 발흥과 적대의식, 점점 증가하는 온갖 종류의 무기 입수 가능성과 이러한 무기의 사용 등이 바로 그것이다(Deegan 1996; UN Security Council 2003). 1980년대 말, 우간다의 민간인과 군부의 관계에 관한 글에서 코콜레와 마즈루이(Kokole & Mazrui, 1988)는 이 나라에 사람들이 "무기와 탄약을 손쉽게 구할 수 있음"을 언급한 바가 있다. 또한 1990년대에 남아프리카공화국에서는 공격용 무기를 10달러도 채 안 되는 가격으로 살 수 있었다(Representative of the South African Police, Johannesburg 2000). 이는 유엔안보리의 라이베리아에 관한 2003년도 보고서와 아프리카위원회(Commission for Africa)의 아프리카에서 사라진 수십 억 달러(Africa's Missing Billions)에 관한 2005년 및 2007년도 보고서의 내용과 일치한다(〈글상자 8.1, 8.2, 8.3〉 참고).

┃ 글상자 8.1 ┃ 2003년 라이베리아에 대한 유엔안보리 위원단 보고서

(1) 라이베리아 분쟁은 더 이상 고립된 것이 아니어서 난민과 무장전사가 이웃 국가로 흘러들어 갔다. 분쟁, 강도, 무법의 삶에 익숙해진 라이베리아, 시에라리온, 기니, 코트디부아르의 무장청년은 라이베리아와 서부 코트디부아르에 있는 여러 무장단체에 합류했다.

(2) 무기로 넘쳐나는 이 지역의 몇몇 집단은 라이베리아와 코트디부아르에 무기를 공급함으로써 제재를 무효화하는 데 일조했다.

(3) 2002년, 세르비아는 나이지리아의 최종사용자 위조증명서를 이용해 무기제조업자 자스타바(Zastava)로부터 무기를 입수했다. 위원단은 콩고민주공화국에서 발행한 최종소비자 증명서를 이용하여 베오그라드에서 킨샤사를 거쳐 라이베리아로 50톤의 세르비아 군사 장비를 이송하기 위한 준비가 현재 진행 중인 것으로 보고 있다.

출처 : UN Security Council(2003).

불법 무기가 해상과 항공, 육로를 통하여 아프리카 안에서 유통될 뿐만 아니라 아프리카로 계속 유입하고 있다는 증거가 있다. 무기거래조약은 폭력분쟁, 인권침해, 테러 행위나 국제법에 위배하는 다른 심각한 행위에 무기가 사용될 가능성이 있을 때 그 이동을 차단하기 위한 명확한 국제적 법적 장치를 마련해 줄 것이다.

출처 : Commission for Africa(2005).

오늘날 아프리카가 직면한 가장 중요한 문제는 무기 유입이다. 사하라 이남 아프리카는 무기 생산 규모가 작고 생산 역시 몇몇 국가에 한정되어 있어서 많은 무기가 수입된다(남아프리카공화국에 22곳, 나이지리아에 1곳의 회사가 있고, 우간다에 무기를 수리할 수 있는 곳이 1곳 있음). 아프리카에서 사라진 수십 억 달러에 관한 연구가 2005년도 유엔 상품무역 데이터베이스 정보를 분석한 결과, 아프리카 국가가 수입한 5920만 달러어치의 소형무기 중 5850만 달러어치가 대륙 밖에서 들어왔다. 이는 무기의 99%가 외부에서 수입되며, 단 1%만이 아프리카 국가에서 나온다는 것을 의미한다. 탄약 수입과 관련해서는 케냐, 우간다, 수단에서 제조한 탄약이 동아프리카 몇몇 국가의 비정부 무장집단의 수중에 있지만, 가장 큰 공급처는 스페인이다(Oxfam 2007 : 20).

"아프리카 무장폭력의 문제가 분쟁예방에서 국가 총기법의 실시, 군축, 동원해제, 재건, 효과적인 평화구축전략에 이르기까지 지역, 국가, 권역, 세계적 수준에서 해결을 요구하는 복잡한 것"(같은 책 : 22)이라고 일반적으로 알려졌어도 "가난, 불평등, 권력에 대한 욕심"이 아프리카 분쟁의 주원인이라는 지적도 있었다. 이러한 맥락에서 볼 때, 무기의 이동은 "분쟁의 원인이 아니라" 결과이다(Hiltermann 1998 : 119). 그러나 분쟁이

┃ 글상자 8.3 ┃ 국제거래 무기의 아프리카 유입

- 아프리카 분쟁에서 가장 흔하게 사용되는 무기의 95%는 대륙 밖에서 들어
온다.
- 가장 흔한 무기는 칼라시니코프(Kalashnikov) 공격형 라이플총이며, 가장 잘
알려진 모델은 AK-47이다. 두 총기는 아프리카에서는 거의 제조하지 않는다.
- 군사용 탄약 또한 외국에서 수입한다.
- 정부군만 무기를 사용하는 것은 아니다.
- 반군집단과 무법자는 경찰과 군부대가 비축한 무기를 약탈해서 무기와 탄약
을 확보한다. 이러한 사실은 1990년대 다음 국가들의 분쟁에서 볼 수 있다.
  - 콩고공화국
  - 에티오피아
  - 기니비사우
  - 라이베리아
  - 시에라리온
  - 소말리아
- 우간다의 신의 저항군(Lord's Resistance Army)은 수년 전에 약탈해서 비축
한 무기가 있음에도 우간다 방위군에게서 무기를 계속 노획한다.
- 아프리카 국가의 정부는 비국가 활동세력에게 무기를 공급한다.
- 이러한 무기를 공급받는 사람은 자국의 민병대나 다른 국가의 민병대 또는
현지 자경단일 수 있다.
- 일반적으로 정부는 이러한 무기를 사용하는 집단에 대해 적절한 지휘와 통제
를 하지 못한다.
- 결과적으로 이러한 무기가 불법 거래에 유용될 위험이 증가한다.
- 아프리카는 무기가 인권을 침해하고 전쟁 규칙 위반자에게 흘러가는 것을 반
드시 막아야 한다.

출처 : Oxfam (2007).

국경 안으로나 국경 안에서 혹은 국경을 넘어 확산되면 "무기가 중요한 역할을 하기 시작하는데, 그 이유는 여러 당사자가 문제를 해결하는 데 이러한 무기를 주로 사용하기 때문이다."

마찬가지로 우려스러운 것은, 무기거래가 생활방식과 생계수단이 되다시피 한다는 사실이다. 〈글상자 8.4〉가 보여 주듯이, 케냐와 우간다 경계 지역에 사는 목축 집단이 소형무기와 경무기를 취득하는 것은 이제 일상적인 일이 되었다.

┃글상자 8.4 ┃ 케냐−우간다 국경의 무기거래

무기는 값이 싸고 손쉽게 구할 수 있다. 2003년과 2004년에 AK47 한 정 값이 소 가격의 3분의 2였다. 무기거래상은 값싼 총을 사기 위해 캄팔라의 시장에서 라디오, 휴대전화, 일반 가전제품과 같이 선호도가 높은 물건을 사서 북부로 가져온다. 총알은 태환 통화(convertible currency)이다. 총알 하나로 맥주 한 컵을 살 수 있다. 맥주를 파는 여인은 종종 소 한 마리와 교환할 수 있을 정도의 많은 양의 총알을 모아 놓기도 한다. 총알은 심지어 교회의 헌금 접시 위에도 놓인다. 총은 이제 호신도구일 뿐만 아니라 경제생활의 도구이기도 하다.

출처 : Mkutu(2007).

자원은 무기구매를 위해 처분이 가능하며, 무기 공급 측면에서는 무기거래상이 고도로 경쟁적인 거래에서 자신의 제품을 제공하기 시작한다(같은 책). 무기중개업자의 입장도 아프리카위원회(Commission for Africa 2005 : 164)의 관심을 끌었다. 위원회는 그들이 "아프리카의 분쟁 지역에 무기를 공급하는 데 중요한 역할"을 했다는 사실을 밝혀냈다. 비록 일부 무기중개업자가 서구의 고객 국가와 중국, 소련 등지에서 총포화약의 밀수입이 성행한 냉전 시기에 거래하는 요령을 배웠다고 하더라도 요즘에

는 아제르바이잔, 벨로루시, 우크라이나, 투르크메니스탄과 같은 신흥국 출신의 중개업자가 많다(Human Rights Watch 1998 : 7).

그러나 일부 아프리카 국가는 지역적인 조치에 합의함으로써 무책임한 무기이동을 막기 위한 노력을 기울였다. 예컨대 소형무기와 경무기의 확산 방지와 통제, 감축을 위한 2004년 나이로비 의정서는 아프리카의 뿔과 대호수 지역에 적용된다. 소형무기와 경무기, 탄약, 기타 관련 물질에 관한 서아프리카 경제공동체(ECOWAS) 협약도 마찬가지이다(Oxfam 2007 : 22). 어떤 의미에서 이러한 조치는 소형무기와 경무기의 불법적인 확산과 유통, 밀매에 대한 아프리카의 공동 입장을 담은 2000년도의 바마코 선언을 기초로 하고 있다(Sabala 2004 : 3; 〈글상자 8.5〉 참고).

┃글상자 8.5┃ 소형무기와 경무기 확산 반대 선언

아프리카에서 소형무기와 경무기의 무분별한 확산은 다음과 같은 결과를 가져온다.

- 분쟁을 지속하고 폭력을 악화하며 무고한 사람을 이동하게 한다. 또한 범죄를 활성화하고 테러 행위를 조장할 뿐만 아니라 국제인도주의 법을 위협한다.
- 폭력문화를 촉진하고, 범죄와 밀매 활동에 유리한 환경을 조성함으로써 사회를 불안정하게 만든다.
- 안보와 발전, 특히 여성 난민에게 여러 부정적 영향을 미친다.
- 아동에게 파괴적인 결과를 불러일으키는데, 그중 상당수가 무력분쟁으로 희생되며, 다른 아동은 소년병이 되도록 강요받는다.
- 굿 거버넌스, 평화 노력, 협상에 해를 끼치며, 기본인권에 대한 존중을 위태롭게 한다.

출처 : Bamako Declaration(2000).

최근에는 '무기이동에 대한 강력한 국제 통제'의 시행을 위한 몇 가지 움직임이 확실히 있었으며, 2006년에는 153개국이 무기거래조약(Arms Trade Treaty, ATT)을 발족하는 데 합의했다. 42개국의 아프리카 국가가 유엔 총회에서 교섭 절차를 시작하기 위한 투표를 하였는데, 이 과정은 현재 진행 중이다. 아프리카위원회(Commission for Africa 2005 : 163)는 "무기 중개업에 대해 더 효과적이고 법적 구속력 있는 합의와 더불어 감시 및 집행에 대한 공동의 표준을 마련할 것"을 국제사회에 촉구했다. 비록 이러한 방안이 아프리카의 분쟁을 완전히 제거할 수는 없겠지만, 그럼에도 이러한 조치는 무기유출을 막는 것이 비폭력 방식의 문제 해결을 장려하고, 그럼으로써 정치과정의 성숙을 촉진할 수 있음을 염두에 두고 있다. 물론 과거의 용병이건 현재 외국계 회사의 직원과 재산을 보호하는 보안조직이건 간에 다양한 민간군사조직(private military organizations, PMOs)이 대륙에 오랫동안 존재해 왔으며, 그들이 정부의 대리인으로서 정치 엘리트에 의해 이용된다는 사실도 잊어서는 안 된다. 민간군사집단도 동원해제 프로그램에 이용되고 있는데, 일부 국가에서 그들이 과도하게 동원될 수 있다는 윤리적 우려가 합당하게 제기되고 있지만, 가까운 시일 내에 이들이 자취를 감추게 될 것 같지는 않다.

평화와 안보 조치

아프리카 안팎으로 평화와 발전이 서로 공존한다는 데에 대한 인식이 점차 늘어나고 있다. 평화 없이는 지속가능한 발전이 있을 수 없고, 발전 없이는 지속적인 평화를 확립할 수 없다. 따라서 분쟁 이후의 재건과 평화구축은 정책 입안자 사이에서 공동 우선순위가 되었다. 아프리카의 평화와 안보에 대한 전망은 국제적 차원에서 작성하는 보고서의 주제가 되었다.

시민사회와 유엔 관계에 대한 저명인사 집단 보고서(Report of the Group of Eminent Persons on Civil Society and UN Relationships)와 고위 패널 보고서(Report of a High Level Panel), 그리고 유엔사무총장의 보고서인 「더 큰 자유로 : 만인을 위한 개발, 안보, 인권을 향하여(In Larger Freedom : Towards Development, Security and Human Rights for All)」[2]가 그 예이다. 2002년에는 유엔총회결의안 57/7이 '아프리카 개발을 위한 신 협력관계(NEPAD)'를 대륙 내 유엔 프로그램 협력에 대한 전략적 틀로 지지하였고, 2003년에는 8개의 우선순위를 명시한 아프리카연합－NEPAD의 평화와 안보 의제가 채택되었다(〈글상자 8.6〉 참고).

이 8개의 우선순위는 상당한 수준의 능력과 자원, 인적자원을 요구하는 것이지만 새로 출범한 아프리카연합(AU)은 이 원칙에 합의했다. 2002년 남아프리카공화국의 더반에서, 아프리카통합기구(OAU)에서 바뀐 아프리카연합은 총회 첫 회기에서 평화안보위원회(Peace and Security Council, PSC)의 설치와 관련한 의정서를 채택했다. 평화안보위원회는 아프리카통합기구 내에 있던 분쟁의 예방·관리·해결을 위한 기구(Mechanism for Conflict Prevention, Management and Resolution)를 대체하였다. 평화안보위원회는 분쟁의 예방·관리·해결을 위한 상시 의사결정 조직체로 설치되었다. "이 조직은 아프리카에서 벌어지는 분쟁과 위기 상황에 맞춰 적시에 효과적인 대응을 손쉽게 하기 위한 집단적 안보 및 조기경보 준비체계이다"(African Union 2002b : Article 2(1)). 평화와 안보의 촉진 외에도 평화안보위원회는 예방 외교, 재앙 관리, 인도주의 활동, 분쟁 후 재건 등의 업무를 처리한다. 이 위원회의 존재 이면에는 아프리카연합 회원국이 대륙 내에서 지속적으로 평화와 안보를 확립할 준비가 되어 있고, 이를 위해 어떤 조치든 기꺼이 취할 것이라는 점을 보여 줄 의도가 깔려 있다. 이 의정서의 네 번째 조항에는 유엔헌장과 세계인권선언에 맞춰 논란과 분쟁의 평화로운 해결, 인간 삶의 고귀함, 법치에 대한

> **┃글상자 8.6 ┃ 아프리카연합-NEPAD의 평화와 안보 의제의 8개 우선순위**

(1) 아프리카의 평화와 안보를 성취하는 방법과 제도 구축의 절차, 지원 도구를 개발함.

(2) 평화 지원 활동능력의 개발을 포함해서 분쟁예방, 관리 및 해결을 위한 초동 능력과 이러한 초기 활동의 협력을 개선함.

(3) 전략적인 분석과 지원을 통해 아프리카에서 조기경보 능력을 향상함.

(4) 다음과 같은 전략적 안보문제를 우선시함.

- 분쟁 이후의 상황에서 무장해제, 동원해제, 재활, 재건 노력에 대한 아프리카적 개념과 행동을 촉진함.
- 테러를 예방·방지하는 데 목적을 둔 아프리카의 노력이 효과적으로 실행되도록 조정하고 보장함.

(5) 소형무기와 경무기의 불법적 확산 및 유통, 밀매 문제를 미리 막고 제거하기 위한 능률적이고 강화된 행동을 보장함.

(6) 평화 및 안보와 직결된 안보 부문과 굿 거버넌스 능력을 개선함.

(7) 분쟁의 영향을 받는 지역에서 아프리카의 자원(비재생 자원을 포함) 개발과 관리에 적용할 수 있는 최소한의 표준을 마련함.

(8) 대륙에서 발생하는 분쟁을 예방·관리하고 해결하는 데 목적을 둔 아프리카 연합의 평화기금과 지역사업을 위한 자원 동원을 지원함.

출처 : NEPAD Secretariat(2005 : 5).

존중, 안보와 사회-경제적 발전 간의 상호 의존성 등이 명시적으로 언급되어 있다. 비록 이 조항에 회원국의 주권과 영토 보전, 다른 국가의 내정 문제에 대한 무간섭 원칙과 현존 국경의 존중에 대한 약속이 담겨 있다고 하더라도 "전쟁범죄와 인종학살과 같은 중대 상황이나 인도주의에 반하는 범죄와 관련한" 회원국의 문제에 아프리카연합이 개입할 것이라는 점을 분명히 하고 있다(같은 책 : Article 4). 또한 이 조항은 회원국이 평화와 안보를 되찾기 위하여 아프리카연합의 개입을 요구할 수 있는 권리도 담고 있다.

평화안보위원회의 주요 목표 중의 하나는 아프리카 상비군(African Standby Force, ASF)을 창설해서 운영하는 것이다. 이 상비군은 "출신국 가별로 적합한 통보에 따라 신속한 배치가 가능한 민간인과 군인으로 이루어진 다분야 상비파견단"으로 구성된다(〈글상자 8.7〉 참고).

┃ 글상자 8.7 ┃ 아프리카연합 평화안보위원회의 목표와 원칙

- 아프리카의 평화, 안보, 안정을 촉진함.
- 분쟁을 예견하고 예방함.
- 평화구축과 분쟁 후의 재건을 촉진하고 실행함.
- 온갖 종류의 국제 테러 행위를 저지하고 방어하는 데 있어 대륙 차원의 노력을 조정하고 일치시킴.
- 아프리카연합을 위한 공동방어정책을 개발함.
- 민주적인 실천과 굿 거버넌스, 법치를 촉진하고 장려함.

출처 : African Union(2002b : Article 2(1)).

또한 평화안보위원회는 위원회가 결정한 평화지원 활동의 참여 요구나 총회가 승인한 개입 목적의 상비 파견단을 만드는 조치를 회원국이 받아들일 것을 요구한다(같은 책 : Article 13(1)과 (2)). 상비군은 민족대량학살이나 전쟁, 그리고 기타 반인도주의적 범죄와 같은 중대 상황의 경우에 신속히 배치될 수 있어야 한다. 아프리카 지역에 유엔 병력을 배치하는 데 오랜 시간이 걸린다는 사실은 많은 예를 통해 이미 알려져 있다. 게

다가 아프리카 상비군은 유엔안보리가 일일이 관여하지 않아도 되는 미약한(low-intensity) 분쟁을 처리할 수도 있다. 아프리카연합으로서는 아프리카 내의 여러 다른 유엔 임무 수행단과 병력을 같이 배치함으로써 분쟁 상황에서 적절한 역할을 해야 한다. 아프리카 상비군은 문제 지역, 평화구축, 인도주의적 원조에서 관찰과 감시, 예방적 배치 등을 포함한 여러 가지 많은 노력이 필요한 기능을 떠맡는다. 다음은 이 병력이 참여할 수 있는 다양한 역할의 시나리오이다.

- 정치적 임무 수행에 대한 아프리카연합/지역의 군사적 조언
- 유엔 임무 수행단과 함께 배치되는 아프리카연합/지역 참관자 임무
- 아프리카연합/지역 평화유지군 및 예방적 배치 임무
- 독자적인 아프리카연합/지역 참관자 임무
- 아프리카연합의 개입(예 : 국제사회가 신속히 행동하지 않는 민족대량학살)

〈글상자 8.8〉에 요약된 아프리카 지역 경제공동체는 각자의 지역에서 발생하는 분쟁을 기꺼이 스스로 다룰 의지가 있다는 점을 보여 준다. 예컨대 서아프리카 경제공동체(ECOWAS)는 라이베리아, 시에라리온, 코트디부아르를 포함해서 최근에 발생한 몇몇 지역의 분쟁에 개입했다. 이것의 동아프리카 상응 조직인 정부 간 개발기구(Inter-Governmental Authority [on] Development, IGAD) 역시 수단과 소말리아에서 발생한 분쟁의 중재를 이끌었다. 마찬가지로 남아프리카공화국도 콩고민주공화국에서 평화협정을 교섭하기 위한 지역적 노력을 주도했다. 지역적 노력은 어떤 면에서 유용하기는 하지만, "이웃 국가가 공정하게 행동하지 않는 경우가 있고 또 어느 정도는 분쟁에 휘말릴 수도 있기 때문에" 완전한 성

(1) 군사참모위원회

(2) 아디스아바바에 기반을 둔 사령부로서 다음과 같은 구성을 가짐.

- 대륙 기획 입안부
- 대륙 군사 병참 창고

(3) 지역 훈련 시설

(4) 아프리카 5개 권역의 지역 상비 여단 : 서부, 남부, 동부, 중부, 북부

  Ⅰ. FORMACBRIG : 중부아프리카 경제공동체(ECCAS)를 대표

  Ⅱ. EASBRIG : 동아프리카의 정부 간 개발기구(IGAD)에 의해 창설될 예정

  Ⅲ. ECOBRIG : 서아프리카 경제공동체(ECOWAS)를 대표

  Ⅳ. SADCBRIG : 남아프리카 개발공동체(SADC)를 대표

  Ⅴ. NASBRIG : 아랍 마그레브 연합(AMU)을 대표

공이라고 볼 수는 없다. "따라서 이러한 기구는 아프리카의 폭력분쟁에 대해 완전무결한 해결책을 내놓지 못한다"(Commission for Africa 2005 : 167). 한 가지 우려할 만한 사항은 아프리카의 평화 유지에서 "안보가 분쟁의 예방보다 더 강조되었다"는 점이다. 아프리카연합의 평화안보 부서에는 56명의 직원이 있고 정치 부서에는 단 13명의 직원만 있어서, 정치 부서는 특정 정치체제에서 나타나는 잠재적 분쟁에 대한 조기경보를 확인하고 서로 경쟁하는 엘리트들의 협상을 이끌어 내는 데 어려움을 겪는다. 그래서 일각에서는 아프리카연합의 정지 부시에 데헤 더 높은 수준의 지원을 요구하는 목소리를 내기도 한다(예, 2004년 7월 26일부터 30일까지 윌튼 파크에서 개최된 회의 'Reconciliation and Reconstruction in Africa : Beyond the Peace Agreements').

2003년에 아프리카연합은 기구 최초의 평화 임무인 아프리카연합 부룬디 임무단(AU Mission in Burundi, AMIB)의 배치를 명령했다. 이 임무에는 남아프리카공화국, 에티오피아, 모잠비크 출신의 군인으로 이루어진 2650명의 평화유지군과 부르키나파소, 가봉, 말리, 토고, 튀니지 출신의 아프리카연합 참관인을 포함해서 총 3335명의 병력이 투입되었다(Agoagye 2004). 아프리카연합 부룬디 임무단은 유엔평화유지군이 도착할 때까지 1년 동안 배치했다. 이 임무의 주요 목적은 "정전협정을 실행하고, 전투원의 무장해제와 동원해제, 재건을 지원하며, 유엔의 평화유지 임무에 우호적인 환경을 조성해서 부룬디의 정치와 경제 안정에 기여하는 것"이었다(같은 책 : 3). 그러나 이러한 목표는 상당히 제한된 인력과 빈약한 자원을 보유한 최초의 임무단에게는 매우 부담스러운 것이었다. 이 임무의 수행에는 총 1300만 달러의 경비가 들었는데, 아프리카연합은 이를 조달할 수가 없었다. 유럽연합(EU)이 2500만 유로를 약속했지만, 자금 지급은 매우 느리게 진행되었다. 불가피하게 임무단은 계획한 목표를 달성할 수 없었다. 하지만 이로 말미암아 "정치협상에 도움이 되는 환경이 성공적으로 조성되었고" 유엔안보리가 부룬디의 유엔 평화유지 임무를 승인할 때까지 임무단의 기조가 기본적으로 유지되었다(같은 책).

　　아프리카연합은 2004년 수단의 다르푸르에도 평화유지군을 보냈는데, 이는 어려운 파병이었다(다음의 사례연구 참고). 아프리카연합이 위임한 임무가 인력 부족에 허덕이고 재정난에 시달리기는 했으나 이 임무는 적어도 피상적으로는 "아프리카 문제에 대한 아프리카 자체의 해결 방법(African solutions to African problems)"이라는 점에서 관심을 끌었다. 하지만 야심 찬 목표가 중기적으로 이루어질 수 있을까? 아프리카연합의 평화지원 작전 팀을 이끄는 베렝 음팀쿨루(Bereng Mtimkulu)는 분명한 어조로 다음과 같이 말한다.

아프리카 상비군이 유엔 상비군의 배치와 경쟁이 될까? 답은 절대 아니요이다… 아프리카연합의 불쌍한 평화유지군이 임무 완수를 위해 돈 많은 유엔군에게 결국 넘겨주고 말 불안한 정전 협정을 감시하러 위험한 지역에 들어가서 얼마나 소방수 역할을 할 수 있을까? 아프리카연합은 취약한 구조와 예측할 수 없는 재정 문제로 복잡한 작전에서 끝까지 버틸 수 없을 때 제도적 자부심을 얼마나 지킬 수 있을까?

(Mtimkulu 2005).

이러한 우려가 받아들여져 "폭력분쟁을 예방하고 해결하기 위해 신속하고 효과적으로 행동할 수 있도록 적어도 아프리카연합 평화기금의 50%를 마련하자"는 목소리가 기부자 사이에서 퍼져 나갔다. 유럽연합 개발원조의 경직성에도 불구하고 아프리카에서 아프리카인이 주도하는 평화유지 작전을 지원하기 위해 유럽개발기금이 유럽연합의 아프리카 평화기금(African Peace Facility)으로 2억 5000만 유로를 제공하는 것은 의미심장한 혁신이다. 유럽연합은 또한 아프리카연합의 평화안보 부서를 위해 650만 유로에 달하는 지원 계획을 승인했다(Reconciliation and Reconstruction in Africa conference, 2004).

동원해제와 군축, 재통합과 관련해, "분쟁에서 벗어나고 있는 국가의 절반이 5년 이내에 다시 분쟁에 휘말린다"는 사실을 떠올리면 상황은 다소 복잡해진다(Collier & Dollar 2004 : 244). 이 때문에 분쟁 이후의 효과적인 평화구축은 현지 활동가와 국제 활동가의 장기적인 헌신이 필요한 힘든 일이 될 수밖에 없다(Cilliers 2004). 게다가 안보를 보장하기 위해서는 과거에 전투에 참가한 사람들의 무장해제와 재통합이 필요하다. 무기 취합 계획도 여러 차례 마련되었다. 예컨대 2002년과 2003년 사이에 중앙아프리카공화국의 동원해제, 군축, 재통합 계획(DDR programme)을 통해 891정의 공격용 소총이 수거되었으며, 콩고민주공화국 동부에서 활동하는 국제평화유지군은 1100정의 무기를 거두어들였다(Amnesty International et al. 2006). 그러나 과거의 전투원과 귀향난민, 그리고 국내 강제이주자를 다시 통합하기 위해서는 전시경제를 해체하여야 한다. 이것은 바람직하기는 하지만 동원해제, 군축, 재통합 이론(DDR theory) 대부분이 동원 해제된 전투원을 재통합할 공식 경제를 상정하고 있다는 점도 부인할 수 없다. 낙후된 나라의 경제에서 비공식 부문이 우세하고, 때에 따라서는 민간인 스스로가 불리한 처지에 놓여 있다고 생각할 수도 있다. "전시에 어려움을 겪은 민간인은 종종 두 번 벌을 받는다고 느낀다. 그들은 전쟁으로 시달리는데, 전투원은 전쟁을 멈춘 것에 대한 보상을 받는다"(Reconciliation and Reconstruction in Africa conference, 2004). 이러한 역학(dynamics)은 자멸적인 악순환과 깨기 어려운 전시경제를 야기할 수 있다. 분쟁이 사회에 끼친 잔인한 결과는 쉽게 치유되지 않으며, 부녀자와 아동 그리고 젊은이가 성폭력, HIV/AIDS 및 다른 보건 문제, 소년병 전락, 기타 인권 침해 등으로 가장 많이 시달리게 된다(〈글상자 8.9〉 참고).

분쟁 이후의 사회를 다루는 데는 정확한 형식이 없지만, 〈표 8.3〉과 〈표 8.4〉에 요약한 바와 같이 특정 국면이 구분되었다.

전쟁이 끝난 직후에 시작하는데, 비상 국면에는 안전하고 확고한 환경을 조속히 조성하여야 한다. 이 시기에는 많은 외래 조직이 관여하게 된다. 아프리카 상비군 여단 중의 하나 혹은 아프리카연합이나 유엔이 배치한 평화유지군과 같은 군사조직, 국제적십자위원회와 같은 인도주의적 비정부조직이 그 예이다. 그러나 많은 외국인의 주둔으로 이 과정이 너무 낯설게 느껴지지 않도록 국내 민간단체의 참여도 필요하다. 아프리카연합과 NEPAD, 혹은 지역 기구와 같은 아프리카 기관은 일반인의 삶과 동떨어진 것으로 보일 수 있는데, 왜 그러한 나라가 우선적으로 취약했는지에 대한 이유를 종종 지적하는, 진정으로 우려 섞인 목소리가 나왔다(〈글

300명 이상의 우간다 소년병에 대한 조사에서 90% 이상이 의학적으로 중차대한 외상 후 스트레스 장애를 갖고 있었다. 우간다 북부에 있는 강제이주자 수용소의 아동이 하는 유일한 놀이는 **폭력, 전쟁, 유괴, 죽음**과 관련된 것이다. 이들이 예전에 하던 요리, 사냥, 땅파기 등과 같은 가정생활 놀이는 더 이상 하지 않는다(Oxfam 2006).

일부 국가에서는 분쟁이 너무 오랫동안 지속된 나머지 많은 아동이 평화를 겪어 보지 못한 채 성인이 되었다. 본인은 고작 9세 때 군인에게 강간을 당한 어린 소녀와 대화를 나누었고, 가족이 잔인하게 학살당하는 장면을 억지로 지켜봐야 했던 아동의 이야기를 들었다. 성인에게 수많은 기만을 당하고, 분쟁 경험으로 심각하게 타락해서 자신의 사악함도 인식하지 못하는 그들의 말을 들으며 소름이 돋았다.

출처 : Graca Machel, UN Office on Drugs and Crime(2005) 인용.

| 표 8.3 | 전후 재건

관심 분야	비상 국면	전환 국면	발전 국면
정치적 과도기, 통치와 참여	통치 구조와 참여 기반, 정치적 전환 과정을 규정함.	합법적 정치제도와 참여과정을 촉진함.	정치제도와 참여 과정을 공고히 함 (예 : 선거).
인권, 정의, 화해	과거와 현재의 불만을 다룰 방법을 개발함.	화해와 인권 감시를 위한 법 제도와 법률 절차를 만듦.	용인된 국제 기준에 기반을 둔 기능적인 법 세도를 마련함.
조정과 관리	국내와 외래 활동가를 위한 자문과 조정 방법을 개발함.	프로그램 개발을 촉진하기 위한 전문 기관을 발전시킴.	내부적으로 지속가능한 절차와 조정 능력을 발전시킴.

출처 : NEPAD(2005).

비상	전환	발전
• 인도주의적 구난과 식량 원조 • 국내 강제이주자 재정착 • 지뢰 제거 프로그램 • 과거 전투원의 동원 해제 및 재통합	• 국가 통합 및 화해 • 물리적 기간 시설의 재건 • 핵심 사회기간시설의 재 건 및 유지 • 주요 생산 부문의 복구 • 거시 경제의 안정성 복원	• 정치적 합법성의 확립 • 통치 구조의 재건 • 경제 개혁의 실행 • 광범한 참여/합의 형성

출처 : NEPAD(2005).

상자 8.10〉 참고). 때로는 전통적인 조직이나 공동체 내의 원로, 혹은 현지
기관이 긴장을 완화하는 역할을 담당할 수 있으나, 분쟁의 직접적인 여파

┃ 글상자 8.10 ┃ 전후 재건사업에 대한 우려

　현지인의 소유권과 참여를 배제하고 외부인이 추진하는 전후 재건과정은 오
래갈 수 없다. 이는 현지인의 원망을 사게 된다. 국내 활동가와 외래 활동가 간
의 관계는 세력의 불균형으로 더 복잡해지는데, 후자는 은혜를 베푸는 사람이
라는 사실 때문에 세력이 더 강화된다. 외래 활동가가 현지인의 소유권과 참여
를 촉진하는 정책을 수용했다고 하더라도, 그들은 소유권에 대한 상충적인 주
장과 더불어 교육, 언어 능력, 제도 등의 수용력 부족과 같은 다른 요인 때문에
신뢰할 만한 내부 협력자를 가려내지 못하는 경우가 많다. 현지인은 외래 활동
가의 교육과 경험, 조직 및 능력, 동원된 자원 때문에 겁먹는 경우가 종종 있다.
그 지역에서 높은 수준의 교육을 받은 경험 있는 행정 관료나 관리자, 학계와
전문직에 종사하는 현지인의 상당수는 이미 자기 나라를 떠났으며, 일부 남아
있는 사람도 신뢰를 얻지 못한 과거의 정권과 연루되어 있기 때문에 전후의 재
건사업에서 제외될 수 있다.

출처 : NEPAD(2005).

로 대부분의 사람이 기본적인 생존과 대처 기제에 몰두한다는 점을 염두에 두어야 한다. 건설이 올바르게 이루어지기 위해서는 현지인이 그 과정에 참여해야 하지만 이는 거의 불가능하며, 그들은 다시 새로운 분쟁 가능성에 영향을 받는 **희생물**로 전락한다. 일부 아프리카 국가의 국민 사이에 엄청난 무력감이 나타날 수 있는데, 이러한 문제는 사회경제적인 발전 사안과 직결된다. 이 때문에 분쟁 이후의 지속적인 개발 프로그램이 아주 중요하며, 이러한 단계는 4년에서 10년까지 걸릴 수 있다. 그러나 NEPAD는 전쟁에서 벗어난 국가의 지속가능한 발전에 대해 훨씬 더 깊이 고려하고 있다. "국가는 개발 계획을 짜는 과정에서 수십 년 동안 분쟁의 여파와 씨름할 가능성이 높다"(NEPAD Secretariat 2005).

전쟁 중단은 길고 힘든 과정의 시작에 불과하다. 어떤 의미에서 남아프리카공화국의 경험은 예외적이기는 하지만, 이 나라 역시 정치와 안보의 환경이 바뀐 후에야 비로소 자국의 비무장화 정책을 시행했다. 남아프리카공화국은 냉전 종식, 1994년 아파르트헤이트 철폐, 민주적 선거 도입에 힘입어 앞으로 나아갈 수 있었다. 남아프리카공화국의 국방백서도 비무장화에 동기를 부여하는 데 한몫을 했다. "불안정과 분쟁에 대한 잠재성이 인종차별 시대 이후에도 남아 있긴 하지만, 분명한 것은 정부가 대표성을 띠고 있고, 자국민은 물론 남부 아프리카의 다른 이웃 국가와도 전쟁을 벌이지 않는다는 사실이다"(Deegan 2001 : 104; 또한 Barber 1999와 Spence 1999 참고). 로리 네이든(Laurie Nathan 1998 : 5)이 밝히듯이, 분쟁의 군사적 측면만 다루는 것은 "국내 위기의 원인보다는 징후"만 살피는 것이므로 문제 해결에 도움이 되지 않는다. 그것으로 전쟁이 잠시 멈출 수는 있겠지만, 사회의 파멸적 요소가 그대로 남아 또 다른 군사적 행동을 부를 수 있기 때문이다. 다시 말해, "위기로 인해 정부 대리인과 비국가 활동세력이 폭력적 수단에 의해 메우고자 하는 안보 공백이 생겨난다. 비무장화는 합법적인 정치적 수단에 의해 그 공백이 어떻게 메워지는가에 달려 있다." 물론 민주적이고 효과적인 통치가 있어야 발전과 인간의 안전이 성취되고 지속될 수 있다는 것은 분명한 사실이다. 그러나 현실적으로 이것이 현재 아프리카 대륙에서 가능한 시나리오일까? 미래에 일부 국가와 지역(예 : 남부 아프리카)에서는 가능할지도 모르지만 현재로서는 몇몇 국가의 경우 분쟁이 끝난다는 것도 거의 기적에 가깝고, 다른 국가에서는 아직 끝나지 않고 있다. 결국 평화와 정의가 있어야 하지만 이것은 전쟁으로 찢긴 나라에서는 논란의 대상이다. 어떤 국가는 일종의 평화를 얻을 수 있겠지만, 전체 사회를 위한 정의는 요원할 것이다.[3] 그럼에도 대륙조기경보체계(Continental Early Warning System, CEWS)라는 개념이 주목을 받았는데, 안보 연구소는 대륙과 지역 차원에서 "개방형 원천 정보를 사용하고, 분쟁 예방에 대한 정보의 제공부터 시민사회 및 기타 단체와 상호작용하는 특목적인 대륙 조기 경보체계"의 설치를 요구하였다(Institute for Security Studies 2004). 이렇게 분쟁 예방은 우선적으로 나아가야 할 방향이다.

사례연구 : 시에라리온

파괴적인 장기전 이후의 분쟁 해결과 국가 재건과정에서 일어나는 어려움은 이루 말할 수 없지만, 시에라리온의 사례는 몇 가지 교훈을 줄 수 있다. 2002년, 대통령이 11년간 이어진 장기전의 종식을 공식적으로 선언했지만, 초기에는 전쟁의 만성적 성격과 자연발생적인 약탈, 폭력 행위 때문에 매우 혼란스러워 보였다. 〈글상자 8.11〉은 시에라리온 내전과 관련한 몇 가지 주요 사실을 요약한 것이다. 이 전쟁을 복잡하게 만든 요인 중 하나는 다이아몬드였다. "다이아몬드는 시에라리온 분쟁의 중심에 있어 왔다"(Similie et al. 2002). 그러나 시에라리온의 불법 다이아몬드 시장은

| 글상자 8.11 | 시에라리온 내전(1991~2002)의 주요 사건

- 이 전쟁은 1991년 전 육군 하사이던 포다이 상코(Foday Sankoh)와 혁명연합전선이 조지프 모모(Joseph Momoh) 대통령에 반기를 들고 라이베리아 국경 근처의 마을을 점령하면서 시작되었다.

- 처음에 반군은 어느 정도 대중적 지지를 받았으나, 곧 살해, 강간, 사지 절단, 소년병 차출 등으로 악명을 떨치게 되었다.

- 전쟁 자금은 시에라리온 남부와 동부 지역에서 채굴한 다이아몬드로 어느 정도 충당했다. 이 때문에 분쟁 지역에서 파낸 이른바 **피의 다이아몬드(blood diamonds)**에 반대하는 운동이 국제적으로 펼쳐졌다.

- 1997년, 반군과 공모한 군 장교로 구성된 군사혁명평의회(Armed Forces Revolutionary Council, AFRC)가 선거로 당선된 아마드 캅바(Ahmad Tejan Kabbah) 정권을 전복했지만 나이지리아 주도의 권역 병력(regional force)이 캅바를 1년 만에 복귀시켰다.

- 1999년 휴전 협정이 맺어졌지만 2000년 파기되었고, 시에라리온에 주둔한 유엔 파병군이 공격을 받았다. 인질 사태로 500명의 유엔 평화유지군이 혁명연합전선에 인질로 붙잡혔다. 구 식민 종주국이던 영국은 유엔 병력을 지원하기 위해 군대를 파병했다.

- 반군이 지방으로 쫓겨나면서, 유엔의 군대 배치가 가능해졌다. 2002년에 무장해제가 완결되면서 전쟁 종식이 공식적으로 선포되었다.

- 2002년, 캅바가 대통령에 재선되었다. 혁명연합전선이 정당을 구성하여 선거에 참여했으나 대중의 지지를 거의 받지 못했다. 상코는 전쟁범죄로 기소 중이던 2003년에 교도소에서 사망했다.

- 전쟁으로 인한 사망자는 5만 명에 달하는 것으로 추산된다.

- 혁명연합전선을 지원한 찰스 테일러(Charles Taylor) 전 라이베리아 대통령은 전쟁범죄와 시에라리온 내전의 반인륜적 범죄에 대한 혐의로 2007년 헤이그에서 재판을 받았다.

출처 : International Crisis Group Africa(2001); Reuters(2007).

"이 분쟁 때문에 생긴 것이 아니었다." 이 시장은 다이아몬드 생산 지역이 "범죄 집단에 시달리던" 1950년대부터 존재했다(UN Office on Drugs and Crime 2005 : 21). 이그제큐티브 아웃컴즈(Executive Outcomes)*와 같은 민간군사기업은 1990년대 소규모 광산 회사를 보호했으며, 혁명연합전선 (Revolutionary United Front, RUF)은 점점 더 조직화한 "범죄와 테러 행위"에 개입하였다(같은 책 : 22).[4] 혁명연합전선은 시에라리온 정부를 부패 정부라고 부르면서 다이아몬드와 광물 자원에 대한 정부의 방만한 경영을 비난했지만, 그들 자신도 끔찍한 폭력을 자행했다. 사람들은 강간당하고 사지가 절단되었다. 그들 역시 다이아몬드에서 나오는 수익에 대한 유혹을 쉽사리 떨치기 힘들었던 것이다(Shah 2003).

1999년에 유엔이 중재한 평화 협상은 매우 취약했다. 국제인권감시기구는 반군에게 인권 유린에 대한 면죄부를 줄 휴전 협정에 유엔이 동의한 것을 비판했다(Human Rights Watch 1999). 2000년에는 유엔안보리가 시에라리온의 다이아몬드 수출을 18개월 동안 금지하기로 했다. 그리고 2002년에는 〈글상자 8.12〉에 요약한 대로 킴벌리프로세스 보증협약 (Kimberley Process Certification Scheme)이 도입되었다(〈표 8.5〉 참고).

2000년, 이곳에 개입하게 된 영국은 "지속가능한 평화와 안보를 실현하고 안정적인 민주 정부 수립을 통해 빈곤을 감소하는 한편, 인권 존중과 책임감 있는 군 병력 및 경찰력을 구축하고, 아프리카에 유엔의 평판을 드높이는 것"을 목표로 삼았다(Riley 2006 : 6). 이는 간단치 않은 목표이고, 이 임무의 책임자인 라일리(Jonathan P. Riley) 사령관은 이 국가의 군대를 어떻게 재구축할지의 문제에 직면했다. 그는 다음의 세 가지 우선사항을 정했다.

---

* 옮긴이 주 : 1989년 에벤 발로우(Eeben Barlow)가 설립한 남아프리카공화국의 대형 민간군사기업으로 약자로 흔히 E.O.라고 함.

▌글상자 8.12 ▌ 시에라리온, 다이아몬드, 분쟁

킴벌리프로세스

가공하지 않은 다이아몬드의 교역을 위한 킴벌리프로세스 보증협약은 2002년에 처음 시작되었다. 50개국 이상의 아프리카 정부와 유럽연합은 2003년 1월부터 발효되는 이 보증협약을 실행할 준비가 되었다고 밝혔다. 공통으로 통용되는 보증서가 없으므로 각 회원국은 킴벌리-호환 보증서를 자체적으로 인쇄해서 유포한다. 이 협약은 수출입 통제 체제이다. 생산국은 가공하지 않은 다이아몬드의 생산과 운반을 통제해야 한다. 킴벌리프로세스 보증서가 없는 가공되지 않은 다이아몬드의 수입은 금지된다. 시에라리온의 킴벌리프로세스는 완전한 기능을 갖추고 있었다.

2003년, 시에라리온 정부의 금과 다이아몬드 관할청(Gold and Diamond Office)은 다이아몬드의 총생산이 연간 약 1억 달러에 달한다고 추산하였다. 이 교역에서 밀수가 차지하는 비중은 50%가 넘는다. 다이아몬드가 풍부한 지역 내의 사회기간시설이 심각하게 파괴되었고, 토착 원주민과 다른 집단 사이에는 긴장관계가 조성되었다. 난동을 일으키는 젊은 층과 약탈적인 거래상이 갈등 확산의 주인공이었다.

시에라리온 정부는 유엔개발계획(UNDP)과 공동으로 재정을 마련하여 다이아몬드를 생산하는 여러 종족의 관할 지역(chiefdom)에 공동체에 기반을 둔 다이아몬드 발전 계획을 출범하였다.

출처 : UN Security Council(2003).

▌표 8.5 ▌ 시에라리온의 연간 다이아몬드 수출 내역

연도	무게(캐럿)	금액(달러)
2000	77,372.39	1,000만
2001	225,519.83	2,600만
2002	351,859.23	4,100만
2003	78,555.73	1,100만

출처 : Government Gold and Diamond Office, Freetown, UN Security Council (2003) 재인용.

- 시에라리온의 육군, 해군, 공군 병력의 보충 및 훈련과 무장
- 시에라리온 군 병력의 구조적 제도 개혁
- 군사 고문을 둔 시에라리온 군 병력을 이용하여 혁명연합전선을 직접 격퇴하거나, 그들로 하여금 유엔의 동원해제, 무장해제, 재통합(DDR) 과정을 수용하게 만드는 작전 실시

(같은 책 : 3)

이러한 본질적 요소는 전후 재건이 이루어지기 전에 준비해야 했다. 운영방식(governance)이 중요했는데, 단순히 지역 및 국가 정부뿐만 아니라 "선거절차, 부패의 최소화, 법 제도(치안만이 아닌 법과 질서), 제 기능을 하는 은행을 갖춘 효율적인 금융제도, 법에 명시된 금융행동강령"도 필요했다(같은 책). 그렇다면 이러한 것이 어느 정도까지 이루어졌을까? 공무원 조직은 고위급 공무원단(Senior Executive Service)이 구성되면서 강화되었고, 고위 간부는 외부에서 충원하였다. 또한 부패 사안을 조사하고 근절하기 위한 반부패위원회가 설치되었다. 반부패 소송을 주재할 판사 중에는 외국인이 임명되었다. 2002년과 2007년에 대통령 선거와 총선거가 실시됐는데, 54%를 득표한 어니스트 코로마(Ernest Bai Koroma)가 2007년 9월 17일 시에라리온의 새로운 대통령으로 취임하였다. 코로마는 취임 연설에서 "부패와 국가 자원의 잘못된 관리에 대한 무관용 원칙"을 천명했다. 세계은행은 다음과 같이 주장한다.

100만 명 이상의 시에라리온인이 사회 안정과 경제적 활기 회복을 위해 마련한 프로그램의 직접적인 혜택을 받았다.

- 16개의 동원해제 센터와 7개의 임시보호센터가 7만 2000명을 무장해제함.

- 5만 명가량의 전직 군인이 직업 훈련을 받았고, 그중 약 50%가 고용되거나 자영업을 시작함.
- 22만 명의 국내 실향민이 자신이 선택한 장소로 돌아옴.
- 269개의 사업이 농업, 공동체 인프라, 교육 등의 영역에서 실행됨.
- 84개 학교와 28개 보건 센터의 운영이 재개됨.
- 20만 명이 음용 가능한 식수를 사용하게 됨

(http://web.worldbank.org/WBSITE/EXTERNAL/
EXTABOUTUS/IDA/O,,contentMDK)

아프리카개발기금(African Development Fund)이 1224만 달러를 제공했고, 안보 부문은 대통령이 군 통수권자이고 국방부 차관이 민간인이라는 점에서 정부가 민주적으로 책임을 진다.

시에라리온은 의심의 여지없이 매우 파괴적인 장기전에서 벗어났다. 이러한 과도기에 서아프리카 경제공동체(ECOWAS)와 아프리카연합, 유엔, 영국 정부 모두 일정한 역할을 담당했고, 이 나라가 전쟁에서 탈출할 수 있도록 도왔다. 사회와 정치 일선에서도 많은 발전이 이루어졌다. 그러나 여전히 몇 가지 걱정거리와 의문점이 남아 있다. 7000명의 경찰이 공무를 수행할 수 있을까? 그들이 효과적으로 국가를 통제할 수 있을까? 관습적인 권리를 행사하는 농촌 지역·추장(chief)은 미래에 어떤 역할을 하게 될까? 부패는 충분히 사라졌을까?(Baker 2006; Fanthorpe 2006 참고). 시에라리온이 앞으로 어떤 길을 걷게 될지에 대한 결론을 내리는 것은 시기상조이다. 그러나 주의해야 할 점이 있다. 안보가 정착되더라도 다른 본질적인 것이 이루어지지 않는다면 제2의 군사 정변이 발생하는 것은 시간 문제이다(Riley 2006 : 4).

[분석] 수단의 다르푸르 사태

수단의 다르푸르 사태(Darfur Crisis)는 2004년부터 악화하여 20만 명의 인명 피해와 220만 명의 이재민을 낳았다. 유엔, 아프리카연합, 유럽연합 모두 이 사태의 중재자인 리비아, 나이지리아와 함께 이 분쟁을 해결하기 위해 노력했다. 그러나 사태는 나아지지 않고 있다. "폭력은 늘어나는 반면, 인도주의 구호단체의 현지 접근은 줄어들고 있다. 국제적인 평화 유지 노력 역시 효과를 보지 못하고 있으며, 정치적 해결은 요원하기만 하다" (International Crisis Group 2007a). 본 연구는 이 복잡하고 해결되지 않은 문제를 추적하고, 국제사회의 반응을 살펴본다.

수단의 종족성과 종교는 1983년에 샤리아(shari'a, 이슬람법)가 도입되면서 복잡해졌다. 전 외무장관 가브리엘 로릭(Gabriel Roric) 주교는 이때부터 소수의 권리가 종교적 권리와 혼동된 것으로 보았다(Roric 인터뷰 1997). 1956년에 수단이 영국에서 독립한 이래로 종족, 지역, 종교적 형태의 정체성을 통합할 수 있는 민족문화의 형성이 어려워졌다. 그러한 문화는 국지적 또는 원초적 요구를 감당할 수 있을 만큼 강하면서도 대중이 참여할 수 있을 정도로 유연한 정치 구조를 요구한다. 그러나 1983년, 니메이리(Nimeiri) 대령이 이끄는 세속 정부(secular government)가 반대 세력을 탄압하기 위한 수단으로 처음 도입하고 1989년 이후 알바시르(al-Bashir) 장군이 더욱 강화한 샤리아 법은 복잡한 종족 구성의 이 나라에 많은 논쟁과 불화를 불러일으켰다. 1996년에 시행된 인구조사에서는 2700만 명이 수단에 살고 있는 것으로 파악되었다. 출신 종족까지 포함한 1955/1956년의 조사에 따르면 수단의 종족은 크게 19개의 주요 집단으로 구성된다. 이 19개의 집단은 100개 이상의 언어를 사용하는 597개의 작은 하위 집단으로 나눌 수 있다. 종교적으로는 인구의 60%가량이 이슬람교도이며, 15%가 기독교도이다. 나머지는 전통종교를 믿는다.

다르푸르 사태

다르푸르에서 발생한 사건은 2003년에 최초로 국제언론을 강타했는데, "세계를 충격에 빠뜨렸다"고 언론에 보도되었다(Begum 2004 : 48). 어떤 이는 이 사태를 "정치 – 경제적 권력을 유지하기 위해 종족이나 부족의 차이를 악용한, 어리석은 국가정책이 빚어낸 수단 통치 체제의 실패"로 해석하였다(Jibril 2004a : 2). 다르푸르 지역은 북부, 남부, 서부의 3개 주로 이루어져 있으며, 600만 명의 인구에 9개의 주요 종족 집단이 분포되어 있다. 이 지역이 분쟁으로 요동치기 시작한 것은 두 반군 세력인 수단해방운동(Sudan Liberation Movement, SLM)/수단해방군(Sudan Liberation Army, SLA)과 정의와 평등운동(Justice and Equality Movement, JEM)이 **정부 시설**에 대한 공격을 감행하면서부터였다. 이 공격은 정의와 평등운동(JEM)이 악명 높은 핫산 알투라비(Hasan Turabi)의 지원을 받아 돌발적으로 감행한 것으로 볼 수도 있다. 과거에 급진적인 민족이슬람전선을 이끈 알투라비는 1989년에 알바시르 장군의 군사정변을 지원했고, 1990년대에는 "임의적인 구류는 물론 사지절단과 치명적인 고문"을 일삼던 체제의 주역이었다(Woodward 1997 : 101). 실제로 그는 1997년에 다음과 같이 공표하였다. "수단의 이슬람이 강압적 수단을 사용하지 않고 **권리와 의무**를 강조했다고 해서 서구식 의미의 **자유의지**(freedom of will)를 수용했다고 해석하면 안 된다"(Turabi 인터뷰 1997). 수단의 사안과 성격, 정치는 절대 간단하지 않다. 1999년에 바시르 대통령은 당시 국회 대변인이던 알투라비를 해고한 뒤 결국에는 체포하였다. 그때부터 그는 보호관찰 대상이 되어 최근까지도 가택연금 상태에 놓여 있었다.

분쟁에 불을 지른 것은 하르툼 정부와 남부 지역 주민이 합의한 포괄적 평화협정으로 알려져 있다. 다르푸르 반군집단은 그들의 지역이 원유 덕에 급성장하는 국가 경제의 혜택을 받지 못한 채 소외되고 있다고 여겼다. 반면에 정부는 정부군을 공격하고 획책한다는 이유로 정의와 평등운동(JEM)과 수단해방운동(SLML)/수단해방군(SLA)을 비난했다(Mans 2004 : 291). 수단 정부는 처음에는 무장 헬기와 미그기, 안토노프 폭격기 등 일반적 군사 무기를 사용하여 반군을 분쇄하려고 하였다(International Development Committee 2005 : 9). 또한 잔자위드(Janjawiid, '말 등에 올라탄 무사'라는 뜻)로 알려진 현지 민병대를 동원하고 무장하였다. 이로써 분쟁은 인도주의적 재앙으로 돌변하였다. 민병대는 주로 민간인을 공격해서 많은 사람이 살해당했으며, 2004년 초에는 100만 명 이상의 강제이주자가 발생했다. 한 소식통은 이는 절대 잊히지 않을 사건이라고 보도했다. "전례가 없는 대량학살과 자원약탈, 생계수단의 파괴, 납치, 여성에 대한 집단 강간, 기타 범죄 행위 등이 이 지역 주민에게 깊은 상처를 남겼다"(Abrahamson 2004).

이 지역의 분쟁이 고조된 시기는 2003년 2월이었지만, 갈등이 이미 상존했기 때문에 "하르툼 정부에 대한 대중의 저항은 새로운 현상이 아니었다"(Mans 2004 : 292). 이미 1983년에 "마라헬(Maraheel)과 같은 유목집단이 오늘날 잔자위드가 저지르는 것과 비슷한 폭력 행위로 비난받은 바 있다"(El Talib 2004 : 3). 이들 집단이 맡은 역할은 서부 수단에 사는 유목부족의 "목초지와 물을 약탈자와 노상강도, 혹은 다른 유목부족의 공격'에서 보호하는 것이었다. 1983년에는 수단민중해방운동(Sudan People's Liberation Movement, SPLM)/수단민중해방군(Sudan People's Liberation Army, SPLA)이 당시 누메이리(Jaafar Numeiri)* 대통령 정부에 대항하여 수단 남부와 서부 지역에서 군사 작전을 개시하였다. 이 작전의 잠재적인 공격 대상이던 마라헬과 다른 유목집단은 정부에 치안부대를 요청하였다. 최근 들어 잔자위드가 세계 언론매체의 주목을 받는 이유는 그들의 세력이 넓고 강한 공격력을 가지며, 질 좋은 무기를 사용하기 때문이다(같은 책). 얼마 뒤에는 이 지역에서 자행되는 폭력 행위와 강제이주, 그리고 지역주민에 대한 인권유린의 실태가 세계에 알려지게 되었다.

북부와 남부 사이의 내전은 북부의 이슬람교도가 기독교도와 전통종교 신봉자가 주를 이루는 남부에 자신의 종교를 위협적으로 강요해서 발생했지만, 다르푸르는 종교적으로 이슬람 지역이다. 그러나 이 지역에는 많은 종족과 부족이 있고, 수단 정부 세무국(Al Zakat Bureau)은 재정분배 시 명확히 구분한 자원 비율에 따라 이 지역을 남부, 북부, 서부 다르푸르로 나누고, 각 지역의 빈곤한 사람과 생산수단에 차등을 둔다. 〈표 8.6〉에서 보듯이 남부 다르푸르와 다른 북부 및 서부 지역 사이에는 상당한 사회-경제적 차이가 있다.

1989년에 군사정변이 일어났을 때, 민중방어군(Popular Defence Forces, PDF)이 "정규군의 지도와 지휘 아래 재향군인의 공식군으로 결성되고, 많은 유목민이 열성적으로 참여하였다"(같은 책). 이와 관련하여 일부 전문가는 이 지역에 사는 아랍인과 아프리카인을 구분하는 것이 오해를 불러일으킬 소지가 있다고 분석한다. 알렉스 드 왈(Alex de Waal)은 다음과 같이 주장한다.

---

* 옮긴이 주 : 'Jaafar Numeiri'는 'Jaafar Nimeiry, Gaafar Nimeiry, Ga'far Muhammad Numayri'로도 표기함.

주	빈곤층 (백만 수단 파운드)	생산수단 (백만 수단 파운드)
남부 다르푸르	302.0	90.6
북부 다르푸르	40.3	12.1
서부 다르푸르	38.8	11.5

출처 : Zakat(1997).

남부 수단의 관점에서 아프리카인과 아랍인은 양극 관계에 있다. 다르푸르의 관점에서는 아랍인과 아프리카인이 구분되지 않았다. 다르푸르인은 하나 이상의 정체성을 갖는 데 별 어려움이 없었고, 실제로 그들이 건설한 다종족 왕국 안에서도 베두인과 문화적 아랍인과 같은 여러 아랍계가 포함되었다.

(de Waal 2005 : 187)

사람들은 스스로를 아랍인 아니면 아프리카인으로 구분하는 경향이 있지만, 오랫동안 "여러 혈통이 섞이면서 이러한 양극화된 정의가 무의미"해졌다(Abrahamson 2004). 또 다른 연구는 분쟁을 "아프리카인에 대한 아랍인의 공격"으로 보는 것이 "지나치게 단순한 생각"이라고 지적한다(Begum 2004 : 45). 예를 들어 지브릴(Abdelbagi Jibril)은 다음과 같이 주장한다.

다르푸르 사태의 아이러니는 이 지역의 아프리카인과 아랍인이 차이점보다는 공통점이 더 많다는 데에 있다. 약간의 예외를 제외하면, 다르푸르의 모든 부족집단은 상호 보완적으로 사회-문화적 체계를 발전시켜 왔다. 이 지역 사람은 수니 이슬람의 교리를 따르고, 상당수가 아랍어를 교통어(lingua franca)로 사용한다. 반면에 이 지역이 곤란을 겪게 된 것은 1984년과 1985년 가뭄으로 인해, 점진적인 사막화가 진행되고 자원이 줄어들었기 때문이다. 이 때문에 지역주민의 생활조건이 악화되고, **목축 유목민과 농민 간의 갈등이 커지게 되었다.**

(Jibril 2004a)

다르푸르 지역은 이 나라에서 가장 높은 문맹률과 가장 낮은 취학률을 보인 지역 중 하나로서 열악한 사회-경제적 지표를 보여 준다(〈표 8.7〉 참고).

▌표 8.7 ▌ 문맹률과 취학률(7~9세)

지역	문맹률	취학률(%)
하르툼	31.8	58.7
청나일	48.3	44.9
코로도판	74.0	30.0
다르푸르	76.4	29.5
북부	40.6	60.0
동부	56.2	36.5
홍해	자료 없음	46.0
적도	71.2	27.5
바르 엘 가잘	85.9	5.3
상류 나일	86.3	17.0

출처 : Abdalla & Suliman(1995).

국제적 경보

2004년 3월, 이임하는 유엔의 카필라(Mukesh Kapila) 수단 담당 인도주의 조정관(Humanitarian Coordinator)은 다르푸르에서 발생한 "세계에서 가장 심각한 인권 및 인도주의적 대참사"에 국제사회가 관심을 보일 것을 촉구하였다. 유엔 추산에 따르면, 이 폭력사태로 70만 명의 난민이 발생했고, 11만 명이 차드로 탈출하였다. 8개월 후에는 차드에서 약 20만 명의 난민이, 수단에서는 160만 명의 이재민이 추가로 발생했다. 거기에 40만 명이 분쟁 때문에 인도주의적 구호가 필요한 것으로 파악되면서 수치는 더욱 늘어났다. 2004년 6월과 7월 사이에 이 지역을 방문한 코피 아난(Kofi Annan) 유엔사무총장은 외교 협상을 통해 인도주의 구호자의 제한 없는 현장 접근, 형벌 면죄 조항 폐지, 전쟁 중단, 잔자위드와 기타 민병대의 무장해제 등을 촉구하는 공동 성명에 하르툼 정부와 반군 조직이 서명하게 하는 데 극적으로 성공했다. 또한 이 성명으로 인해 아난의 수단 특사인 프롱크(Jan Pronk)와 이스마일(Mustafa Osman Ismail) 수단 외교부 장관을 수장으로 하는 공동실행기구(Joint Implementing Mechanism)의 설치가 가능해졌다.

곧이어 7월 30일, 유엔안보리는 미국의 입안으로 사무총장이 이 지역의 사태를 30일마다 안보리에 보고하게 하는 1556호 결의안을 채택했다. 8월에는 민병대의 무장해제와 체포, 형벌면죄 조항의 폐지, 인도주의적 보호 차원에서 난민수용소 공간 확대, 증강된 경찰력 배치 등의 조치를 정부가 취할 것을 요구하는 행동계획안이 마련되었다(같은 책). 다르푸르 사태 뒤로는 북부와 남부 수단 간의 전쟁을 종식하기 위한 포괄적 평화협정을 놓고 여러 협상이 진행되었다.

이에 대해 일각에서는 비판의 목소리가 터져 나왔다. "국제사회의 반응은 다르푸르 사태가 야기한 난제를 해결하기에는 너무나 미온적이

고, 범죄 행위 예방이나 현지인 보호를 위한 의미 있는 조치를 취하는 데
도 여전히 유보적이다"(Jibril 2004a). 이보다 더 통렬한 비판을 가한 사람
도 있었다. "그간의 전력으로 미루어 볼 때, 결국 외무부는 하르툼의 민
족이슬람전선 정권을 달랠 것이므로 다르푸르에서의 영국 정책은 실패
했다고 표현할 수밖에 없다"(Tinsley 2005). 영국 국제개발부(Department
for International Development, DfID)는 2003년에 국제사면위원회와 국
제위기그룹, 저스티스 아프리카와 국경없는의사회 등 많은 NGO 단체
가 내린 초기 경고가 "진지하게 받아들여지지 않았음"을 인정하였다. 몇
몇 NGO 단체는 "북부와 남부 간의 평화협상 과정을 위태롭게 할 우려가
있으므로 다르푸르 사태를 부각하는 것이 적절하지 않다"는 경고를 받았
다(International Development Committee 2005 : 17). 유엔이 2003년 9월
에 다르푸르 확대특별조치(the Greater Darfur Special Initiative)를 취하고,
유엔의 인도적 지원 조정실에서는 이 지역이 인도주의적 위기를 맞고 있
다고 경고했음에도 공여국가는 뚜렷한 반응을 보이지 않았다. 영국 국제
개발부는 영국은 물론이고 미국과 유럽위원회에 "너무 많은 책임이 전가
되었다"고 보았다. 유엔이 2004년 3월에 5억 3400만 달러를 요청했을 때
영국은 이미 인도주의적 원조로 950만 파운드를 제공한 상태였다. 모든
것을 감안할 때, 다른 국가가 좀 더 많이 기여해야 한다는 기류가 형성되
었다. 특히 총 13억 달러를 요청받은 아랍 국가는 "실망스럽게도 2.5%"
만을 제공했는데, 그것도 대부분 쌍방 간의 인도주의적 현물원조를 통해
집행되었다(같은 책 : 18). 한 분석가는 아랍인의 이러한 반응이 놀라운 것
은 아니라면서 다음과 같이 말했다. "수단의 북아프리카 이웃국가는 다르
푸르에서 대학살이 벌어졌는데도 바보같이 하르툼을 지지하는 부끄러운
짓을 했다"(Jibril 2004a).

종족 대학살의 문제

이 사태에 대해 좀 더 신속한 초기대응을 할 수도 있었겠지만, 이 지역에서 벌어지는 인도주의적 재앙이 실제로 민족대량학살(genocide)이었는지의 여부에 대해서는 국제사회에서도 약간의 혼란이 있는 것으로 보였다. 2004년, 수단 방문에서 돌아온 미국의 콜린 파월(Colin Powell) 국무장관은 다르푸르에서 일어나는 행위가 집단학살로 표현될 수 있을 것이라고 말했다. 그는 미 국무부가 미국 변호사협회 및 국제정의실천연합과 함께 차드의 난민 수용소에서 조사한 결과를 인용하면서 "잔자위드와 정부군이 비아랍계 마을 주민에 대해 저지른 살해와 강간, 마을 불 지르기 등의 잔학 행위가 지속적으로 만연해 있음"을 인정하였다. 이러한 증거를 토대로 그는 "집단학살이 다르푸르에서 자행되어 왔고, 그에 대한 책임은 수단 정부와 잔자위드에 있다"고 결론 내렸다. 또한 그는 집단학살이 지금도 여전히 벌어지고 있을 수 있다고 말했다(http://platform.blogs.com/passionofthepresent). 이러한 파월의 언급은 논쟁을 불러일으켰다. 1948년 제정된 집단학살의 예방과 단죄에 관한 협약 제2조와 제3조에 따르면 다음과 같은 두 가지 본질적인 요소가 집단학살에 해당한다.

(1) 어떤 민족이나 종족, 인종 혹은 종교 집단을 완전히 또는 부분적으로 몰살할 의도"를 지닌 정신적 요소
(2) 물리적 요소에는 다음과 같은 것이 있다. (a) 집단 구성원을 살해함, (b) 집단 구성원에 대해 심각한 신체 및 정신적 위해를 가함, (c) 한 집단을 완전히 또는 부분적으로 몰살하기 위해 계획한 생활조건을 해당 집단에 의도적으로 부과함, (d) 집단에서 일어나는 출산을 방해하기 위한 조치를 취함, (e) 집단의 아동을 다른

집단으로 강제 이동함.

(Tinsley 2005 : 4)

수단 정부는 다르푸르에서 벌어지는 상황이 "집단학살이 아니다"
라고 주장하면서 파월의 언급을 단정적으로 부정하고, 유럽연합이나 아
프리카연합도 "그렇게 강한 발언"을 한 적이 없었다는 입장을 내놓았
다(http://bbc.co.uk/2/hi/Africa/3940547). 2004년 8월에 아버(Louise
Arbour) 유엔인권고등판무관과 집단학살 방지를 위한 유엔의 특별고문인
멘데스(Juan Mendez)가 다르푸르에 실사를 나갔다. 아버는 공격받을 우
려 때문에 수용소 밖을 나갈 수 없는 난민이 "벽이 없는 교도소에 감금되
어 있다"고 말하면서 다음과 같이 덧붙였다.

마을 주민에 대한 잔자위드의 공격이 계속되고 있고, 공격도 새로운
형태의 대규모 개별 공격으로 바뀌었다. 수용소에서 땔감을 구하러 밖에
나가는 여성은 이런 공격의 희생율이 되기 쉽다.

멘데스는 다음과 같이 주장하였다.

일부 종족집단이 취약하고 상황이 불안정한 가운데, 우리는 차후에
다르푸르에서 발생할 수 있는 집단학살을 방지하는 전환점을 찾지 못했
다. 그러므로 만반의 경계태세를 갖추고 집단학살의 발발을 막을 수 있
는 특별 조치가 필요하다.

(Jıbril 2004a 인용)

2005년 유엔특별조사단은 하르툼 정부가 집단학살정책을 추진하지
는 않았지만, 전쟁범죄와 더불어 인류에 대해 "집단학살에 버금갈 정도

의 심각하고 가증스러운" 범죄를 저질렀다고 보고했다(*The Times* 2005. 4. 23, Tinsley 2005 : 3 인용). 유럽연합도 아프리카연합처럼 다르푸르에서 집단학살이 발생하지 않았다고 언급했다. 이 인도주의적 위기의 본질에 대한 국제사회의 관점이 다르다는 점이 명백히 밝혀진 것이다. 아프리카연합의 의장으로 이 사태의 해결을 위해 적극적으로 나선 오바산조(Olusegun Obasanjo) 나이지리아 대통령은 2004년 9월 23일, 뉴욕에 위치한 유엔에서 다음과 같이 진술했다.

이것을 집단학살이나 종족말살이라고 명명하기 전에 특정 집단을 몰살하려는 정부의 결정과 계획, 그리고 프로그램부터 명백히 파악해야 한다. 그런 뒤에야 우리는 집단학살과 종족말살에 대해 논의할 수 있을 것이다. 우리가 알고 있는 것은 반란과 폭동이 일어났고 그 반란을 잠재우기 위해 정부가 다른 집단을 무장하였다는 것이다. 이러한 관점에서 볼 때 사태를 집단학살이라고 할 수는 없다. 물론 이것이 분쟁이고 폭력인 것은 사실이지만 말이다.

(Abrahamson 2004 : 9)

이러한 해석의 차이가 사태의 본질을 더 모호하게 만들었다.

아프리카 문제에 대한 아프리카식 해결

아프리카연합은 다르푸르 분쟁에 대한 국제사회의 대응에 동참했다. 영국 정부는 아프리카 문제에 대해 아프리카인이 주도하는 해결방식이라는 개념을 NEPAD의 정책 틀 속에서 대륙을 다루는 전략의 하나로 강조했다. 그러나 아프리카연합의 수단 주둔은 주최국 정부의 동의가 있어야만 가능했다. 여기서 주목할 점은 하르툼이 비아프리카 기구의 군사적 개입을 계속해서 배제했다는 사실이다. 또한 아프리카연합이 아프리카 문제에 대한 아프리카식 해결을 촉진하는 과정에서 차드, 이집트, 라이베리아, 나이지리아가 하르툼의 입장을 지지했다는 점도 흥미롭다. 그러나 이러한 참여조차도 1만 2000명 규모의 군대가 필요하다는 유엔의 추산과 달리 "프랑스만한 지역에 고작 2400명의 아프리카연합 감시요원을 배치하는 데 6개월이상"이 걸렸다는 점에서 비판을 받았다(Tinsley 2005 : 6). 처음에는 나이지리아와 르완다에만 감시요원을 파견했다. 캐나다와 영국도 요원 파견을 제안했으나 하르툼은 이를 단호히 거절했다(2005년 5월 전 영국군 소속 요원과 저자의 인터뷰). 2004년 8월, 오바산조 대통령은 아부자에서 아프리카연합의 재정 지원으로 하르툼 정부와 두 반군집단 간의 평화회담을 주재하였다. 그는 하르툼 정부가 잔자위드 민병대를 무장해제할 수 있는 반면, 수단군은 추가적인 유혈 사태 없이는 이를 수행할 능력이 없는 것으로 보이기 때문에 반군의 무장해제를 위해 더 많은 아프리카연합 병력이 필요하다고 말했다. 오바산조는 외국 군대의 개입 없이 이 사태를 종식하려면 아프리카인이 목표를 통일해야 한다고 역설했다. "아프리카가 여러 전쟁과 내부 위기로 인해 불쌍해 보이는 아동과 영양실조나 질병으로 죽어가는 가련한 여성의 이미지, 세계의 문제아로 남아서는 안 된다"(http://platform.blogs.com/passionofthepresent). 이 회담은 더 많은 아프리카연합의 평화유지군이 다르푸르에 주둔하는 것을 수단 정부가 수용한다는 합의에 도달했다. 이는 하나의 돌파구로 높이 평가되었다.

당시 나이지리아 대통령은 아프리카연합이 시종일관 추진하는 강력한 활동의 견인차로서 인정받았지만, 남아프리카공화국 역시 다르푸르의 평화와 안정을 확보하는 데 협조했다고 주장하였다. 그러나 남아프리카공화국은 수단에서 일방적인 행동을 취하려 하지는 않았다. 당시 대통령 대행이던 제이컵 주마(Jacob Zuma)는 자국의 노력이 아프리카연합의 평화안보위원회와 연계될 것이라고 주장하였다. 일각에서는 남아프리카 공화국이 이 문제를 다루는 데 있어 확고한 결심을 보이지 못했다는 비판이 제기됐지만, 엄밀히 말해 아프리카연합이 효과적으로 행동을 취할 수 있으려면 단결이 필요했다. 계속된 여러 차례의 평화회담에서 약간의 진전이 이루어진 것으로 보였고, 2004년 11월에는 수단 정부와 반군세력인 수단해방운동/수단해방군 및 정의와 평등운동이 인도주의 문제와 안보에 관한 두 개의 의정서에 서명하였다. 인도주의 의정서에는 인도주의적 목적을 가진 기관의 자유로운 이동 및 접근, 민간인 보호, 국제사회의 역할, 실행 기제에 대한 원칙이 포함되었다. 이와 달리 안보 의정서에서는 잔자위드를 무장해제하는 데 대한 정부의 책임이 재차 강조되었다. 이러한 협정이 의미가 있는 것으로 보였음에도 영국의 국제개발부는 이를 확실한 것으로 믿지 않았다. 그들이 보기에 아부자에서 오간 대화 내용은 "분쟁 당사자가 약속한 의무조항을 준수하지 않을 경우 다르푸르 현지에서 벌어지는 사건에 의해 내동댕이쳐지기 쉬운 것"이었다(International Development Committee 2005 : 41). 일부 반군집단은 에리트레아에 기반을 둔 불분명한 권력 구조를 가지고 있는 데다, 불확실하고 막연한 요구사항을 내세우면서 그다지 진정성 있게 협상에 임하는 것 같지 않았다. 마찬가지로 하르툼 역시 '열성적인 협상가가 아닌 것' 같았다. 아프리카연합이 좀 더 효과적으로 참여할 수 있는 방법을 모색하기 위해 나이지리아, 이집트, 리비아, 차드, 가봉을 포함한 **관련국**(concerned countries) 연합이 결성되었다.

본질적으로 아프리카연합의 주둔에서 어려운 점은, 초기에 위임받은 임무가 정전감시였다는 것이다. 2004년 10월의 수정된 지시 사항은 민간인 보호를 포함하도록 확대되었으나, 평화의 강요나 무장해제로까지 확대되지는 않았다. 이 지시 사항은 아프리카연합의 사절단에게 "민간인 보호가 수단 정부의 책임이라는 인식하에 자체적으로 동원할 수 있는 자원과 능력의 범위 안에서 절박한 위협에 처한 인접 지역의 민간인을 보호"
하는 임무를 부여했다(같은 책 : 43). 이러한 모호한 부분을 분명하게 밝
힐 필요가 있었지만, 이 지시 사항은 아프리카연합의 평화안보위원회가
국제사회와 협의해서 결정한 것이었다. 가장 큰 문제는 아프리카연합 사
절단이 충분한 군 병력을 확보하였는지 여부였다. 2005년 3월을 기준으
로 총 군인 수는 최소 기준인 6000명에도 미치지 못한 1942명에 불과했
다. 그러나 이것은 인력만의 문제가 아니었다. 아프리카연합군을 지원하
기 위해서는 병참지원과 위성첩보가 필요했는데, 이것은 유럽연합, 영국,
미국이 조달해야 했다. 당시 영국의 아프리카 담당 외무부 장관이던 크리
스 뮬린(Chris Mullin)*은 외국 군대의 징집을 단 한 번도 염두에 두지 않
았다.

　　만약 서구 병력이 조금이라도 개입하게 되면 그 군대는 옴짝달싹하지
　　못하게 되고, 세계의 모든 지하디스트에게는 들고 일어날 새로운 이유가
　　생겨 우리는 순식간에 사방에서 공격받는 처지가 될 것이다. 게다가 우
　　리가 서유럽 크기의 수단 전체를 불안정하게 만들 수도 있다. 그리고 우
　　리가 가장 원치 않는 것은 서유럽 만큼 큰 파산국가가 우리 수중에 놓이
　　게 되는 것이다.

　　　　　　　　　　　　　　　　　　　　　　　　　　　　(BBC TV 2004)

　아프리카 문제에 대한 아프리카식 해결이 매력적인 어구였다고 하더
라도 현실적으로 그 책임의 부담감은 상당할 수밖에 없었다.

---

* 옮긴이 주 : 책에서는 Mullen으로 잘못 표기됨.

석유와 유엔, 국가의 이해관계

1999년에 선적된 원유가 수단에서 처음으로 수출되었다. 프랑스와 벨기에가 이해관계를 갖고 있었고, 아시아에서는 중국, 말레이시아, 인도의 석유회사가 관여했다. 2003년까지 어림잡아 5억 달러의 수입이 원유에서 발생하였는데, 그 규모가 사우디아라비아나 이라크만큼 큰 것이라고 예상되지는 않았지만, 실제 매장량이 얼마나 되는지에 대해서도 정확히 알려진 것은 없었다(Human Rights Watch 2003). 그럼에도 이에 대해 여러 추측이 난무했고, 그중 일부는 서부 수단과 연관이 있었다. "다르푸르는 매장된 원유를 비롯해 거대한 미개척 천연자원을 가진 수단에서 가장 부유하지만 아직 발전이 덜 된 지역 중 하나이다"(Jibril 2004b : 4). 게다가 원유수입의 60%가 무기구매에 쓰이고, 수단의 원유판매가 다르푸르의 전쟁자금을 조달하고 있다는 우려 섞인 주장도 제기되었다(Human Rights Watch 2003; Prendergast 2004). 수단 원유의 가장 큰 고객이 유엔안보리 상임국인 중국이었기 때문에 경제제재와 원유금수조치가 내려졌을 때 국제사회의 단결에 금이 가기 시작했다. 원유금수와 같은 고통스러운 제재로 수단을 확실히 위협하지 않는 한 하르툼은 다르푸르 사태를 해결하기 위한 어떠한 시도도 진지하게 하지 않을 것이라는 의견이 대두하였다. 그러나 여기에는 한 가지 문제가 있었다.

> 중국, 인도, 말레이시아와 몇몇 유럽 국가는 수단과 교역관계를 놀라울 정도로 늘리고 있다… 이들 국가의 기업은 수단에 수십 억 달러를 투자하고 있으며, 최근 다르푸르 지역의 집단학살에서 하르툼 정부가 행한 역할에 대해 별다른 우려를 표명하지 않은 채 긴밀히 협력하고 있다.
>
> (*Washington Post*, 2004. 8. 24,
> http://platform.blogs.com/passionofthepresent 인용)

관심의 초점이 다시 유엔으로 옮겨지자, 중국이 사업상 이해관계와 정치는 별개라는 이유를 들어 원유금수조치에 찬성하지 않을 것이 분명해졌다. 2004년 7월의 유엔안보리 결의안 1556호와 이후 9월의 1564호가 모두 유엔헌장의 7장에 수용되었는데, 이는 다르푸르 사태가 그만큼 국제 평화와 안보를 위협했음을 의미하는 것이었다. 결의안이 마련되자 유엔안보리는 수단 정부가 의무사항을 이행하지 못할 경우 경제제재와 필요시 군사적 행동을 포함한 의무적인 징벌조치를 합법적으로 취할 수 있게 되었다. 결의안 1564호는 안보와 민간인 보호, 그리고 잔자위드의 무장해제와 관련하여 진전이 없는 데 대해 심각한 우려를 표명하는 한편, 하르툼 정부가 안보리에 지도자 명단을 제출할 것과 국제조사위원회의 설치를 요청했다. 안보리는 수단 정부가 의무 사항을 따르지 않을 경우에 수단의 석유 부문이나 수단 정부 또는 정부의 개별 구성원에게 영향을 주는 조치를 고려할 것이라고 언급했다.

이러한 말에는 무언가 목적이 있는 것처럼 보였지만 안보리 내에서는 분열이 일어났다. 중국과 파키스탄이 첫 번째 결의안인 1556호에 기권한 것과 달리, 러시아와 알제리는 궁극적으로 이를 지지하지만 하르툼 정부에 좀 더 시간을 주자는 입장이었다. 그러나 이 네 나라 모두 결의안 1564호에는 기권했다. 그들은 1564호가 아프리카연합과 협의한 후에 제재를 '염두에 둘' 것이라고 언급했을 뿐인데도 제재가 부적절하다고 여겼다. 그러나 이전 결의안에 포함되었던 하르툼 정부의 의무사항에 대해서는 전혀 언급하지 않은 이후의 1574호 결의안은 만장일치로 통과되었다. 유엔의 반응이 일정 부분 특정 국가와 이해관계의 결과라는 혼란스러운 메시지를 보내고 있었던 것이 분명했다. 영국의 국제개발부 보고서는 나음을 분명히 밝혔다.

원유와 무기 수출의 이해관계가 국제사회를 대신한 안보리의 단호한 다르푸르 보호조치를 방해하는 것은 매우 큰 문제이다. 수단 사태를 부채질하며 민족대량학살에 버금가는 중대하고 가증스러운 범죄 행위에 대해 기꺼이 눈감는 국가는 비난받아야 마땅하다. 또한 그것은 그러한 범죄 행위 예방과 보호에 국제사회가 무능하다는 것을 여실히 보여준다.

(International Development Committee 2005 : 53)

안보리의 이런 난제는 NGO 단체의 신랄한 비판을 불러일으켰다. 국제위기그룹은 유엔을 가차 없이 비난하며 국제사회가 실패한 요인을 다음과 같이 다섯 가지로 요약했다. 혼란의 가중과 모호한 도덕적 기준, 변죽만 울리는 언동, 결집력 부족, 인도주의적 단체 원조에 대한 의존이 그것이다(Prendergast 2004). 이러한 비판적 시각은 유엔안보리 결의안이 수단 사태보다 자국의 이해관계에 따라 반응하는 국가에 의해 추진된 사실을 비난한 것이다. 그것은 또한 국제사회가 협상 연기(delay)를 받아들이고, 무의미한 수사 어구를 반복하거나 혹은 어떤 행동적 조치를 하기보다는 정전을 요구함으로써 다르푸르에 대한 집단 대응에 미온적 반응을 보인 것을 고발한 것이었다(같은 책). 프렌더개스트(Prendergast)는 다르푸르 때문에 국제사회의 불충분한 점이 발견됐지만, 특히 유엔의 취약점이 많이 드러났다고 보았다. 다른 학자도 마찬가지로 "외교관이 뉴욕에 앉아 시간을 끄는 동안 다르푸르인은 죽어 가고 있다"고 비판했다(http://news.bbc.co.uk/1/hi/world/africa/3643218.stm).

안보리를 분열한 또 다른 주제는 이 사태를 국제형사재판소(International Criminal Court, ICC)로 넘기라는 다르푸르 국제조사위원회의 권고를 따를 것인가의 여부였다. 잔학행위에 책임이 있는 사람들이 법의 심판을 받아야 한다는 것이다. 예견한 대로 국제형사재판소로 사건을 송치하는 것에 대한 의견차가 있었고, 안보리는 협상 5주 차 내내 어려움을 겪었다. 영국의 국제개발부는 이러한 난국에 대해 다음과 같이 놀라움을 표시했다.

> 유엔안보리가 다르푸르 조치에 실패하면 두 가지 측면에서 또 한 번
> 그 위상이 흔들릴 우려가 있다. 첫째, 많은 사람이 유엔안보리가 보호의
> 의무를 다하지 못한다고 생각할 것이다. 둘째, 불만 있는 회원국이 안보
> 리의 통제에서 벗어난다면 유엔 무용론이 쏟아져 나올 것이다.
>
> (International Development Committee 2005 : 38)

결국 다르푸르 사태는 국제형사재판소로 넘겨졌고, 수단에서 활동하는 51명의 전범 용의자 명단이 작성되었다. 안보리가 마침내 이 문제만큼은 이견 조율에 성공한 것으로 보였다.

2005년 6월, 수단 방문을 막 마치고 돌아온 영국의 힐러리 벤(Hilary Benn) 국제개발 국무장관은 수단 상황을 낙관적으로 보고 있다고 말했다. 여러 수용소를 둘러본 결과, 공중 폭격은 중지되고, 민간인에 대한 무차별적 공격은 줄었으며, 정부와 반군 세력 간의 충돌도 거의 없음을 확인했다는 것이다. 또한 그는 2004년과 비교할 때 아프리카연합의 대처능력이 많이 좋아졌으며, 예상컨대 7500명의 병력이 2005년 9월 말까지 배치될 것이라고 하였다(Benn 2005). 포괄적 평화협정(CPA)에서 진전이 있었던 것만큼은 분명하다. 하르툼 정부와 수단인민해방운동(SPLM) 간에 조약이 맺어진 데 이어 2005년 7월부터 수단인민해방운동의 지도자인 존 가랑(John Garang, 1945~2005)이 초대 부통령의 역할을 맡게 되었다.[1] 벤 장관은 하르툼의 새로운 국가통합정부(Government of National Unity)가 "포괄적 평화협정의 틀 안에서 다르푸르 문제를 해결할 수 있기"를 기대했다. 그는 원유 채굴권이 다르푸르에 있다는 사실이 이 거래에 참여한 국제사회에 영향을 줄 수도 있겠지만, 결국 다르푸르에 평화가 찾아온다

면 "원유 자원이 모든 수단인에게 축복이 될 것"이라고도 말했다. 그러나 그는 덧붙여서 이 지역에서 발생한 문제를 정치적으로 해결하는 데에는 "어느 정도 시간이 걸릴 것"으로 전망했다(Benn 2005). 그의 이러한 신중한 낙관론에도 불구하고 2005년 7월 유엔 인권고등판무관이 준비한 성폭력 희생자를 위한 사법적 접근에 관한 유엔 보고서에 따르면 "수단 분쟁으로 찢긴 다르푸르 지역에서 법 집행관과 군인을 포함한 무장 세력이 계속해서 강간과 성폭력을 저지르고 있으며, 겉으로 보기에 당국은 이들에게 책임을 물을 능력과 의지가 없다"는 사실이 밝혀졌다(www.arabicnews.com/ansub/Daily/Day 050406/2005040618).

다르푸르 사태로 유엔안보리 회원국이 큰 시련을 맞고, 정책을 수립하는 수뇌부가 취약하다는 사실이 드러난 데에는 의심의 여지가 없다. 또한 원유 생산과 채굴권을 둘러싼 국가적 이해관계 때문에 경제와 안보에 대한 우려가 더욱 심각해졌다. 한 분석가는 "모든 석유회사가 기름이 풍부한 다르푸르의 여러 지역에서 한몫씩 챙기려고 촉각을 곤두세우고 있다"고 하였다(Waging Peace 2005). 냉소적인 사람은 이 지역의 인구감축이 매일 100만 달러의 원유 수입을 거둘 것으로 추정되는 나라를 위해 반드시 필요한 것이었다고 비아냥거릴 수도 있다. 이러한 강제적인 인구이동으로 말미암아 기업은 영국의 앨런 골티(Alan Goulty) 수단 특사의 다음과 같은 탄원에도 불구하고 원유추출 작업에 전념할 수 있었다. "가축과 사람, 유정(油井)이 공존할 수는 없는 걸까?"(Goulty 2003). 물론 하르툼 정부가 강제로 인구를 줄이는 데 대한 비난은 과거에도 있었다. 예컨대 2001년에 루웽 주(Ruweng County)의 추장이던 미리알(Mirial)은 다음과 같이 주장한 바 있다. "정부는 사람들을 쫓아낸 뒤 그들이 다시 돌아오지 않았다는 것까지 확인했다. 정부와 석유회사는 분명히 지금 당장이라도 원유탐사를 시작할 준비가 되어 있다. 그들은 이 지역 안에서 어떠한 남부 사람도 반기지 않았다"(deGuzman 2002 : 12). 이에 대해 한 분석가는 다음과 같은 결론을 내렸다. "마을에 대한 헬리콥터 공격을 필두로 지상군의 살인적인 급습과 약탈, 그리고 오두막에 불 지르기 같은 전형적인 인구감축 방법이 원유가 풍부한 지역에서 특별 전략으로 동원되고 있었다… 루웽 주에서 이용된 전술은 난민의 귀향을 확실하게 저지했다." 그 결과로 생겨난 텅 빈 광활한 지역은 "수단 정부가 원유사업 지역을 확보하기 위해 기름이 풍부한 남부 지역의 인구를 의도적으로 주도면밀히 줄여 나가고 있다"는 주장을 뒷받침했다(같은 책). 다르푸르의 경우 이와 직접 연관된 바는 없지만, 2004년에 나온 인권 보고서는 "조직적인 강간과 고문, 협박, 모욕, 혹사" 등의 방법을 통해 사람들을 쫓아내는 과정에서 수단 정부가 이 지역의 민병대와 결탁한 사실을 고발했다(The Times, 2004. 7. 21, http://platform.blogs.com/passionofthepresent 인용). 다르푸르 사태를 어떤 식으로 보든 간에 원유자원, 매장량, 채굴권, 생산 등의 문제가 서로 얽히고설켜서 두드러지게 드러나는 것은 확실하다.

　다르푸르 분쟁의 중심에는 힘, 권력, 반란의 뒤틀린 관계가 놓여 있다. 하지만 일반적으로 인정되는 정치관은 합의와 설득, 참여, 관대함이다. 폭력에 의지하는 것은 적절한 정치적 절차가 부재하고, 합법적 통치에 무지하다는 사실을 만천하에 드러내는 것이다. 사회-경제적인 기초 지표는 수익이 불평등하고 불공정하게 분배된다는 사실을 보여 주며, 원유 수익에 대한 매우 현실적인 전망은 이러한 분배의 문제를 더욱 악화해 왔다. 그렇다면 다르푸르 분쟁이 국제적으로 알려짐으로써 유엔안보리와 더 넓은 국제사회의 능률과 효율성이 증명되었을까? 어느 면에서는 비록 국제사회가 다르푸르에서 촉발된 인도주의적 재난과 관련이 있었지만, 하르툼과 남부 간의 포괄적 평화협정이 우선순위가 됨으로써 양측의 충성심이 분열되고 정책이 혼란해진 것은 사실이었다. 수단 정부는 남부와 평화협상에서 손을 떼지 않는 한 전복될 가능성이 없으므로 일반적인 논의가 진행됐지만, 이는 결국 하르툼 정부가 정치적으로나 전략적으로나

영구적인 우위를 점하게 되는 계기가 되었다. 실용적 관점에서 볼 때 하르툼과 남부 간의 계속된 전쟁을 해결하는 것이 급선무라고 이해할 수도 있지만, 일부 전문가는 다음과 같이 경고한다. "서구 정부는 공공연히 모든 것을 까발림으로써 남부의 평화협상 과정을 뒤엎어 버릴 생각이 없다. 그래서 민족이슬람전선(National Islamic Front, NIF)에게 자유 재량권을 준 것이다. 민족이슬람전선은 매우 영리한데도 항상 과소평가되어 있다"(Lusk 2005).

그러나 다르푸르 평화협정은 2006년에 별다른 영향을 받지 않고 조인되었다. 그리고 2007년에는 아프리카연합과 유엔 병력으로 혼성된 평화유지군(African Union-United Nations Peacekeeping, UNAMID)이 배치될 것이라고 공표되었다. 유엔안보리 결의안에 따라 2만 6000명 규모의 군 병력과 경찰관의 배치 명령이 떨어졌지만, "완전한 배치는 뒤로 미루어졌고, 평화유지군은 헬리콥터와 중장비 수송차량과 같은 물자 부족으로 어려움을 겪고 있다"(Concordis International 2008). 2008년 2월에는 반기문 유엔사무총장이 폭력을 근절하기 위해 심각하게 부족한 평화유지군의 지원 병력과 필수 장비를 더 늘려 줄 것을 호소했다. 그러나 그는 "지원을 위해 권한을 위임받은 정치과정만큼의 효과만을 평화유지군이 발휘할 것"이라는 조심스러운 입장을 취했다(UN News Service 2008). 여기서 두 가지 관점만큼은 의심의 여지가 없다. 다르푸르 사태의 궁극적인 해답은 비단 국제사회와 유엔/아프리카연합의 심사숙고뿐만이 아니라, 더 본질적으로는 정치와 합법성의 영역 안에 놓여 있을 것이다. 어느 시점에 이르러 수단은 이러한 도전을 맞이해야만 할 것이다.[2]

제**9**장
테러

테러의 정의

역사적으로 테러는 국제사회의 관심을 받아 왔다. 1937년에 국제연맹(League of Nations)은 테러 방지 및 처벌 협약(Convention for the Prevention and Punishment of Terrorism)을 도입했다. 이는 발효된 적은 없지만, 테러 행위에 대한 다음의 정의를 제공했다. "반국가를 지향하고, 특정인의 마음에 공포를 불러일으키기 위해 의도되거나 계산된 모든 범죄 행위이다"(UN Office on Drugs and Crime 2005). 〈표 9.1〉은 미국의 여러 기관이 채택한 테러의 개괄적 정의를 서술한 것이다. 1963년부터 2001년 9월 28일까지 유엔은 12개 협약과 보충협약에 서명했지만, 보편적으로 수용되는 테러에 대한 단일 정의는 없다(Mazzitelli 인터뷰 2004). 이런 이례적 사실은 테러라는 용어가 정치 영역에서 주관적 가치판단을 지니기 때문이다. "어떤 사람에게는 테러분자이지만 다른 사람에게는 자유전사이다." 자주 회자되는 이 문구는 폭력을 부당성에 대항하는 최후 무기로 남

겨 놓은 독립 이후 아프리카 국가의 해방운동이나 반아파르트헤이트 해방
운동에서 사용되었다.[1] 어쨌든 로마제국, 프랑스 혁명, 19세기의 러시아처
럼 유사 이래로 이유는 다양하지만 사람에 대한 폭력과 산발적 공격은 항
상 있어 왔다.[2] 오늘날에는 다양한 이슬람교도가 벌이는 테러가 집중적인
관심을 받고 있다. 미 국무부는 사하라 사막 이남의 세 토착단체를 테러조
직으로 지목했는데, 소말리아의 이슬람교도 단체 알 이티하드 알 이슬라
미야(Al Itihad Al Islamiyya), 우간다의 기독교도 단체 신의 저항군(Lord's
Resistance Army), 르완다의 과거 군사정권의 전직 르완다무력군(ex-FAR,
Forces Armées Rwandaises)이 그것이다. 알카에다(al-Quaeda)와 헤즈볼
라(Hezbollah)는 여전히 많은 국가에서 테러 활동을 벌이고 있는 것으로
확인되었다(Piombo 2007).

▌표 9.1 ▌ 미국의 각 기관에서 채택한 테러의 정의

기관	정의
국방부	정치적, 종교적, 이념적 목표 달성을 하도록 불법적 폭력을 계획적으로 이용해 정부나 사회를 압박하거나 위협하는 행위
FBI	정치적·사회적 목표 달성을 촉진할 수 있도록 개인이나 개인의 재산에 불법적 폭력을 시도해 정부, 시민, 기타 요소를 위협하거나 압박하는 행위
국무부	대중에게 영향을 미칠 의도로 국가 산하단체나 비밀기관의 요원이 비전투 목표물을 대상으로 저지르는, 정치적 동기를 가진 계획적 폭력 행위

급진단체

"테러분자에게 둘러싸이면 어떤 기분이 들까요?" 1997년에 수단의 하르
툼(Khartoum) 오찬에서 수단의 정치종교 엘리트가 이런 질문을 했다.[3] 이

는 좋은 질문인데, 알카에다 지도자 오사마 빈 라덴(Osama bin Laden)이 그 당시 수단에 머무르면서 사업관계자와 상당한 네트워크를 형성하고 있었다는 사실을 감안하면 더욱 그렇다. 당시 서구사회 대부분은 수단을 외교관계가 제한되고 군사적, 경제적으로 이중으로 압박받는 **버림받은** 나라로 간주했다. 그러나 수단 고위급은 미국 대표부와 계속 연락을 취하고 있었다. 미국은 수단의 국가이슬람전선(National Islamic Front)의 지도자 핫산 알투라비(Hassan al Turabi)에게 공격적인 이슬람 의제에서 벗어날 것을 권고했다(Turabi 인터뷰 1997). 당시 흥미로웠던 것은 **지하드**(聖戰)를 **자카트**(zakat, 구호금)와 관련지어 국가 행정제도의 일부로 간주하고 계속 지원하겠다는 수단 정부의 논평이었다. **자카트**는 이슬람의 다섯 기둥 가운데 하나로 구호품을 지급하라는 요구이다(〈글상자 9.1〉 참고). 수단의 자카트지원실(Zakat Chamber)은 (자카트가) "건강, 공공 서비스, **지하드** 등의 모든 영역에 걸쳐 확산될 수 있도록" 제도화된 것이었다(Al Quusi 인터뷰 1997; Elzakat Magazine 1997 : 5; 〈글상자 9.2〉 참고).

┃ 글상자 9.1 ┃ 이슬람의 다섯 기둥

- 기도 의식
- 자카트 : 구호품 지급
- 단식
- 알하즈(Al Hajj) : 성지 순례
- 알지하드(Al Jihad) : 꾸란은 인간의 생명을 보호하고, 자신을 방어하고, 탄압받는 사람을 돕는 것에 무기 사용을 허락했다.

출처 : Surty(1995).

국가구원혁명(National Salvation Revolution) 정부 산하의 자카트지원실은 1990년부터 국민무장군(People's Armed Forces)과 민중수비군(Popular Defence Forces), 니다 알지하드 조직(Nida Al-jihad Organisation), 알샤히드 조직(Al-Shaheed Organisation), 다와흐 이슬라미아 조직(Da'wah Islamia Organisation), 국제아프리카대학교(International University of Africa), 성꾸란대학교(Holy Quran University), 옴두르만 이슬람대학교(Omdurman Islamic University) 등으로 대표되는 **지하드와 무자히딘**(Mujahideen, 아프가니스탄의 무장 게릴라조직)에 대한 지원을 확대해 왔다. 자카트지원실은 샤리아 지원자금과 국가 지원자금과 같은 자선기금의 지원도 확대했다.

출처 : Zakat Chamber(1997).

2001년의 9·11 공격 이후, 국제사회는 전 세계 이슬람 급진단체의 정치신조와 세계를 향한 야망에 대해 경계 태세를 취했다. 그러나 아프리카의 뿔에서 10년 넘게 활동한 상이한 무슬림 단체의 활동이란 과연 무엇일까? 알렉스 드 왈(Alex de Waal)의 주장에 따르면, "기간은 짧지만 의미 있는 몇 년 사이에 모든 형태의 급진적 이슬람이 수단에 집결했다"(de Waal 2004 : 43). 당시 세계는 어디에 관심을 두고 있었는가? 아프리카 전문가는 무엇에 관심을 집중하고 있었는가? 어떤 이유로 정치적 이슬람은 전통적으로 강경한 목소리를 내는 유명 지역에서만 중요한 것으로 여겨졌는가?

미국과 프랑스는 아프리카 내 이슬람의 테러 활동을 확실히 인식하고 있었다. 1993년 소말리아의 수도 모가디슈에서는 미군 18명이 이슬람 테러분자의 소행으로 보이는 공격으로 살해되었다. 프랑스는 자국의 과거 식민영토에 있는 급진적 이슬람을 오래전부터 인지하고 있었다

(Decalo 인터뷰 1995). 새로운 세계질서에 대한 이슬람의 요구는 아프리카 내 이슬람교도와 타 지역 이슬람교도의 통합을 요구한 1989년 이슬람회의기구(Organisation of the Islamic Conference, OIC)에서 시작되었다(Deegan 1996 : 50 재인용). 나이지리아에서 운영되는 아프리카 이슬람조직의 사무총장인 우스만 부가제(Usman Bugaje) 박사는 아프리카가 "서구의 도전에 맞설 수 있는 대안 세계관이자 문화 자유로서 이슬람을 갈망해야 한다"고 주장했다(Africa Events, 1994. 5, Deegan 1996 : 52 재인용). 아프리카의 지도자들은 이슬람세계에 새로운 국제질서를 수립할 것을 요구했다. "이슬람은 단순한 신조가 아닌 삶의 방식이다. 이슬람공동체는 국제사회에서 인정받는 권력이 되어야 한다"(1991년 이슬람회의기구 정상회의에서 감비아 대통령 Dawda Jawara의 연설, Deegan 1996 : 115 재인용).

오늘날 대다수 아프리카 국가의 정치적 궤적은 불확실하고 불안정하다. 테러의 위협은 약하고 불안정한 국가의 취약성과 안보에 대한 국제적 경각심을 크게 부각하였다. 그리고 아프리카 일부 지역에 존재하는 이슬람 극단주의자의 테러 행위로 인해 정치개혁과 안정에 대한 요구가 더욱 절실할 수밖에 없었다.[4] 그러나 1971년 창설된 이슬람회의기구가 냉전기에 아프리카 내 소련의 이익 확대에 대한 평행추로 기능했다. 그리하여 이슬람 단체와 조직은 잠식하는 공산주의의 보호자 역할을 하면서 종교적 전통주의 차원에서 국가를 활용하는 우호적 영향력을 가진 것으로 보였다. 아프리카의 엘리트 독재자들은 자국민의 다양한 종교를, 특히 프랑화통화권(Franc Zone) 내의 외부 세력, 그중에서도 프랑스의 지원과 신중하게 균형을 이루도록 했다.

1990닌내 아프리카의 무슬림 인구 추정치는 50%까지 증가했다(Deegan 1996 : 117). 이슬람회의기구의 대다수 회원국 역시 아프리카 국가이고, 일부 국가원수는 이 기구의 고위직을 맡았다. 세네갈과 니제르원수는 각각 이슬람회의기구의 사무총장과 이슬람회의기구 내 아프리카

특별 분과의 사무총장직을 맡았다.[5] 따라서 이슬람회의기구와 아프리카
통합기구(OAU, 현재는 아프리카연합[AU]으로 대체됨)의 관계가 꾸준히 발
전해 온 것은 전혀 놀라운 일이 아니다(〈지도 9.1〉 참고).

　　실제로 일부 논평자는 "민족과 국가의 차이를 초월하는 더 큰 통일
체" 내에서 형제애와 연대를 강조한다는 점에서 이슬람회의기구와 아프
리카통합기구를 유사 단체로 보았다(Moinuddin 1987 : 74; Brownlie 1983
참고). 그렇지만 차이점도 존재한다. 아프리카통합기구의 헌장이 지리적
제한을 두는 것과 달리, 이슬람회의기구의 헌장은 지리적 위치와 상관없
이 무슬림 국가이면 어디에 있든 이슬람회의기구에 가입할 수 있다고 천

| 지도 9.1 | 이슬람회의기구(OIC) 회원국

명했다. 이슬람회의기구의 헌장을 채택하려는 열망과 준비 태세를 보이는 나라는 전 세계 어디에 있든 회원 자격을 구비한 셈이었다(Moinuddin 1987).

아프리카통합기구의 사무총장 살림 아메드 살림(Salim Ahmed Salim)에 따르면, 두 기구의 밀접한 관계는 "남아프리카와 팔레스타인 거주자의 자유를 위해 연합투쟁을 한" 결과였다(Salim 1995). 살림은 "1990년대에 이슬람회의기구 내 중동국가가 수많은 아프리카 국가의 경제발전을 위한 노력을 지원해 왔다"고 주장했다(같은 책). 그러나 그것은 일정한 조건을 충족할 때 이루어졌다. 이슬람개발은행(IDB)의 기금을 받으려면, 이슬람회의기구의 회원국으로 가입하고, 이슬람 국가의 수립을 지지해야 한다. 이슬람회의기구의 역할 중 하나는 현재도 그렇듯이 "무슬림 공동체의 집단안보의 촉진이다"(Deegan 1996 : 118). 그러나 많은 사람은 이 조직을 잠재적인 급진 집단으로 보았다. 모이누딘(Moinuddin)은 국가 차원에서 벌어지는 이슬람 질서가 꾸준히 과격화되고 지원을 받으면서, 이슬람회의기구의 헌장 원칙이 빠르게 변질되었다고 주장한다. 이는 이슬람 세계의 급진적 성분이 전투화의 길을 추구하고, "그것을 이슬람회의기구의 테러 행위로 옮기는" 기회를 제공했다(Moinuddin 1987 : 110). 수단의 핫산 알투라비는 이슬람 부흥운동이 성장하려면, 국내적으로나 국제적으로 강력하게 일치된 행동을 해야 한다고 주장하면서 더 강력한 급진주의를 요구했다(Turabi 인터뷰 1997). 한편 이슬람개발은행(Islamic Development Bank, IDC)은 "모든 거래는 **샤리아** 법을 따라야 한다"는 주장을 견지했다.[6] 그러나 이 개발은행은 **특별원조계정**을 설치해서 '비회원국 내 무슬림 공동체의 재성지원'을 할 수 있었다. 무슬림사회의 최우선 사항은 직업훈련과 행정훈련이었기 때문에 교육 프로그램에는 이슬람 교육과 학술 프로그램도 포함되었다(IDB Annual Report 1992 : 89).

아프리카의 이슬람주의자 우스만 부가제는 "아프리카 무슬림은 적절한 시기에 경제 환경뿐만 아니라 사회정치 환경도 바꿀 수 있는 다양한 네트워크를 만들 수 있다"고 주장했다(Bugaje 1998 : 28). 그런 포괄적 의제를 구현하기 위해 부가제는 투자가 단순히 경제적인 것만이 아니라 '심각하고 미묘한 정치적 암시와 영향력'을 지닌 것임을 인식했다. 그래서 "사하라 이남의 경제자원의 사유화와 개발이 아직 손이 미치지 않은 이 시점에서 무슬림 자본은 이 지역의 정치와 경제의 미래에 결정적일 수 있다"(같은 책 : 31)는 사실이 명확해졌다. 하지만 이것을 어떻게 성취할 수 있었을까? 이슬람은행 관련 기관이 "무슬림 자본에 완전한 자유를 허락했을 것이다"(같은 책 : 30). 또한 아프리카의 풍요로운 원자재와 광물자원은 이슬람 지하드를 위한 자금으로 활용될 수 있었다(개인적 인터뷰, Khartoum, Sudan, 1997. 2).

아프리카 국가는 이슬람개발은행과 그 자금줄을 통해 더 많은 자원에 접근할 수 있다는 사실에 매혹되었다. [그림 9.1]은 1992년에 이슬람개발은행이 어느 영역에 자금을 제공했는지에 대한 개요로서, 농업보다는 사회 공공영역에 더 많은 자금이 지원된 것을 알 수 있다. 〈표 9.2〉는 이슬람개발은행의 재정지원을 받은 국가와 프로젝트에 대한 개요이다. 특별 원조계정 자금은 서민을 대상으로 하는 다양한 사회경제 활동에 집중되어 있다(〈표 9.3〉 참고). 마찬가지로 아프리카 국가용 자금은 사하라 이남 국가의 구호 활동의 형태로 사우디아라비아가 제공하였다(Kingdom of Saudi Arabia 1986). 사우디아라비아는 다음과 같이 보고했다. "이슬람회의기구 회원국 내에서 [사우디] 왕국의 역할과 영향력이 재정원조에만 국한된 것은 아니었다. 왜냐하면 사헬 국가와 연대를 위한 위원회(Committee for Solidarity with the Sahel Countries)에서 사우디 왕국의 참여와 노력이 물질적으로나 도덕적으로 상당한 영향력을 갖고 있기 때문이었다." 그 밖에도 사우디 왕국은 걸프 만의 자매국가(쿠웨이트, 바레인, 카타르, 아랍에미리트, 오만)를 비롯한 다른 이슬람 국가에 프로그램 지원

차원에서 유사한 조치를 취할 것을 독려했다(같은 책).

냉전 후기인 1986년에 사우디가 비아랍 아프리카 국가에 제공한 개발원조비용은 미화 총 35억 달러에 이르렀다. 34개의 비아랍 아프리카 국가는 다음의 원조를 받았다.

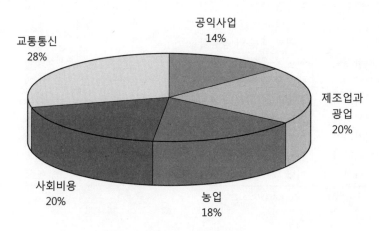

▌그림 9.1▌ 1993년 이슬람개발은행 프로젝트

▌표 9.2▌ 1992년 이슬람개발은행의 후발 개발도상국(LDMC) 재정지원 현황

국가	프로젝트	미국 달러(백만)
베냉	지방 건강센터	6.01
부르키나파소	지방 급수장	5.19
부르키나파소	토고 국경도로	1.57
카메룬	초등학교	9.08
기니	병원 증축	7.25
말리	초등학교	5.81
말리	건강센터	5.18
모리타니	관개 계획	7.00
세네갈	대학 증축	9.32
수단	관개 개발	9.50

출처 : Islamic Development Bank Report(1993).

| 표 9.3 | 1992년 비회원국 무슬림 공동체에 대한 이슬람개발은행의 특별원조 프로젝트

국가	프로젝트	미국 달러(백만)
에티오피아	에리트레아 내 학교 건설	0.49
가나	니마, 이슬람 연구기관	0.03
코트디부아르	직업훈련소 건설	0.19
코트디부아르	무슬림 학교 건물 건설	0.14
케냐	과학연구소 건설	0.17
케냐	가리싸, 무슬림 중등학교	0.26
모리셔스	이슬람 복합문화센터	0.49
모리셔스	이슬람 교육센터	0.24
나이지리아	공골라, 이크라 초등학교 건설	0.14
나이지리아	학교 건설 및 비품	0.14
나이지리아	소코토, 마가지 루파이 이슬라미야 학교 건설	0.16
나이지리아	아랍 및 이슬람 연구를 위한 고등기관 건설	0.29
탄자니아	아랍 및 이슬람 연구를 위한 고등기관 건설	0.55

출처 : IDB Annual Report(1993).

- 사회, 인간, 경제, 개발 등 다양한 목표를 위해 34개국의 아프리카 국가에 지원된 10억 달러 이상에 해당하는 회수불능 보조금과 공여금
- 33개국의 아프리카 국가 내 140여 개 개발 프로젝트 재정 지원으로 무조건 할인된 개발대여금 16억 4000만 달러
- 11개국의 아프리카 국가의 국제수지 균형과 개혁안 실행 및 경제 적응 자금 7억 2500만 달러

(같은 책)

그러나 1990년대 아프리카 정치의 반복되는 특징은 이슬람 단체 간의 갈등이었다. 이슬람회의기구의 회원국을 포함한 수많은 국가에서 충돌이 일어났다. 기니 정부는 '폭력 및 선동적 연설'을 이유로 이슬람주의

자를 처벌하면서 '이슬람 근본주의에 대한 공격'을 시작했다. 근본주의자 단체의 지도자는 지하드를 치르려는 목적으로 알제리에서 훈련을 받고, 기니에 파견된 말리 출신 젊은이였다. 이맘(이슬람 종교 지도자)이 기니의 무슬림사회의 급진화를 목표로 파키스탄, 이란, 이라크에서 들어왔다. 기니의 이슬람연맹에는 빨간불이 켜졌다. "근본주의는 위험하므로 그에 맞서 싸워야 한다. 하지만 근본주의 개념이 수천 명의 젊은이의 심금을 울릴지도 모른다"(Deegan 1996 : 118). 세네갈 정부는 이슬람 근본주의 활동의 혐의가 있는 NGO의 수단과 차드 출신 관리 두 사람을 강제 추방했고, 국가 불안 조성을 목적으로 움직이는 급진단체의 위장기관으로 활동한 5개 외국 무슬림자선단체의 지역사무소를 폐쇄했다(같은 책 : 119). 케냐의 이슬람정당 지지자와 정부의 보안기관원 간의 대립과 시위가 몸바사에서 일어났다. 에티오피아의 시위자는 샤리아 법정에 모든 권한을 부여하고, 대법원이 이슬람 관련 문제에 관여하지 말 것을 정부에 요구했다. 중앙아프리카공화국 대통령 앙쥬 펠리즈 파타스(Ange-Feliz Patasse)는 폭력 행위를 일삼고 국가 불안을 조성한다는 이유로 무슬림 공동체를 비난했다. 아자와드 아랍이슬람전선(Azaouad Arab Islamic Front)은 말리의 민간인 살해가 자신의 소행이라고 주장했고, 차드의 이슬람단체들은 비이슬람교도 사회에 "지체 없이 이슬람으로 개종하거나" 아니면 차드를 떠나라는 내용의 전단지를 살포했다. 그 사이에 라이베리아의 무슬림 학생단체들은 "이슬람 깃발 아래 은밀한 계획을 숨기고 있는 사람들을 조심하라"면서 무슬림사회에 경고했다(같은 책).

이란의 아야톨라 하메네이(Ayatollah Khamenei)는 1993년에 이슬람교도가 다음 사항에 주의를 기울여야 한다고 주장했다. "이슬람 투쟁은 전통적 전투와 유사하다. 그것은 육박전이다. 앉고 생각하고 주도권을 잡고 적의 모든 행동을 받아치라는 것이다"(같은 책 : 120). 모리타니 정부는 국가 전복을 목적으로 이슬람 조직과 문화센터 등에 자금을 지원한 알제리, 수단, 쿠웨이트, 사우디아라비아, 이란을 비난했다(Islamic African Centre 1996 : 3, Article 3).[7] 수단의 이슬람 아프리카센터는 "아프리카 안팎의 모든 이슬람 조직과 기관의 협력관계 구축" 및 "학생 훈련 캠프 조직"을 통해 아프리카 내 이슬람의 발전에 몰두했다(같은 책 : 12, Objectives of Department of Da'wah). 수단에는 9개소의 "훈련캠프"가 "원거리의 떨어진 지역"에 세워졌고, 학생들은 탄자니아를 비롯한 여러 곳에 파견되어 "그곳에서 매우 건설적인 업무에 참여했다"(같은 책 : 13).

아프리카에서 이슬람이 이처럼 모순된 세력으로 나타나는 것은 종교가 거대한 단일 조직으로 움직이는 것이 아니라 수피(Sufi)나 마흐디스트(Mahdist) 등 공격적 종파까지 포함하기 때문이다. 거기에는 "다른 사회적 전략"도 포함된다(Bayart 1993 : 257; 또한 Soares 2007b 참고). 그러나 아프리카 국가에서 상충되는 이슬람 전략은 아프리카 대륙에 분열과 불안을 초래했고, 많은 국가의 안보를 취약하게 만들었다. 종교적 급진주의, 권력 추구, 장황한 이론, 금융거래의 사용(私用), NGO 조종을 통한 사회 변혁의 시도를 모두 결부하려는 노력은 가공할 만했다. 수단과 소말리아는 왜 이슬람교도가 수십 년 동안 다양한 계획과 시위를 택했는지에 대한 이유를 밝히는 연구의 중심지였다. 어떤 이유로 이슬람교도가 수단 같은 다민족, 다종교 국가에서 권력을 차지했는지에 대한 질문이 제기된 것이다. 대답은 간단해 보인다. "수단 중산층의 구조적 취약성과 1970년대 좌파의 패배가 전쟁이 가져온 양극화 현상과 결합하면서 이슬람혁명을 획책하려는 핫산 알투라비의 잔꾀를 실현한 것이다"(de Waal & Salam 2004). 이슬람 마흐디스트 종파는 오랫동안 수단 역사의 일부였지만, 지하디스트라는 방식을 볼 때 궁극적으로 그것은 수단의 무슬림에게 구원보다는 더욱 위협적인 이슬람주의였다.

그러나 9세기부터 이슬람이 침투하여 현재 전 국민의 99%가 이슬람교도인 소말리아는 다른 양상을 보인다. 지정학적으로 중요한 위치를 차지하는 소말리아는 아랍과 인접한 특성 때문에 1974년 아랍연맹의 회원국이 되었다. 그 결과 새로운 기회를 접한 소말리아 청년은 신이슬람주의가 전개되던 사우디아라비아에서 공부할 수 있었다. 1990년대 초반에 시작된 내전은 수많은 사람의 목숨을 빼앗고, (검은) 돈이 이동하고, 이슬람의 주장과 반대되는 주장이 판치는 어두운 세상을 열었다. 소말리아의 선도 지주회사 알바라카트(al Barakaat)는 '지난 10년간 매년 약 3억 달러'로 추산되는 거액의 송금지불을 협상하는 중요 매개가 되었다. 2001년 11월 7일에 미국은 이 회사를 테러 활동의 자금지원조직 목록에 올렸다. 롤란드 마샬(Roland Marchal)은 이슬람이 정치뿐만 아니라 경제 분야에도 집중적인 관심을 보이기 시작했다는 사실을 분명히 밝혔다. 알 바라카트의 활동을 조사해 보면 "내전 기간 동안 비즈니스 클래스(고위층)를 개조하는 데서 보여 준 이슬람의 모호한 역할"이 드러날 것이다(Marchal 2004 : 140). 1995년에 수단농업은행(Agricultural Bank of Sudan)에는 외환결제은행(Foreign Correspondent Bank)으로 불리던 은행이 속해 있었는데, 여기에는 '국제상업은행(International Commercial Bank), 사우디아라비아 제다(Jeddah)의 리야드은행(Bank of Riaad), 뉴욕과 런던의 아메리칸 익스프레스은행(American Express Bank), 런던의 암만은행(Bank of Amman), 제네바와 네덜란드의 크레디리요네은행(Credit Lyonnais Bank), 네덜란드의 더치은행(Dutch Bank)' 등이 연계되어 있었다(Rahim 인터뷰 1997).

아프리카 내 이슬람 NGO의 영향력은 또 다른 어두운 영역에도 미쳤다. 잘 짜인 복지망의 일부인 구호금(zakat)이 사회종교조직에 제공되었는데, 그 수혜자가 이슬람 NGO로 등장한 것이다. 주로 중동국가의 자금지원을 받는 이슬람 NGO의 성장은 1990년대에 중요한 의미를 지녔다. 그러나 그들의 목표는 단지 교육, 건강, 빈곤 완화에만 머무르지 않았다. 대다수는 "특정 이슬람단체의 이익을 위해" 자금을 보냈다(Salih 2004 :

180). 수단의 **자카트 펀드**는 "형제를 지원하기 위해 국경을 넘어 보스니아, 소말리아, 타지키스탄에 도착할 수 있는 통로를 찾아냈다"(Zakat Chamber 1995). 모하메드 살리(Mohamed Salih)의 경고에 따르면 "아프리카 내 일부 이슬람 NGO는 다원주의와 관용, 이슬람의 움마(umma)를 능가하는 신앙의 다양성 등 아프리카의 본질적 가치에 대해 적대적이고, 고도로 중앙집권화된 무슬림사회의 출현을 의미한다"(Salih 2004 : 181). 수단에서는 이슬람 아프리카구호단체(Islamic African Relief Agency)와 국제무슬림여성협회(International Muslim Women Union)가 수단의 정권체제를 구축하기 위해 활동했다(Elawad 인터뷰 1997; Albadawe & Satti 인터뷰 1997). 실제로 이슬람 아프리카구호단체에는 테러자금 네트워크와 연결된 것으로 의심되는 25개 이슬람 자선기관과 NGO 명단이 포함되어 있어서 미국국세청(US Internal Revenue Service, http://fas.org/sgp/crs/terror/RL33020.pdf)의 조사를 받았다. 아프리카 무슬림을 훈련했던 하르툼 소재 이슬람아프리카센터(Islamic African Centre)의 자금 역시 〈표 9.4〉에서 볼 수 있듯이 수많은 국가에서 조달되었다. 탄자니아, 잔지바르, 케냐, 우간다, 차드, 니제르, 나이지리아, 중앙아프리카공화국 출신의 학생들은 엄격한 이슬람교 선교를 가리키는 '다와흐(Da'wah)에서 현대적 기술 원조'

▮표 9.4▮ 하르툼 이슬람 아프리카센터를 위한 국가별 재정지원

국가	재정 지원율 (%)
사우디아라비아	25
쿠웨이트	15
아랍에미리트연합	15
카타르	15
이집트	10
모로코	10
수단	10

출처 : Islamic African Centre(1996).

를 활용하는 훈련을 받았다. 이 센터에는 실제로 다와흐 부서가 있었다. 이 부서의 목표를 〈글상자 9.3〉에 열거해 놓았다(Islamic African Centre 1996).

┃ 글상자 9.3 ┃ 수단의 이슬람 아프리카센터의 다와흐(Da'wah) 부서의 목표

(1) 아프리카사회에 이슬람을 전파하고 이슬람 문화를 강화할 인재 육성
(2) 아프리카 안팎의 모든 이슬람 조직 및 기관과 협력관계 구축
(3) 이슬람 전파를 위해 여러 단체가 채택한 보편적 전략 개발 : 다와흐 실천을 위해 현장에 투입할 학생의 훈련캠프 조직. 캠프의 목표는 두 가지로, 거의 모든 것이 필요한 무슬림사회 돕기와 이곳에서 배운 가치를 실행할 수 있는 학생 훈련

출처 : Islamic African Centre(1996 : 12-13).

아프리카의 뿔(〈지도 9.2〉 참고)과 특히 소말리아는 상당한 사회적 · 안보적 난관에 힘겹게 대처하면서 1990년대 이슬람의 정치적 이익의 여파를 감당하려고 노력하는, 전쟁으로 피폐한 지역이다(〈글상자 9.4〉 참고). 이 지역은 불안과 빈곤 속에 사는 사람들의 어려움을 이제 와서야 인식한 국제사회의 혜택을 받을 수 있었지만, 미국은 그 이전인 2001년 9월 11일에 이미 케냐, 지부티, 소말리아, 수단이 포함된 아프리카의 뿔을 테러분자의 주요 근거지로 지목한 상태였다. 〈글상자 9.5〉에는 해당 지역의 가공할 위협을 개괄해 놓았다.

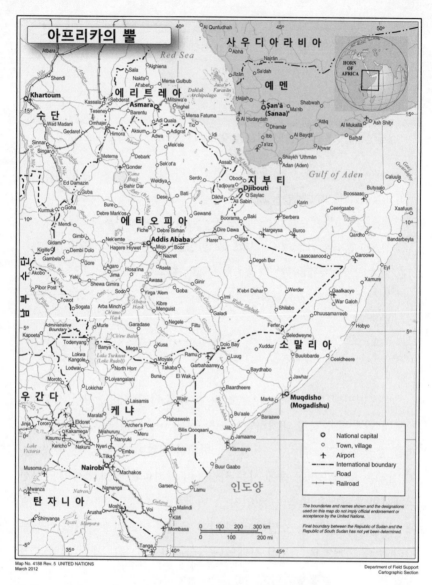

출처 : www.un.org/Depts/Cartographic/map/profile/horne.pdf.

▌지도 9.2 ▌ 아프리카의 뿔

┃글상자 9.4 ┃ 소말리아

1960년에 소말리아의 영국령과 이탈리아령 지역이 독립과 합병 과정을 거쳐 소말리아 연합공화국을 형성했지만, 케냐, 에티오피아와 국경 분쟁은 계속되었다. 무하마드 시아드 바레(Muhammad Siad Barre, 1919~1995)는 쿠데타 이후인 1969년에 권력을 잡고, 소말리아를 사회주의 국가로 선포한 후 대부분의 경제를 국유화했다. 소말리아는 아랍연맹(Arab League)에 가입했지만, 1970년대에 극심한 가뭄과 대규모 기근으로 고통을 겪었다. 바르 대통령은 1991년 군지도자 모하메드 파라 아이디드(Mohamed Farah Aideed)와 알리 마흐디 모하메드(Ali Mahdi Mohamed)의 권력투쟁이 일어날 때까지 권력을 잡았다. 이 권력투쟁으로 민간인 수천 명이 사망하거나 부상을 입었다. 유엔과 미국은 질서회복을 위해 애썼지만, 1993년 소말리아 민병대가 모가디슈에서 미군 헬리콥터 두 대를 격추해 순찰대원을 살해하는 사건이 일어나면서 전투가 이어졌다. 미국의 임무는 1994년에 끝났고, 유엔평화유지군은 임무를 완수하지 못한 채 1995년에 그곳을 떠났다. 아이디드는 사망했고, 부족 지도자들은 압둘카심 살라 핫산(Abdulkassim Salat Hassan)을 대통령으로 선출했다. 2001년에 유엔은 가뭄의 습격을 받은 남부 소말리아 주민 50만 명의 식량원조를 호소했다. 정치투쟁이 경쟁 집단 간에 계속되었고, 2006년 모가디슈에서는 적대적 민병대의 격전으로 많은 사람이 살해되거나 부상을 입었다. 이는 거의 10년간 최악의 폭력 사건으로, 이슬람법원연합(Union of Islamic Courts)에 충성하는 민병대는 부족의 군지도자들을 물리친 다음 모가디슈와 남부의 다른 지역을 장악했다. 소말리아의 장기 내전과 중앙정부기관의 부재는 테러조직이 국가제도의 붕괴를 악용할 수 있게 했다. 소말리아는 2002년에 케냐 리조트를 폭파하고 이스라엘 항공기 격파를 시도한 알카에디 조직의 온신처였다. 유명한 테러단체는 알 이티하드 알 이슬라미야아(Al-Ittihad al-Islamiyyaa, AIAI)였고, 최근 더 폭력적인 **지하디스트** 조직은 아덴 하시 아이로(Aden Hashi 'Ayro)가 이끄는 단체로 추정된다. 소말리아는 통치체제, 법규, 국경 내 권한 행사의 붕괴로 인해 **실패한 나**

라로 자주 언급된다. 이런 무정부 상태는 테러단체가 맹렬히 움직일 수 있는 환경을 조성했다. 2007년에 유엔안보리는 아프리카연합에 소말리아 평화유지의 임무를 맡겼지만, 바로 그때 반란군과 정부군 간 폭력 사태가 일어났다. 유엔특사 오울드 압달라(Ould-Abdallah)는 소말리아의 인도적 위기를 아프리카 최악의 사태로 묘사했다. 누르 아드(Nur Adde)로도 알려진 신임 수상 누르 하산 후세인(Nur hassan Hussein)은 화해와 안보, 국제신뢰의 획득에 초점을 맞추겠다고 단언했지만, 이 나라의 미래는 불확실하기만 하다. 부족이 싸움을 일삼고, 주민이 강제로 이주하고, 테러와 국제적 보복의 위협을 받는 분열국가 소말리아에 정상적인 통치체제가 구축되기까지는 상당한 시간이 걸릴 것으로 보인다.

출처 : EISA(2007a) ; International Crisis Group(2005).

| 글상자 9.5 | 아프리카의 뿔에 위치한 테러조직

- 2003년 5월에 케냐 정부는 알카에다 테러조직의 핵심 조직원이 알카에다의 케냐 주둔을 공고히 하기 위해 서구를 공격할 계획이 있다는 사실을 인정했다.
- 지부티의 환승 역량은 테러분자에게 매우 중요하다. 이는 국제 테러분자에게 커다란 매력으로 작용했다.
- 소말리아는 이슬람 테러에 일익을 담당했다.
- 수단의 고위관리들은 급진적 이슬람 성향을 보였다.

출처 : United States Institute of Peace(2004).

아프리카연합의 계획

아프리카연합의 최초 평화안보 활동의 하나로 아프리카 공동방어 및 안보

정책(Common African Defence and Security Policy)의 설립 결정을 들 수 있다. 이는 2002년 리비아의 지도자 무아마르 카다피(Muammar Qaddafi, 1942~2011) 대령이 제안해 2004년에 도입되었다. 이 정책은 아프리카 대륙의 테러 증가와 9·11 테러 및 그 이후 유럽에서 벌어진 테러로 야기된 안보에 관한 국제적 우려에 반하는 행위였다. 한 분석가는 이를 평화 및 안보에 관한 가장 **중요한** 정책으로 보았다(Touray 2005 : 635-56). 아프리카 국가는 테러의 범위와 심각성, 그것이 국가 발전과 안보에 미치는 위험을 우려했다. 1998년에는 케냐와 탄자니아 주재 미국 대사관이 폭파되어 200명 이상이 사망했다. 2002년에 케냐 몸바사에서는 이스라엘인 소유의 호텔을 대상으로 한 항공기까지 동원된 합동공격이 일어났다. 1999년에는 아프리카통합기구에서 테러에 대한 우려가 제기되었지만, 유엔안보리는 2001년 9월 11일 이후에야 모든 유엔회원국에게 구속력을 갖는 반테러 조치인 결의안 1373호를 채택했다. 2001년 10월에 아프리카 정상회담 역시 테러에 반대하는 다카르선언(Dakar Declaration)을 채택했다. 이 선언에서 아프리카 국가는 아프리카를 비롯한 세계 각지에서 일어나는 모든 형태의 테러를 명백하게 규탄했다.

2002년 아프리카 지도자들은 아프리카 내 테러방지를 위한 아프리카연합의 계획을 채택하였다. 아프리카 내 테러방지를 위한 조치와 전략, 회원국과 아프리카연합위원회, 평화안보위원회의 역할과 책임을 명시한 이 계획은 모든 아프리카 국가에 대해 다음을 요구했다.

- 경찰 및 출입국 심사 강화
- 테러 활동을 막는 입법사법 소지의 제성
- 테러 자금의 지원 행위를 불법화해 테러 자금의 지원을 억제하는 국제회의 가동(1999)
- 테러단체의 활동에 대한 기밀정보 교환

• 테러에 저항하기 위한 지역적 · 대륙적 · 국제적 수준의 협력

(Africa Union 2002a : 1)

  사하라 이남 아프리카에는 알카에다와 관련이 있거나 알카에다의 영향을 받은 테러분자의 확산, 특히 자금 조달과 테러분자 모집 및 훈련에 관한 실질적이고 진심 어린 우려가 존재한다. 동부, 서부, 중부 아프리카를 관통하는 여러 국가는 이런 방식의 테러 침투에 취약한 것으로 나타났다. 알제리의 수도 알제에 테러 연구를 위한 아프리카센터가 설립된 것도 바로 그 때문이다. 이 센터는 아프리카연합위원회 산하기관으로 '아프리카 내 테러 예방 및 방지 능력의 향상'을 목표로 삼고 있다. 이 센터는 '테러와 테러조직에 대한 정보의 연구, 분석' 및 위협에 대응할 수 있는 훈련 프로그램 개발을 위해 창설되었다. 더 구체적으로는 실행가능한 포괄적 전략, 이를테면 경찰과 출입국 심사의 개선, 입법과 사법 조치, 테러 자금의 조달 억제, 정보의 효율적 공유, 지역적 · 대륙적 · 국제적 수준의 협조를 테러방지를 위해 마련해야 한다(African Union 2004). 이런 계획은 필수적이지만 역량 문제가 제기되기도 한다. 이런 우려는 아프리카연합 내 고위급에서 논의되었다. 이를테면 아프리카 국가가 "비싼 공항 출입국 심사장비와 기계판독 여권심사에 필요한 컴퓨터, 출입국 심사를 위한 전문 기술 등을 구비할 수 있을까?" 등의 질문을 제기할 수 있다. 테러 활동 자금의 조달과 관련해서 "자금 세탁과 테러 자금 조달이 더 광범한 문제라는 것은 자명한 사실이다. 그것은 아프리카에서 벌어지는 재정 남용의 사례이기도 하다"(African Union 2003).

테러와 범죄

범죄에 대한 우려는 테러의 대처방식을 복잡하게 만든다. 테러 행위가 인신매매, 마약거래, 범죄행위, 재정 부정과 같은 심각한 다른 문제와 연관될 때, 그 사실은 더욱 명확해진다. 예컨대 아프리카는 "라틴 아메리카산 코카인 밀수를 위한 중간 기지로 이용된다"(Mazzitelli 인터뷰 2004). 범죄의 교차교배라 할 수 있는 밀수와 무법 상황은 유엔의 오랜 골칫거리였고, 이 때문에 테러조직의 자금 조달이 은폐될 때는 더욱 그러했다(같은 책). 실제로 아프리카 범죄와 개발보고서(Crime and Development report)에서 유엔마약범죄사무국(UNODC)은 시에라리온을 "내전이 조직적 범죄 및 테러분자의 이해와 얽혀 있다는 것을 보여 주는 좋은 사례"로 인정했다. 저항단체인 혁명연합전선(RUF)은 다양한 방식으로 조직적 범죄와 테러에 연루되었다.

- 총기 매매상 레오니드 미닌(Leonid Minin)의 기소 내용에 기록되어 있듯이, 혁명연합전선은 러시아 마피아에게서 총기를 구입했다.
- 알카에다와 연계된 조직은 9·11 폭파 이전에 상당한 양의 분쟁 다이아몬드(conflict diamonds)를 구입했다.
- 시에라리온 경찰은 군통치위원회(Armed Forces Ruling Council) 소속으로 1997년과 1998년에 권력을 잡은 군사정부가 사상 최초로 시에라리온을 국제 마약거래 중간 기지로 이용했다고 보고했다.

(UNODC 2005 : 20-21)

실제로 **범죄-테러 연계**가 아프리카에 존재하는 것으로 보인다.

대중의 눈으로 볼 때, 정부의 합법성을 약화한다는 점에서 불안 상황은 테러분자에게는 절호의 기회이다. 대중이야말로 테러분자가 가장 지지를 얻고자 하는 집단이다. 범죄 활동을 극대화하고자 하는 범죄조직에도 불안 상황은 도움이 된다. 합법 제품이든 불법 제품이든 대규모 밀수조직에게는 더욱 그러하다.

(같은 책 : 18)

시에라리온에서 채취되어 라이베리아를 통해 밀수된 다이아몬드가 헤즈볼라를 거쳐 레바논에서 테러 자금으로 사용되는 것은 분명한 사실이다. 실제로 아프리카 전 대륙에서는 "시아파 및 레바논 이주민사회와 해당 지역의 법집행기관의 비효율성으로 인해 테러조직의 자금 조달, 세탁, 이동이 용이하다"(Levitt 2004). 관련국으로는 기니, 시에라리온, 라이베리아, 베냉, 코트디부아르, 세네갈, 콩고민주공화국, 남아프리카공화국 등이 있다. 탄자니아는 "특별한 석재를 밀매하는 테러집단과 연결되어 있는 것"으로 알려져 있다(Mazzitelli 인터뷰 2004). 아프리카연합은 특정 아프리카 국가가 "범죄 및 밀수 특히 귀중한 광물자원의 약탈 및 마약의 불법 밀매와 남용에 유리한 환경을 갖고 있다"는 사실을 인지했다(Africa Union 2003). 그러나 알카에다와 연계된 이슬람 수니파 조직은 레바논과 헤즈볼라와 관련된 급진적 시아파 조직과는 다른 양상의 위협을 보여 준다. 아프리카의 레바논 디아스포라에서 모금한 금액은 약 1억 달러에 이르는 것으로 추정된다(Farah 2007). 이란에 돌아가는 혜택은 어마어마하다. 광물자원을 가질 수 있고, 이념, 종교, 무기의 수출시장까지 갖게 되니 말이다. 수니파 조직은 "이슬람 칼리프 왕국이나 엄격한 샤리아 법의 지배를 받는 무슬림 통치국가 설립을 위한 투쟁에 참여하는 지하디스트 네트워크를 구축하려고" 한다(같은 책). 소말리아에서는 극단적 급진단체가 "이슬람 자선단체와 민간 부문이 제공하는 넉넉한 기부금 덕택에" 세력을 계속 확장하고 있다(International Crisis Group 2007c).

테러는 아프리카 자체에 항상 커다란 위협이 되어 왔다. 그러나 초국가적 범죄는 한 나라의 약점을 이용하는 **치명적 현상**이기도 해서 아프리카는 "이런 테러의 급습에 특히 취약한 것"으로 보인다(UNODC 2005). **통치 부재 공간**(ungoverned space)의 개념은 아프리카 대륙의 특정 지역을 설명하는 방식이 되었다. 본질적으로 이 용어는 '통치를 실행하는 국가의 능력이나 정치적 의지가 결여된 물리적 또는 비물리적 지역'을 의미한다. 이런 지역에서는 다른 단체나 기관이 국가가 제공해야 하는 서비스와 기능을 대신 맡는다(Piombo 2007). 확실히 **샤리아** 법의 지배를 받는 북부 나이지리아의 카노는 공식 정부와 유사한 국가 형태로 운영되고 있는 반면,**8** 소말리아에 인접한 북동부 케냐는 "케냐의 나머지 대부분의 지역과 기본적으로 단절되어 있다"(Mair 2003). 하지만 테러조직이 취약한 나라만 선호한다고 추론하는 우를 범해서는 안 된다. 테러조직은 분쟁 지역에서 자원을 탈취하지만, "테러조직을 장기간 유지하고 재정 네트워크를 수립할 수 있는" 환경 역시 얻고자 한다(Piombo 2007 : 2). 초국가적으로 영향을 미치는 협박과 급진조직의 용이한 국내외 이동은 사하라 이남 아프리카가 테러조직의 **벌집**이라는 편견을 갖게 만들 수 있다(개인적 인터뷰, Johannesburg 2002). 확실히 최근 아프리카 내의 테러 활동은 "테러분자 용의자 체포와 케냐의 테러조직의 붕괴에서부터 나이지리아의 알카에다 연계조직의 모집활동, 미국과 영국의 테러감시 대상국 출신 외국인의 남아프리카공화국 여행서류 위조까지" 다양한 형태로 나타났다(Shillinger 2006 : 5).

대테러전략은 군사원조, 기술지원, 아프리카 국가의 능력 배양으로까지 확대되었다. 2003년 미국 부시 대통령은 동부 아프리카 국가의 역량 강화를 위한 동부 아프리카 대테러계획(East Africa Counterterrorism Initiative, EACI)에 1억 달러를 쾌척하겠다고 선언했다. 이 계획은 다음과 같다.

- 국경 및 해안 안보를 위한 군사훈련
- 인적·물적 자원의 국경 통과 통제 프로그램 강화
- 항공 보안능력 배양
- 경찰훈련
- 극단주의 영향 대응 교육 프로그램

(Wycoff 2004)

2003년부터는 케냐, 탄자니아, 에티오피아의 일부 공항에서 여행자의 신원 확인을 위한 테러분자 차단 프로그램(Terrorist Interdiction Programme)이 가동되었다. 사하라 횡단 대테러계획(Trans-Sahara Counter-Terrorism Initiative)도 있다. 지난 몇 년 동안 아프리카 대륙은 미국 국방부 내 세 통합독립사령부(독일 슈투트가르트에 본부를 둔 유럽사령부, 중부사령부, 태평양사령부)의 관할 안에 있었다. 그러나 2006년에 미국은 아프리카 독립사령부의 창설 계획을 발표했다. 독립사령부의 설립 결정은 미국과 유럽, 인도, 중국을 합친 것보다 더 크며, 49개 국가와 인구 7억 2500만으로 구성된 사하라 이남 아프리카에 대한 집중적이고 효율적인 정보의 필요성에서 비롯하였다(Farah 2007). 과거 분할 사령부의 정보는 파편적이고 이질적이었다. 그러나 아프리카 국가에 침투해서 활동하는 테러단체에 대해 말하자면, 그들이 아프리카 대륙에 싫증을 느낄 조짐은 거의 보이지 않는다. 아프리카는 여러 테러방지 조약에 서명한다고 해서 그것이 반드시 사회적 수준의 극단주의와 테러를 철저히 제거하는 것으로 이어지지는 않는다는 사실을 자각해야 한다.

제 **10** 장

결론

앞의 장들에서는 현대 아프리카의 특정 문제를 개별적으로 다루었지만, 실제로 각 주제는 서로 깊은 관계를 맺고 있다. 따라서 개발, 정치, 종교, 사회, 분쟁 등의 문제는 모두 아프리카 대륙의 본질에 영향을 미친다. 오늘날 세계 안보는 국제적으로 주요한 관심사인 동시에 아프리카 내에서도 중차대한 요인이다. 물론 아프리카의 지난 시절은 대항할 자신감과 능력이 부족한 상태에서 다양한 외부 압력으로 인해 종종 타격을 받은 불안한 시기였다. 그러나 현재 아프리카 대륙은 기로에 서 있으며, 적절한 정치적 의지가 있다면 저질러진 일부 정치적 과오에 대한 책임의 짐을 떠맡을 수도 있다. 하지만 국제사회 역시 아프리카의 발전을 제한하는 교역 관행의 불균형을 인정해야 한다. 아직 미숙한 민주주의 투쟁이 실패해서는 안 된다고 외쳐 왔지만, 이는 국내외적으로나 전략적으로나 어려운 결정을 내려야 한다는 것을 의미한다. 아프리카 국가가 더 이상 테러집단과 불안한 요인, 부패와 독재 정권의 실질적 온상이 되어서는 안 된다.

　미국식으로 말하자면, 서구와 중국, 아시아를 포함한 국제사회는 아프리카 대륙에 강경한 태도(hardball)를 취하고 있다. 예컨대 서구는 안보와 테러 행위와의 싸움에서, 아시아는 자원 추출과 교역에서 그렇다. 한편 중동의 자금을 지원받는 급진 이슬람 단체는 분명 아프리카의 **삼중유산**(triple heritage)이 사회적 지지를 받을 것이라는 것을 인지한 상태에서 몇몇 아프리카 국가에 안착했다. 이슬람과 기독교, 이 두 종교는 각각 아프리카의 문화유산에 이바지하면서 나름의 정치적 표현 방식과 방법을 숙고해 왔다. 하지만 아프리카에서 이슬람의 본질은 변하고 있으며, 이슬람주의자가 다시 부활했다. 이는 여러 측면에서 근본적으로든, 잠재적으로든 위험한 사항이다. 이러한 변화가 일어나 아프리카 이슬람교도를 휩쓸어 간다는 사실은 그들 사이에 강한 유대감과 동질 의식이 존재한다는 것을 암시한다. 바야르(J.-F. Bayart 1993 : 92)의 지적처럼, 아프리카의 특정 지역에서는 **대륙 내 상호작용**과 **대륙 간 상호작용**의 관점에서 식민시대 이전으로 회귀하려는 시도가 일어났다. 유럽의 식민지화가 아프리카의 이슬람 유산을 제거하고 무력화하려 노력했지만, 피억압 세력이 다시 고개를 들고 있는 것이다. 이러한 경향은 아프리카 분석의 **장기적**(longue durée) 접근방법의 한 예로서, 특정 영향이 나중에 다른 형태로 다시 나타날 때 이들 역시 한 국가 역사의 일부를 구성하는 것을 보여 준다.

정치와 민주주의

몇 년 전 당시 아프리카통합기구의 사무총장이 "아프리카 내의 테러와 폭력은 단순히 정치와 종족의 차이를 초월한다"(Deegan 1996 : 237 인용)고 주장했는데, 이 진술은 오늘날에도 해당하는 것으로 보인다. 분쟁이 아프리카에 만연해 있다면, 그 근본 원인은 무엇일까? 폭력이 독성과 함께 쉽게 분출된다는 것은 조직 갈등이 사회 표면 아래에서 항상 들끓고 있다는 것을 의미한다. 이 문제에 대한 대답은 종종 아프리카 내의 정치적 결합 탓으로 돌아간다. 더 구체적으로 말해, 장기간에 걸친 시민사회의 격변 속에서 탄생한 국가에 민주적 변화의 초석이 놓일 수 있을까?

물론 민주주의는 최소한의 특성을 요구하는데, 국민 주권, 정치 경합, 권리와 자유에 대한 조항, 법 앞의 평등이 그것이다. 조지프 슘페터 (Joseph Schumpeter)는 민주주의 국가와 비민주주의 국가를 통치자의 권력유형이 아닌 통치자의 선출방식을 통해 구분한다(Schumpeter 1943 : xxii). 이는 흥미로운 구분 기준으로, 결국 선거방식과 정당의 본질에 주안점을 두게 된다. 마찬가지로 정당은 새로운 정치제도를 현대화하고 구성하는 데에서 중요한 동력으로 간주되어 왔다(Apter 1967; Huntington 1967 참고). 정치권에 그대로 나타난다는 점에서 사회분열은 제도적 결집의 기반을 마련한다. 따라서 정당과 선거는 민주주의의 표현과 밀접히 연관된다. 그러나 이와 달리 아프리카 정당의 성격은 민주주의 사슬에서 약한 고리 중의 하나로 간주된다. 이 때문에 일부 분석가는 정당에 대한 정의가 엄격하고 유럽 중심적이라고 주장했지만, 다른 분석가는 정당을 기존 엘리트의 권력과 권위를 단순히 보존하는 **서구화된** 정치도구로 보았다 (Randall 1988; Bayart 1993 참고). 아프리카에는 웨스트민스터 식의 **정부**와 **야당**이라는 통치 형태가 없고, 선거는 실제로 이의 제기가 없어도 문제가 자주 일어나고 큰 여파를 미치는 행사이다. 그래서 민주주의의 이러한 본질적 측면에는 무엇인가 결함이 있다고 할 수 있는데, 그 이유는 무엇일까? 어떤 이는 합법성이라는 개념이 서구 시민사회에서 말하는 개념 범주와 일치하지 않아서라고 주장한다. 아프리카에서 권력은 주로 수단이며, **거물급 인사**(big men)는 지지자 스스로는 도저히 누릴 수 없는 인적·물적 자원을 그들에게 제공해 준다(Nugent 1995; Chabal & Daloz 1999 참고). 이러한 전제 아래에서는 지지자에게 자원을 제공할 능력이 없는 야당이 정당체계 내에서 영향력을 가질 수 없다. 이게 바로 선거가 논쟁거리가 되는 이유이다. 세상에 선거에 지고 싶은 정당은 없기 때문이다. 나이지리아의 요루바인이 즐겨 쓰는 문구 가운데 '때릴 수 없다면, 수단과 방법을 가리지 말고 넘어뜨리라(kaka ki eku ma je sese, a fi se awa da nu)'는 말이 있는데, 이는 본질적으로 '어떻게든 정부를 타도하라'는 것을 의미한다.

따라서 분쟁을 거치지 않고 탄생한 국가에서도 민주주의가 문제가 될 수 있다. 그러나 그러한 국가와 관련해서 오터웨이(Marina Ottaway 1999 : 135)는 "권력과 권위의 문제를 해결하지 못한 국가가 다당제적 다원주의와 선거로 즉각적인 변화를 이룬다는 것은 상상할 수 없는 일이다"라고 역설한다. 그는 이러한 상황에서 아프리카의 지도자들이 안보를 복구하고, 국가의 통치권을 재건하며, 황폐한 경제를 되살리고, 대중의 공통 정체성을 만들어 내는 노력을 기울여야 한다고 주장한다. 그러나 또다른 학자는 아프리카의 비무장화가 "포괄적인 다당 협상과 민주적이고 효과적인 정치의 도입을 통해 국가 분쟁을 해결해야만" 이루어질 수 있다고 본다(Nathan 1998 : 75). 어떤 의미에서 분쟁 이후의 평화 구축이라는 포괄적 개념은 일종의 민주적 참여의 실천 방식에 기초해 있었다. 그러나 민주주의를 위해 싸운 것은 분쟁에서 벗어난 국가뿐만이 아니다. 상대적으로 평화로운 여러 아프리카 국가도 여전히 **권력과 권위**라는 서로 얽힌 문제를 해결해야 한다. 항간에서는 이러한 국가에서도 정치문화가 **권위주의와 엘리트 통치, 이권 정치**에 뿌리를 매우 굳건히 두고 있다고 주장한다(Abbink 2006 : 193). 아프리카 곳곳의 정치문화가 전통적이고 단편적이며 상반된다는 점은 분명한 사실이다(Deegan 1998). 비록 민주주의가 그 자체로는 좋은 것으로 간주될 수 있겠지만, 기존의 세습체계는 실제로 정부라는 실질적 형태로 인식되지 않는다는 점에서 정치 환경을 왜곡한다. 이러한 모순은 아프로바로미터가 조사한 민주주의에 대한 응답자의 태도에 영향을 주었을 수 있다.

어떤 의미에서 정치와 민주주의가 아프리카 대륙에서 어느 정도까지 성공할 수 있는가의 문제는 오늘날 가장 시급한 관심사 중 하나이다. 왜냐하면 민주주의가 유지될.수 없다면 어떤 정치 형태가 남느냐는 문제가 생기기 때문이다. 온건한 독재자, 종신 대통령, 관직을 절대 떠나지 않는 여당, 법규를 제멋대로 적용하는 종교 지도자나 정치 엘리트, 그 밖에 또 무엇이 있을까? 어떤 대안도 썩 좋아 보이지는 않는다. 이 정치 영역이 매우 걱정되는 이유는, 이것이 발전전략의 실행가능성과 그것의 성공에 직결되기 때문이다. 마찬가지로 정치 환경이 잘못된다면, 온갖 종류의 시련이 더 넓은 사회 영역에 나타난다. 예컨대 사회에 스며들어 정치와 행정, 법과 정의를 훼손하는 부패, 사람들을 가난과 무지의 상태에 빠뜨리는 원조의 오남용, 상이한 집단이 권력과 자원을 놓고 다툼으로써 결과적으로 이러한 갈등에 영향을 받은 대중의 파멸을 초래하는 폭력 사용 등이 그것이다.

경제 공동체와 국제기구, 국제 활동가는 이러한 상황에 어떤 도움을 줄 수 있을까? 특정 영역에서는 물론 도움을 줄 수 있다. 예컨대 상업 활동과 계약의 정직성과 투명성을 높이고, 대중을 탄압하는 국가에 신속히 개입하고, 여러 아프리카 국가의 삶의 현실에 좀 더 직접적으로 참여할 수 있다. 그러나 아프리카인 스스로도 폭동이나 상호 공격을 통해서가 아니라 올바르고 공정한 것을 표현하고 고취함으로써 합법적인 정부와 시민사회, 언론과 집회의 자유에 대한 권리를 주장해야 한다. 어쩌면 이것이 자유민주주의가 아프리카에 수용되기 어려운 이유일지도 모른다. 합의의 개념, 타인의 의견 포용, 개인 이기주의가 아닌 공공 봉사정신, 개인의 이익에 우선한 국가에 대한 헌신, 일시적 기분이 아닌 국가를 위해 옳은 것이기 때문에 하는 법규의 준수 등, 아프리카에서는 모든 것이 부족해 보인다. 아프리카인이 이에 대한 생각이 없거나 이를 원하지 않는다면, 어떤 외부기관도 대안을 마련해 줄 수 없다. 새천년개발목표이건 NEPAD

이건 어떠한 정책도 이를 강요할 수 없다. 2008년에 나이지리아의 국가 독립선거위원회(State Independent Electoral Commissions) 포럼에서 나온 성명은 "나라의 고유한 역사와 사회문화 경험"을 정당과 선거과정에 주입할 것을 호소했다. 유권자의 무관심은 "시민적 가치의 결여와 효과 없는 시민교육, 그리고 법규 무시와 민주적 문화 부재" 등으로 인해 생겨난 것이다(Ugwu 2008 : 2). 나이지리아가 이러한 불만의 물결을 어느 정도까지 막을 수 있을지는 논쟁거리가 되고 있다.

아프리카는 HIV/AIDS 발병률이 가장 높은데, 유엔에이즈위원회는 현재 이보다 더 많은 사람이 항레트로바이러스 치료를 받고 있다고 보고했다. 그러나 치료할 수 있는 질병으로 인한 사망은 계속해서 주요 관심사로 남아 있다. 이러한 문제는 또다시 가난과 개발 문제, 취약한 통치체제로 연결된다. 분쟁과 전쟁에 잇따른 사회불안은 건강 문제뿐만 아니라 인간안보 문제도 악화한다. 두렵거나 집으로 돌아갈 수 없어서 수용소에 거주하는 난민은 종종 좌절한 상태에서 질병과 죽음에 속수무책으로 노출된다. 유엔은 가난과 사회적 소외, 성 불평등이 사망 증가의 여건이 된다는 사실을 파악하는 것에 주안점을 두었다. 그러나 위험에 가장 많이 노출된 사람이 에이즈 방지 프로그램에 접근할 가능성이 가장 낮고, 젊은 남녀의 성 행태 역시 변하지 않았다. 젊은 여성은 여전히 이 질병에 무지하고, 감염에 더 쉽게 노출되어 있다. 에이즈로 부모를 잃은 10명의 아동 가운데 1명도 채 안 되는 꼴로 기본 지원 서비스만을 받으며, 이들 아동의 학교 출석률은 에이즈에 걸리지 않은 아동보다 저조하다. 물론 아프리카 국가의 일반적인 학교 출석률 자체가 대체로 낮기는 하다(이에 대한 자료는 제1장 참고). 오늘날에는 이러한 사회-경제적 문제가 단순히 토착 아프리카인의 국내 문제만이 아닌 미래의 국제안보에 대한 우려의 표식으로 간주된다(〈글상자 10.1〉 참고).

- 20,000명 : 매년 선진국으로 유출되는 아프리카 숙련노동자 수
- 1달러 : 아프리카 인구 절반의 하루 수입
- 46세 : 아프리카인의 평균 기대수명
- 25% : 부패로 인해 정부가 조달하는 추경 예산
- 70% : 여성이 생산하는 식량 비중
- 50% : 17세 이하의 아프리카 인구
- 42% : 안전한 식수를 공급받지 못하는 아프리카 인구

출처 : www.guardian.wrdian.co.uk/
hearafrica05/statistics/0,,1435604,00.

테러 행위와 안보

서구는 다양한 방식으로 아프리카의 정치 환경을 바꾸고 이런저런 발전을 이루려고 노력하지만, 국제관계는 본질적으로 국가 자체의 의제와 국가 간 이해관계에 따라 작동한다. 2007년 리스본에서 열린 유럽연합과 아프리카의 정상회담에서 특히 안보와 테러 행위에 관한 현재의 관심사와 관련하여 국가 간 공유된 이해관계가 처음으로 강조된 이유도 바로 이 때문이다.

실제로 콘돌리자 라이스(Condoleezza Rice) 미국 국가안보 보좌관도 〈글상자 10.2〉에서 요약한 대로 이미 2001년에 이와 같은 점을 지적한 비 있다.

〈표 10.1〉은 아프리카에서 발생한 테러 사건을 요약한 통계인데, 물
론 서구와 아프리카 사이에는 **공유된** 이해관계가 분명히 있다. 어쨌든 케
냐와 탄자니아에서 발생한 폭발 테러 사건으로 700명 이상이 사망했고,
6000명이 부상당했다(www.milnet.com/state/2000/africaoverview). 그러
나 때로 아프리카인은 테러 행위와 관련해서도 서구에 대해 상반된 감정
을 가지며, 오히려 다른 의제에 더 편안함을 느낀다. 한 보도에 따르면,
1000여 명에 달하는 오사마 빈 라덴의 알카에다 조직원이 소말리아까지
추적관찰되었는데, 그들은 아프가니스탄에서 들여온 무기를 공급받았다
(Hough 2002 : 68). 그리고 정치, 사회, 경제적 목적을 달성하기 위해 테
러 행위를 이용하는 반군 운동과 야당 세력에 의한 민간인의 동요 및 국

연도	건수
1995	10
1996	11
1997	11
1998	21
1999	52
2000	55

출처 : Hough(2002 : 66).

지전은 더욱 심해졌다. 또한 상당수의 아프리카 국가가 이슬람회의기구
(OIC)의 회원국이고, 이슬람개발은행(IDM)과 다른 이슬람 비정부기구
는 지지를 얻기 위해 오래전부터 여러 풀뿌리 프로젝트에 자금을 쏟아부
었다는 사실도 인정해야 한다. 경우에 따라 아프리카 국가는 이슬람 펀드
를 줄 없는 유용한 자원 출처로 보았는데, 이런 이유로 그들은 이슬람 펀
드가 대안 정치와 개발 의제에 예속될 수도 있다는 점을 인지하지 못했다
(Deegan 1996).

어떤 면에서 아프리카와 중국의 현 관계는 '자금은 가져가되 아무
것도 묻지 말라'는 접근방식의 또 다른 예이다. 이는 현금이 필요한 국
가 입장에서는 이해가 가능하지만, 그러나 종종 이 때문에 일어날 수 있
는 미래의 결과를 숙고해야 한다. 특정 국가와 지역, 조직을 다룰 때 혼
란스러운 점은, 그들에게 이러한 자기 주장이 없다는 사실이다. 서구는
자체의 약점과 걱정거리가 있지만, 아프리카는 구식민 세력을 규탄하거
나 미국의 힘을 비판하는 데 거리낌이 없었고, 오히려 그렇게 하면 축하
를 받았다. 알리 마즈루이(Ali Mazrui)의 텔레비전 연새물 〈아프리카인
들(The Africans)〉에 대해 저명한 팔레스타인인 고(故) 에드워드 사이드
(Edward Said)는 다음과 같이 논평했다. "여기, 서구의 텔레비전 황금 시
간대에 그들이 저지른 짓을 감히 고발함으로써 닫힌 줄 알았던 파일을 다

시 연 아프리카인이 있다." 이 파일은 열렸을 뿐만 아니라 '점점 더 커졌다'(Bemath 2005). 여기서 던져야 할 질문은 "아프리카인이 자신의 아랍 유산이나 아시아와의 연계에 대해 이와 비슷한 파일을 과연 열 수 있을까?" 하는 것이다.

서구는 다양한 아프리카 국가와 밀접한 안보관계를 맺고 있다. 예컨대 케냐는 '세계적 테러와의 전쟁'에서 전략적으로 중요한 국가로 간주된다. 테러분자 조직이 그곳에서 활동한다는 주장이 있으나 이는 놀라운 일이 아니다. 외교 압력과 원조 압박 때문에 케냐는 새로운 대테러 조치를 시행했지만, 2007년 선거 이후 폭력 사태가 보여 주듯이 시민사회는 분열되고 정치 상황도 불확실한 실정이다. 또한 탄자니아에서는 영국이 조달한 레이더 시스템 문제 때문에 전임 수상 및 각료가 사기꾼이라는 비난을 받으며 사임하였다(EISA 2008d). 전 세계의 안보는 이제 서구의 최우선 과제가 되었고, 아프리카는 주요 관심의 대상이 되었다. 실제로 2006년 미국의 국가안보전략은 아프리카가 지리 전략적으로 점점 중요해지고 있으며, 부시 행정부의 최우선 순위라는 점을 확인하였다. "아프리카는 전략적 플레이어로 세계무대에 출연하고 있고, 우리는 이를 하나의 대륙으로 다루어야 한다"(펜타곤의 헨리[Henry] 차관 수석대표와 미 국방성 뉴스브리핑 2007. 4. 23, McFate 2008 : 113 재인용). 2007년에 부시 대통령은 여섯 번째 영토 통합사령부인 아프리카 사령부(AFRICOM)의 창설을 공표하였는데, 이것은 당시 미국이 아프리카 대륙을 얼마나 중요하게 생각했는지를 여실히 보여 준다. 아프리카 사령부는 미국의 이해관계에 따라 '최소 여섯 가지의 관심 분야를 처리하기 위해' 창설되었다. 테러 방지와 천연자원 확보, 무력 분쟁과 인도주의적 위기 억제, 에이즈(HIV/AIDS) 확산 저지, 국제범죄 감소, 증가하는 중국 영향에 대한 대응이 그것이다(같은 책).

미국의 아프리카 평화 구축 노력에 대한 자문을 담당한 숀 맥페이트

(Sean McFate)는 이러한 움직임을 매우 중요하게 본다. "아프리카에서 미국의 안보 이해관계는 중차대하고, 미국의 전략적 스펙트럼에서 아프리카가 차지하는 위치는 주변에서 중심으로 옮겨졌다"(같은 책 : 114). 아프리카 사령부의 중요한 특징 중 하나는 안보와 발전이 서로 밀접하게 연관된 것으로 보고 아프리카 국가의 협력을 기대하며 이 둘을 결합하려 한다는 것이다. 안보는 발전에 필요한 전제 조건이다. 아프리카 사령부는 미국의 이해관계를 강화함으로써 아프리카 자체의 이해관계를 증진할 것으로 기대된다. 그러나 이 양자의 이해관계가 과연 **동일한 것**일까 하는 문제가 재차 대두된다(같은 책 : 120).

　　10년 전에 일부 아프리카 국가는 과거 소련연방의 해체를 애석해 했는데, 그 이유는 두 초강대국인 미국과 소련에 양다리를 걸치면서 행사해 온 권력이 마침표를 찍었기 때문이다. 당시에 그들이 전략적으로나 경제적, 정치적으로 담당한 역할은 냉전의 이해관계에 따라 움직이면서 이들 강력한 후원자 중의 어느 한편이나 양쪽 모두에 의존하는 **의존국**(client states)이었다. 그런데 오늘날 세계 정세는 어떻게 변했을까? 아프리카는 현재의 이해관계와 관심사에서 스스로의 역할을 어떻게 생각하고 있을까? 예컨대 아프리카는 중국의 경제적 야심, 이슬람 지하디스트의 의도, 국경을 넘어 급증하는 국제범죄조직의 역할, 새롭게 떠오르는 미국의 안보 전략을 어떻게 보고 있을까? 어떤 의미에서 이는 난해한 문제인데, 그 이유는 아프리카의 현재 입장이나 차후의 태도에 확실한 것이 거의 없어 보이기 때문이다. 이러한 불확실성은 의혹과 자기도취 모두를 불러일으킨다. 의혹은 아프리카 사령부의 모습을 띠며 서구에서 생겨나고, 자기도취는 모든 것을 마음대로 할 수 있는 허가증이 있는 것처럼 행동하는 테러분자의 조직이나 마약, 범죄, 납치 조직에서 나타난다.

　　제1장에서 아프리카 속성 문제를 논의했는데, 어쩌면 이 용어의 정의는 그 어느 때보다도 오늘날에 더 중요해졌다. 이것이 의미하는 바는

무엇일까? 또한 국제사회에서 이것은 어떤 역할을 할까? 아프리카연합과 아프리카 정권, 아프리카 시민단체와 아프리카인이 진정 현재의 아프리카 대륙의 실체를 확인하고, 이 대륙의 중대사를 위해 일어설 때가 왔다. 이러한 견해가 미숙하거나 비현실적인 것으로 보일 수도 있겠지만, 아프리카가 세계화된 환경에서 스스로를 위한 결정을 하지 않는다면, 분명히 다른 국가가 그 일을 할 것이다. 과학자 아이작 뉴턴(Isaac Newton)에 따르면, 만물은 외부에서 가해진 힘으로 강제로 변화하지 않는 한 계속해서 정지 상태에 놓인다. 이것은 운동법칙이지만 오늘날의 삶에도 적용할 수 있다. 여러 가지 중대한 변화가 국제사회에 강요되고 있다. 지속적 경제, 테러 행위, 안보, 기후변화, 종교, 정치 등의 영역에서 말이다. 아프리카의 장래가 어떻게 될지 예단하기는 어렵지만, 의심할 수 없는 명백한 한 가지 사실은, 아프리카가 스스로의 정치, 경제, 사회, 국제적 대망이 무엇인지 고려할 시점이 되었다는 것이다. 그것은 이러한 문제가 곧바로 줄어들거나 사라질 조짐이 보이지 않기 때문이다.

주석

제1장 어제와 오늘

1. 종교는 제2장에서 좀 더 자세히 다룬다.
2. 이 시기의 역사적 분석은 Nugent(2004), Davidson(1994), Mazrui와 Tidy(1986) 참고.

제2장 종교

1. 또한 런던대학교의 동방·아프리카학 학부(SOAS)의 퍼니스(Graham Furniss)의 연구도 참고. www.soas.ac.uk/staff/staff30968.php에서 열람 가능.
2. 보충자료 역시 2005년 1월부터 열람 가능한 나이지리아 카노의 문화박물관에서 구할 수 있다.
3. 이 성명서는 1954년 사회주의자 인민당대회(CPP)의 선거공약 선언문인 〈인민과 함께 앞으로〉에 수록되어 있다. Deegan(1996 : 18-19)에 재인용.
4. 아프리카 독립 이후에 관한 Paul Nugent(2004)의 훌륭한 설명을 참고.
5. 최근 이 조직에 대한 언론의 평가를 알고 싶다면 Green(2007)을 참고.
6. 저자는 2005년 나이지리아 카노에서 다음 인사와 인터뷰를 수행했다.
   1) 샤리아위원회의 두카와(Sa'idu Ahmad Dukawa) 박사와 항가(Muzzamuil Sani Hanga) 박사. 이 위원회는 카노에 샤리아법을 적용했다.
   2) 정보자원 및 네트워크 센터의 조정이사인 카우(Auwalu Kawu) 박사.
   3) 국가적 수준에서 건강 문제를 담당하는 YOSPIS의 창시자·마가시(Magashi) 박사.

4) 카노 소재 바예로 대학의 사회학과 부교수인 우마르(Mohamed Auwal Umar). 그는 세계보건기구(WHO)와 미국국제개발부(USAID)의 프로젝트를 수행했다.

5) 마살라카 지역활동시민단체(CBO) 회장인 야쿱(A. Sanni Yakub).

6) 카노에서 가장 오래된 지역활동시민단체(CBO) 야카사이 주문투의 회장인 우마르(Al Haji Yusuf Umar).

7) 카노 소재 민주주의와 기록문서 센터의 이사인 무아잠(Ibrahim Mu'azzam).

8) 민주주의와 기록문서 센터의 올라니이(Rasheed Olaniyi) 박사.

9) 카노 센터의 Our Lady of Fatima 성당의 신부인 무사(Habila Musa).

10) 침례교회의 목사인 프랍스(Bitrus Joshau Fraps).

11) 카노의 NGO단체인 하우사 문화연구센터의 아울람(Abdalla Aulam) 교수.

7. 저자는 샤리아위원회의 위원들을 만나 카노에서 인터뷰를 수행하기 위한 특별 허가를 요청해야 했다.

8. 덴마크 신문의 예언자에 관한 만화와 영국인 교사가 테디 베어를 무하마드로 명명한 사례는 2007년 수단에 격렬한 반응을 야기했고, 이는 예언자와 이슬람 모독에 반대하는 시위로 이어졌다.

[분석] 이슬람, 법과 사회

1. 제9장 테러에서 중동국가와 테러단체의 후원을 받는 아프리카 내 이슬람의 활동을 다룬다.

2. 이슬람과 여성에 대한 더 자세한 논의는 제5장을 참고.

3. 여성 판사와의 인터뷰 : 항소법원의 파우드(Nagua Kamusial Faud), 대법원의 알리(Amira Yousif Ali), 하르툼 대법원 과학연구부 대표인 미르가니(Saniya El-Rasheed Mirghani), 1997.

제3장 개발

1. 프랑스와 영국의 원조정책에 대한 자세한 설명은 Cumming(2001)을 참고.

2. 2003년 7월 17일 영국 런던 채텀하우스 왕립국제문제연구소(Royal Institute of International Affairs, RIIA)에서 열린 원탁토론회의.

3. britishhighcommission.gov.uk/servlet/FRONT?pagename=Open-Market/ xceterate/ShowPage&c=Page&cid=107171252562.

4. NEPAD에 대한 다른 해석은 Chabal(2002), de Waal(2002), Maxwell과 Christianse(2002)를 참고.
5. 2004년 7월 26일부터 30일까지 윌튼 파크(Wilton Park)에서 열린 〈평화협정을 넘어 : 아프리카의 화해와 재건(Reconciliation and Reconstruction in Africa : Beyond the Peace Agreements)〉 회의 요약.
6. 분쟁 다이아몬드에 대한 논의는 제8장을 참고.
7. 수단 다르푸르 사태 분석은 제8장을 참고.

제4장 민주주의

1. 저자는 2003년에서 2005년까지 아프리카 프로그램(Africa Programme)의 〈아프리카 내 선거(Elections in Africa)〉 프로젝트를 수행했고, 1998년부터 2002년까지 왕립국제문제연구소(RIIA)의 합동의장을 역임했다.
2. 선거행동에 관한 광범위한 분석을 찾는다면 Elklit(2002, 2005)를 참고. 엘클리트(Elklit)의 상세한 연구는 www.pw.au.dk/elklit를 참고.
3. 아프리카 선거제도에 대한 훌륭한 연구를 찾는다면 Lindberg(2002)를 참고.
4. 남아프리카공화국의 투표자 교육과 등록에 관한 더 상세한 내용은 Deegan(2001)을 참고.
5. 아프리카 정당에 관한 최근 연구는 Carbone(2007)과 Bogaards(2007)를 참고.

제5장 성

1. 이 주제는 제8장에서 더 심도 있게 논의한다.
2. 난민 안보에 대한 논의는 제7장을 참고.
3. HIV/AIDS에 대한 더 자세한 내용은 제7장을 참고.
4. 남아프리카공화국의 여성에 대한 논의는 Deegan(1998, 2001)을 참고.
5. 2004년 보츠와나 가보로네(Gaborone)에서 조사를 시행했다.
6. 2002년 요하네스버그 사회문제지역협회(Community Agency for Social Enquiry)에서 저자가 조사를 수행했다.

제7장 질병과 인간안보

1. 저자는 2005년 1월 나이지리아 북부 카노로 현지 조사를 떠났다.
2. 저자는 아프리카에서 조사를 하는 동안 그런 행위를 목격했다.
3. 2002년 음칼리피(Mkalipi)와의 인터뷰, 보츠와나 가보로네 국가선거위원회 조사('한 표, 한 파트너' 개념과 연관이 있음).

제8장 분쟁, 무기, 재건

1. Leopold(2005)는 폭력에 대한 최근의 논쟁을 탁월하게 검토한 저서이다.
2. www.unoorg/reform/panel.htm,www.un.org/secureworld,www.un.org/largerfreedom을 참고.
3. 이 주제에 대한 흥미로운 논의는 Wlodarczyk(2005 : 679)를 참고.
4. 시에라리온의 범죄와 테러 행위에 대한 자세한 논의는 제9장을 참고.

[분석] 수단의 다르푸르 사태

1. 2005년 8월에 가랑은 우간다의 무세베니 대통령과 만나고 돌아오는 도중에 비행기 추락으로 사망했다. 바시르 대통령은 '가랑의 죽음이 평화를 위한 수단의 결정을 단지 증폭할 것'이라고 언급했다. 가랑의 사후에 일어난 폭동과 사망 사건에도 불구하고 그의 계승자인 키르(Sylva Kiir)가 곧이어 초대 부통령직을 맡았다.
2. 다르푸르 분쟁에 관한 탁월한 분석에 대해서는 Waal과 Flint(2008), International Crisis Group(2007b)을 참고.

제9장 테러

1. 남아프리카공화국의 아프리카 민족회의(African Nationtional Congress, ANC) 군사단에 관해서는 Deegan(2001)을 참고.
2. 중동의 로마 점령 지역 내 시카리와 광신자, 프랑스 대혁명기의 공포 시대에 러시아의 나로쟈 볼랴(Narodya Volya)는 자칭 '테러분자'로 불리었다.
3. 저자는 1997년에 수단에서 조사를 했고, 알투라비(Hassan al Turabi)와 다른 장관을 인터뷰했다.

4. 라이베리아에 파견된 유엔전문가위원회는 다음과 같이 보고했다. "본 위원회는 수많은 비정부조직이 탈출 계획을 세우고, 중동에 자원을 이동시키고 있는 사실을 격정스럽게 지켜보았다"(UN Security Council Report S/2003/498, 24 April 2003 : 13).

5. 1975~1979년에 세네갈의 가예(Amadou Karim Gaye) 박사, 1989~1996년에 니제르의 알가비드(Hamid Algabid) 박사(Deegan 1996).

6. 정책 및 전략계획부의 하머(Mukhtar A. Hamour) 박사에게 받은 서신.

7. 저자는 1997년 2월에 수단의 하르툼에 위치한 이슬람 아프리카센터(Islamic African Centre)에서 현지조사를 수행했다.

8. 저자는 2005년 1월에 나이지리아의 카노에서 조사를 수행했다.

참고문헌

인터뷰

Albadawe, Suad A. Secretary General (1997) International Muslim Women Union, Khartoum.

Ali, Amira Yousif (1997) Supreme Court, Khartoum.

Al Quusi, Dr Abdul Muneim M. (1997) The Trustee-General, El-Zakat Chamber, Khartoum, Sudan.

Aulam, Professor Abdalla (2005) Centre for Hausa Cultural Studies, Kano.

Community Agency for Social Enquiry (2002) Johannesburg.

Connolly, Father M. (1998) Holy Ghost Fathers, London.

Decalo, Professor Sam (1995) Port Elizabeth, South Africa.

Diescho, Professor J. (1995) Port Elizabeth, South Africa.

Elawad, Dr Abdalla Suliman (1997) Islamic African Relief Agency.

Farred, Glenn (2002) Programme Manager, South African National NGO Coalition, Johannesburg, South Africa.

Faud, Nagua Kamal (1997) Court of Appeal, Khartoum.

Former member of the UK forces (2005) London.

Fraps, Reverend Bitrus Joshua (2005) Kano.

Good, Dr Kenneth (2003) University of Botswana, Gabarone.

Haines, Professor R. (1996) Port Elizabeth.

Kawu, Auwal (2005) Kano.

Kodi, Muzong (2004) Transparency International Regional Director, Abuja, Nigeria, 25 November.

Masite, Sophie (1996) Mayor of Soweto, Johannesburg, South Africa.

Mazzitelli, Antonio (2004) Regional Representative for West and Central Africa, UN

Office of Drugs and Crime, Abuja, Nigeria.

Mirghani, Saniya El-Rasheed (1997) Head of Administration of Scientific Research, Supreme Court, Khartoum.

Mkalipi, Monde (2002) Deputy Director Communications, National Youth Commission, Johannesburg.

Muazzam, Ibraham (2005) Director, Centre for Hausa Cultural Studies, Kano, Nigeria.

Musa, Father Habila (2005) Our Lady of Fatima, Catholic Cathedral, Kano.

Rahim, Mohamed Zain Abdel (1997) Deputy Managing Director, Agricultural Bank of Sudan, Gumhouria Avenue, Khartoum.

Representative of the South African Police (2000) Johannesburg.

Roric, The Right Reverend, Right Honourable Gabriel Jr (1997) Bishop of Rumbek Diocese.

Satti, Hasanat A., Assistant Secretary General (1997) International Muslim Women Union, Khartoum.

Seeletso, Tiro (2004) Secretary, Independent Electoral Commission, Gabarone.

Sithole, Johannes (2002) City of Tshwane Metropolitan Municipality, Pretoria.

Turabi, Dr Hasan (1997) Former leader of the National Islamic Front and former Speaker of the National Assembly, Khartoum.

Umar, Al Haji Yusuf (2005) Chairman, Yakasai Zumuntu, Kano.

Walsh, Father J. (1998) London.

White, Dr Caroline (1996) Centre for Policy Studies, Johannesburg.

연구 자료

Abbink, J. (2006) 'Discomfiture of Democracy? The 2005 Election Crisis in Ethiopia and its Aftermath', *African Affairs*, 105 (419) April: 173-99.

Abdalla, M. Z. and Suliman, K. M. (1995) 'The Potential Role of Federalism in Containing and Reversing Inter-retional Inequalities in Sudan', in Hassan M. Salih (ed.), *Federalism in the Sudan*, Khartoum: Khartoum University Press.

Abrahamson, Jennifer (2004) 'Where "Never Again" Whispers through the Harsh Desert Wind', *eAfrica*, 2 (November) (www.saiia.org.za/index. php?option=com_content&view=article&id=529:specialfeaturewhereneveragainwhispersthroughtheharshdesertwind&catid=74:eafrica).

Africa Insight (2002) Editorial, 32 (3) September: 2.

Africa Newsletter (2006) Africa Bureau, UNHCR (www.unhcr.org).

African Development Bank (2005) *African Development Report*, New York: African Development Bank.

African Red Cross and Red Crescent Societies (2007) 'Major Health Problems in Africa' (www.ifrc.org/WHAT/health/archi/fact/fhlthpub.htm).

African Union (2000) 'Bamako Declaration on an African Common Position on the Illicit Proliferation, Circulation and Trafficking of Small Arms and Light Weapons' (www.africa-union.org).

African Union (2002a) 'Plan of Action of the African Union High-Level Inter-Governmental Meeting on the Prevention and Combating of Terrorism in Africa.' Mtg/HLIG/Conv.Terror/Plan, Algiers, Algeria, 11-14 September.

African Union (2002b) 'The Protocol Relating to the Establishment of the Peace and Security Council of the African Union', Article 2(1) adopted by the 1st Ordinary Session of the Assembly of the African Union on 9th July 2002 in Durban (www.africa-union.org/root/au/organs/Protocol).

African Union (2003) Report of the meeting of experts to consider modalities for the implementation of the AU Plan of Action on the Prevention and Combating of Terrorism in Africa, Ethiopia (www.africa-union.org/Terrorism/terrorism2.htlm).

African Union (2004) 'Declaration of the Second High-Level Inter-governmental Meeting on the Prevention and Combating of Terrorism in Africa', mtg/HLIG/Conv.Terror/Decl. (11) Rev. 2 October (www.african-union.org).

Afrobarometer (2005) Citizens and the State in Africa, Part 5. Corruption and State Legitimacy,

Afrobarometer (2006) 'Citizens and the State in Africa: New Results from Afrobarometer Round 3', Working Paper No. 61.

Agoagye, Festus (2004) *The African Mission in Burundi: Lessons Learned from the First African Union Peacekeeping Operation*, Durban: African Center for the Constructive Resolution of Disputes (ACCORD), ELDIS.

Ahmad, Hazrat Mirza Tahir (1991) *Seventh Friday Sermon: The Crisis and the New World Order*, Surrey: Unwin Brothers.

Aidoo, T. A. (1983) 'Ghana: Social Class, the December Coup and Prospects for Socialism', *Contemporary Marxism*, 6: 142-59.

Al-Ashmawi, Muhammad Said (2007) 'Reforming Islam and Islamic Law', in J. J. Donoghue and J. Esposito (eds), *Islam in Transition*, Oxford: Oxford University Press.

Al-Farag, Muhammad Abdel Salam (2007) 'The Forgotten Duty', in J. J. Donoghue and J. Esposito (eds), *Islam in Transition*, Oxford: Oxford University Press.

al-Farsy, Fouad (1990) *Modernity and Tradition: The Saudi Equation*, London: Kegan Paul International.

All Party Parliamentary Group for Angola (2003) Report to the House of Commons, London, May.

Al-Mahdi, Sadiq (2006) Paper presented to World Congress on Middle Eastern Studies 2, Amman, Jordan, 13 June.

Amnesty International, IANSA and Oxfam International (2006) *The Call for Tough Arms Controls: Voices from the DRC's Control Arms Campaign*, London: Amnesty International, IANSA and Oxfam International.

Annan, Kofi (2002) *The Millennium Development Goals Report*, New York: United Nations (www.undp.org/mdg).

Appiah, Kwame A. (1992) *In my Father's House: Africa in the Philosophy Culture*, Oxford: Oxford University Press.

Apter, O. (1967) *The Politics of Modernisation*, Chicago: University of Chicago Press.

Arbache, Jorge Saba and Page, John (2007) 'More Growth or Fewer Collapses?', Policy Research Working Paper 4384, The World Bank, Africa Region, November.

Arkoun, M. (1994) *Rethinking Islam*, Boulder: Westview Press.

Awolowo, O. (1965) 'Nigerian National and Federal Union', in R. Emerson and M. Kilson (eds), *The Political Awakening for Africa*, Englewood Cliffs, NJ: Prentice-Hall.

Ayandele, E. A. (1966) 'The Missionary Factor in Northern Nigeria 1870-1918', *Journal of the Historical Society of Nigeria*, 3 (3): 140-53.

Ayubi, N. (1991) *Political Islam*, London: Routledge.

Baba, K. M. and Umaru, B. F. (2001) *Household Livelihood Strategies in Sokoto State of Nigeria: The Role of Informal Women's Savings Organisations*, Kano: CRD, Nigeria.

Bagader, A. (1994) 'Contemporary Islamic Movements in the Arab World', in Akbar S. Ahmed and H. Donnan (eds), *Islam, Globalisations and Postmodernity*, London: Routledge.

Baker, Bruce (2006) 'The African Post-conflict Policing Agenda in Sierra Leone', *Conflict, Security & Development*, 6 (1) April: 25-49.

Banani, Amin (1961) *The Modernisation of Iran 1921–41*, Stanford, CA: Stanford University Press.

Barber, J. (1999) *South Africa in the Twentieth Century*, Oxford: Blackwell.

Barrett, D., Kurian, G. and Johnson, T. (eds) (2001) *World Christian Encyclopedia: A Comparative Survey of Churches and Religions in the Modern World*, Oxford: Oxford University Press.

Batsell, Jake (2005) 'Aids, Politics and NGOs in Zimbabwe', in Amy S. Patterson (ed.), *The African State and the AIDS Crisis*, Aldershot: Ashgate.

Bayart, J.-F. (1993) *The State in Africa*, Harlow: Longman.

BBC TV (2004) 'The New Killing Fields', Panorama, 14 November (http://news.bbc.co.uk).

Begum, Sultana (ed.) (2004) *Sudan's Opportunity for Peace and Development? Visit to Sudan 27 June–4 July 2004*, London: Associate Parliamentary Group on Sudan.

Bellah, R. B. (1966) 'Religious Aspects of Modernization in Turkey and Japan', in J. L. Finkle and R. W. Gable (eds), *Political Development and Social Change*, New York: John Wiley & Sons.

Bemath, Abdul Samed (2005) *The Mazruiana Collection Revisited: Ali A. Mazrui Debating the African Condition, a Thematic Bibliography 1962–2003*, Pretoria: Africa Institute of South Africa

Benn, Rt Hon. Hilary (2005) Secretary of State for International Develop-ment. 'Update on the crisis in Darfur and the implementation of the Comprehensive Peace Agreement', paper presented at a meeting held at the House of Commons, 16 June.

Bhagwati, J. (1966) *The Economics of Underdeveloped Countries*, London: Weidenfeld & Nicolson.

Bhagwati, J. (1995) 'The New Thinking on Development', *Journal of Democracy*, 6 (4): 50-64.

Billington, R., Strawbridge, S., Greensides, L. and Fitzsimons, A. (1991) *Culture & Society*, Basingstoke: Macmillan/Palgrave.

Binder, L. (1988) *Islamic Liberalism*, Chicago: University of Chicago Press.

bin Talal, Prince Hassan (2006) Opening Address to the Conference 'Arab Civil Society, Functional Democracy, Global Governance and the Rise of Fundamentalism', Amman, Jordan, 13 June .

Blondel, Jean (1990) *Comparative Government*, Hemel Hempstead: Philip Allen.

Bogaards, Matthijs (2007) 'Ethnic Party Bans in Africa', in *4th ECPR General Conference*, Pisa.

Booysen, Susan (2002) 'In the Crossfire of Zimbabwe's War for Political Survival', *Africa Insight*, 32 (3) September: 3-10.

Bratton, M., Mattes, R. and Gyimah-Goadi, E. (2005) *Public Opinion, Democracy and Market Reform in Africa*, Cambridge: Cambridge University Press.

Brenner, L. (1993) *Muslim Identity and Social Change in Sub-Saharan Africa*, London: Hurst.

Brownlie, I. (1983) *Basic Documents in International Law*, Oxford: Oxford University Press.

Bugaje, Usman (1998) 'Trade, Debt and Development in Sub-Saharan Africa: A Muslim Initiative to the Rescue', *Dirasat Ifriqiyya*, 18 (January): 21-36.

Buhlungu, S., Daniel, J., Southall, R. and Lutchman, J. (eds) (2006) *State of the Nation: South Africa 2005-6*, Cape Town: HSRC Press.

Buijs, G. (1995) *Risk and Benefit as Functions of Savings and Loan Clubs: An Examination of Rotating Credit Associations for Poor Women in Rhini*, Port Elizabeth: African Studies Association of South Africa.

Bunting, Madeleine (2005) 'Spotlight Falls on Corruption of Africa', *The Guardian*, 5 March.

Bury, J. B. (1921) *Cambridge Medieval History Vol. 2: The Rise of the Saracens and the Foundation of the Western Empire*, Cambridge: Cambridge University Press.

Bush, R. (1983) 'The United States and South Africa in a Period of World Crisis', *Contemporary Marxism*, 6: 1-13.

Business Action for Africa (2006) 'Report on Corruption and Money Laundering', submitted to Africa All Party Parliamentary Group, House of Commons.

Business Day (2007) 'South Africa Debuts Tougher Laws on Rape', 14 December.

Callaway, Barbara and Creevey, Lucy (1994) *The Heritage of Islam*, Boulder, CO: Lynne Rienner.

Cammack, P., Pool, D. and Tordoff, W. (1991) *Third World Politics*, Basingstoke: Macmillan.

Carbone, Giovanni M. (2007) 'Political Parties and Party Systems in Africa: Themes and Research Perspectives', *World Political Science Review*, 3 (3): 1-15.

Césaire, Aimé (1956) 'Declaration at the First International Congress of Black Writers and Artists', *Culture et Colonisation, Presence Africaine*, (June-

November): 10-15.

Chabal, Patrick (1992) *Power in Africa: An Essay on Political Interpretation*, Basingstoke: Macmillan.

Chabal, Patrick (2002) 'The Quest for Good Government and Development in Africa: Is NEPAD the Answer?', *International Affairs*, 78 (3) July: 447-62.

Chabal, P. and Daloz, J. P. (1999) *Africa Works: Disorder as Political Instrument*, Bloomington: Indiana University Press.

Chatterjee, Kingshuk (2006) 'Social Change and Identity in Muslim Societies: ISIM Workshop', *ISIM Review*, 17 (Spring): 10-11.

Chazan, N., Mortimer, R., Ravenhill, J. and Rothchild, D. (1988) *Politics and Society in Contemporary Africa*, Boulder, CO: Lynne Rienner.

Chebel, Malek (2006) '27 Propositions for Reforming Islam' (www.freemuslims. org/document.php?id=77).

Choueiri, Youssef M. (1990) *Islamic Fundamentalism*, London: Pinter Publishers.

Cicero (2000) *De Re Publica, Loeb Classical Library*, Cambridge, MA: Harvard University Press.

Cilliers, J. (2004) *Human Security in Africa: A Conceptual Framework for Review*, Johannesburg: African Human Security Initiative.

Clapham, C. (1985) *Third World Politics*, London: Croom Helm.

Clapham, Christopher (ed.) (1998) *African Guerrillas*, Oxford: James Currey.

Clover, Jenny (2002) *Refugees and Internally Displaced Peoples in Africa*, Institute of Strategic Studies, South Africa (www.iss.co.za).

Cohen, J. and Arato, A. (1995) *Civil Society and Political Theory*, Cambridge, MA: MIT Press.

Collier, P. and Dollar, D. (2004) 'Development Effectiveness: What Have We Learnt?', *Economic Journal*, 114: F244-F271.

Commission for Africa (2005) *Our Common Interest: Report of the Commission for Africa*, London: HMG.

Commonwealth Observer Mission to South Africa (1993) *Violence in South Africa*, London: Commonwealth Secretariat.

Concordis International (2008) Email newsletter, office@concordis-international org, February.

Crone, Patricia (1998) 'The Rise of Islam', in Francis Robinson (ed.) *Islamic World*, Cambridge: Cambridge University Press.

Cruise O'Brien, Donal B. (1971) *The Mourides of Senegal*, Oxford: Clarendon Press.

Cumming, Gordon (2001) *Aid to Africa*, Burlington, VT: Ashgate.

Curtin, Philip, Feierman, Steven, Thompson, Leonard and Vansina, Jan (1995) *African History*, Harlow: Longman.

Dahl, R. (1989) *Democracy and its Critics*, New Haven, CT: Yale University Press.

Davidson, Basil (1994) *Modern Africa*, Harlow: Longman.

De Burgh, W. G. (1961) *The Legacy of the Ancient World*, London: Pelican.

Deegan, H. (1996) *Third Worlds: The Politics of the Middle East and Africa*, London: Routledge,

Deegan, H. (1998) *South Africa Reborn*, London: UCL Press.

Deegan, H. (2001) *The Politics of the New South Africa: Apartheid and After*, Harlow: Pearson.

Deegan, H. (2003) 'Elections in Africa: The Past 10 Years', RIIA Briefing Paper.

Degni-Segui, René (1996) Human Rights Commission's Special Rapporteur for Rwanda (www.un.org/womanwatch).

deGuzman, Diane (2002) 'A Report by Diane deGuzman edited by Egbert G. Ch. Wesselink', in Egbert G. Ch. Wesselink (ed.), *Depopulating Sudan's Oil Regions*, Brussels: European Coalition on Oil in Sudan.

Deutsch, K. (1953) *Nationalism and Social Communication*, New York: John Wiley.

de Waal, Alex (2002) 'What's New in the "New Partnership for Africa's Development?"<t>', *International Affairs*, 78 (3) July: 463–75.

de Waal, Alex (ed.) (2004) *Islamism and its Enemies in the Horn of Africa*, London: C. Hurst.

de Waal, Alex (ed.) (2005) 'Who are the Darfurians? Arab and African Identities, Violence and External Engagement', *African Affairs*, 104 (415) April: 181–205.

de Waal, Alex and Flint, Julie (2008) *Darfur: A New History of a Long War*, London: Zed Books.

de Waal, A. and Salam, A. H. Abdel (2004) 'Islamism, State Power and Jihad in Sudan', in A. de Waal (ed.), *Islamism and its Enemies in the Horn of Africa*, London: C. Hurst.

Diamond, L. (2004) 'Democratic Reform in Africa: The Quality of Progress', in E. Gymah-Boadi, *Democratic Reform in Africa*, Boulder, CO: Lynne Rienner.

Diamond, L., Linz, J. J. and Lipset, S. M. (1989) *Politics in Developing Countries: Comparing Experiences with Democracy*, Boulder, CO: Lynne Rienner.

Domichi, Ambassador Hideaki (2003) Director General of SubSaharan African

Affairs, MOFA, Tokyo, Japan. Paper presented to the RIIA, UK, 17 July.

Donoghue, J. and Esposito, J. (eds) (2007) *Islam in Transition*, Oxford: Oxford University Press.

Dowden, Richard (1994) *The Tablet*, 18 June.

Dowden, Richard (2000) 'The Hopeless Continent', *The Economist*, 19 May.

Dowden, Richard (2007) *Analysis*, BBC Radio 4, December.

Drummond-Thomson, Jennifer (2005) 'The Curse of Tradition: The Gender Situation in Chad', *Inside AISA*, 4 (August/September): 4-5.

Dunleavy, P. and O'Leary, B. (1991) *Theories of the State*, Basingstoke: Macmillan.

Durkheim, E. (1982) *The Rules of Sociological Method*, London: Macmillan.

Eigen, Peter (2006) Chair of the International Advisory Group. 'Extractive Industries Transparency Initiative' (www.transparency.org).

EISA (2004) 'Principles for Election Management, Monitoring and Observation in the SADC Region', Electoral Handbook 13, EISA, Johannesburg.

EISA (2007a) *Regional Roundup*, 11 October.

EISA (2007b) 'African Leaders Confront Governance Challenges'. Report on UN Conference on Good Governance, Burkina Faso, 24 October', *Regional Roundup*, 25 October.

EISA (2007c) 'Never Chanda, Mugabe Says No to Hostile Poll Observers', *Regional Roundup*, 5 December.

EISA (2008a) *Regional Roundup*, 7 April.

EISA (2008b) 'The Devastating Cost of Africa's Wars', *Johannesburg Reports*, 14 April.

EISA (2008c) 'Why was Kenya's Peer Review Missing in Action?', *Johannesburg Reports*, 15 and 16 April.

EISA (2008d) 'There is More to Democracy than Holding Elections', *Johannesburg Reports*, 25 April.

El-Affendi, Abdelwahab (2005) *Presentation to a meeting, Centre for the Study of Islam and Democracy*, University of Westminster, London, June.

El Talib, Hassan E. (2004) 'The Janjaweed', *Inside AISA*, 5 (Oct./Nov.): 3-4.

Elklit, Jorgen (2002) 'Lesotho 2002: Africa's First MMP Elections', *Journal of African Elections*, 1 (2) September: 1-10.

Elklit, Jorgen (2005) 'Minding the Polls', *Journal of Democracy*, 16 (4) October: 172-75.

ElZakat Magazine (1997) 'The Role of Zakat in the Economic Development and

Social Justice', January.

Emerson, R. and Kilson, M. (eds) (1965) *The Political Awakening of Africa*, Englewood Cliffs, NJ: Prentice-Hall.

Esposito, J. L. (1994) *Islam*, Oxford: Oxford University Press.

EU-Africa Summit (2007) Lisbon (http://ec.europa.eu/development/icenter/repository/EAS2007_joint_strategy).

Falk Moore, S. (1994) *Anthropology and Africa: Changing Perspectives on a Changing Scene*, Charlottesville: University of Virginia Press.

Fanthorpe, Richard (2006) 'On the Limits of Liberal Peace: Chiefs and Democratic Decentralization in Post-war Sierra Leone', *African Affairs*, 105 (418) January: 27–49.

Farah, Douglas (2007) 'Terrorism in Africa', International Assessment and Strategy Centre, 16 January (www.strategycenter.net).

Fieldhouse, D. K. (1973) *Economics and Empire 1883–1914*, London: Weidenfeld & Nicolson.

Finer, S. (1962) *Man on Horseback*, London: Pall Mall Press.

Friedman, Steven (2004) 'Building Democracy after Apartheid', in E. Gyimah-Boadi (ed.), *Democratic Reform in Africa*, Boulder, CO: Lynne Rienner.

Fuller, A. H. (1969) 'The Peasant World of Time and Space', in A. Shiloh (ed.), *Peoples and Cultures of the Middle East*, New York: Random House.

Fyzee, Asaf A. A. (2007) 'The Reinterpretation of Islam', in J. Donoghue and J. Esposito (eds), *Islam in Transition*, Oxford: Oxford University Press.

Garnett, John (1991) 'The Role of Military Power', in R. Little and M. Smith (eds), *Perspectives on World Politics*, London: Routledge.

Garrett, Laurie (2007) 'The Challenge of Global Health', *Foreign Affairs*, Jan./Feb. (www.foreignaffairs.org/20070101faessay86103/laurie-garrett/the-challenge-of-global-health.html).

Geertz, C. (1967) 'The Integrative Revolution: Primordial Sentiments and Civic Politics in the New States', in C. Welch (ed.), *Political Modernisation*, Belmont, CA: Wadsworth Publishing.

Gellner, Ernest (1980) *Muslim Society*, Cambridge: Cambridge University Press.

Gibb, H. A. R. (1950) 'The Shari'a' (http://answering-islam.org.uk/Books/Gibb/sharia.htm).

Giles, Wenona and Hyndman, Jennifer (eds) (2004) *Sites of Violence, Gender and Conflict Zones*, Berkeley: University of California Press.

Giliomee, Herman and Simkins, Charles (1999) *The Awkward Embrace: One Party Domination and Democracy*, Johannesburg: Tafelberg Publishers.

Gordon, A. and Gordon, D. (eds) (2001) *Understanding Contemporary Africa*, Boulder, CO: Lynne Rienner.

Goulty, Alan (2003) UK Special Envoy to Sudan. 'Prospects for Peace in Sudan', paper presented to the House of Commons, 17 November.

Goytisolo, J. (1994) 'Islam in North Africa' (trans. Peter Bush), *El País*, 28 March.

Green, Matthew (2007) *The Wizard of the Nile*, London: Portobello.

Grinker, R. R. and Steiner, C. B. (1997) *Perspectives on Africa*, Oxford: Blackwell.

Grove, A. T. (1978) *Africa*, Oxford: Oxford University Press.

Gundy, Kenneth W. (2000) 'South Africa: Transition to Majority Rule, Transformation to Stable Democracy', in York Bradshaw and Stephen N. Ndegwa (eds), *The Uncertain Promise of Southern Africa*, Bloomington: Indiana University Press.

Guney-Ruebenacker, Havva G. (2006) 'Islamic Law: An Ever-Evolving Science under the Light of Divine Revelation and Human Reason' (www.averroes-foundation.org/articles/islamic_law_evolving.html).

Habermas, J. (1979) *Communication and the Evolution of Society*, London: Macmillan.

Haddad, Mohamed (2006) 'The Family as a Space of Social Integration in Islam', in Helmut Reifeld (ed.), *Marriage, Family and Society: A Dialogue with Islam*, Berlin: Konrad Adenauer Stiftung.

Hamzawy, Amr (2001) 'Changes in the Contemporary Islamist Discourse', *ISIM*, 8 (September): 7-8.

Haseeb, Khair el-Din (ed.) (1985) *The Arabs and Africa*, London: Croom Helm.

Hastings, Adrian (1994) *The Church in Africa: 1450–1950*, Oxford: Clarendon Press.

Hatem, M. (1993) 'Post Islamist and Post Nationalist Feminist Discourses', in J. Tucker (ed.), *Arab Women*, Bloomington: Indiana University Press.

Haynes, Jeffrey (2007) *An Introduction to International Relations and Religion*, Harlow: Pearson.

Held, David (1996) *Models of Democracy*, Cambridge: Polity Press.

Hemson, D. and O'Donovan, M. (2006) in S. Buhlungu, J. Daniel, R. Southall and J. Lutchman (eds) *State of the Nation: South Africa 2005–6*, Cape Town: HSRC Press.

Herodotus (2003) *The Histories*, trans. Aubrey de Selincourt, London: Penguin Books.

Hiltermann, Joost R. (1998) 'Stemming the Flow of Arms into Africa: How African NGOs Can Make a Difference', *African Journal of Political Science*, 3 (1): 119–28.

Horden, P. and Purcell, N. (2004) *The Corrupting Sea*, Oxford: Blackwell Publishing.

Hough, M. (2002) 'New York Terror: The Implications for Africa', *Africa Insight*, 32 (1): 65–70.

Hough, P. (2004) *Understanding Global Security*, London: Routledge.

Hountondji, Paulin J. (1995) 'Producing Knowledge in Africa', The Second Bashorun M. K. O. Abiola Distinguished Lecture, *African Studies Review*, 38 (3) December: 1–10.

Hourani, Albert (1970) *Arabic Thought in the Liberal Age: 1789–1939*, Oxford: Oxford University Press.

Hughes, A. (1992) *Marxism's Retreat from Africa*, London: Frank Cass.

Human Rights Watch (1994) 'Global Report on Women's Rights', *Human Rights Watch*, 6 (1) January.

Human Rights Watch (1998) *Sudan: Global Trade, Local Impact*, New York: Human Rights Watch, August.

Human Rights Watch (1999) 'Sierra Leone: Getting Away with Murder and Rape', 11 (3a), July.

Human Rights Watch (2003) 'Oil Interests in Sudan', paper presented to the Royal Institute of International Affairs, Chatham House, 25 November.

Huntington, S. (1967) 'Political Development and Political Decay', in C. Welch (ed.), *Political Modernisation*, Belmont CA: Wadsworth Publishing.

Hyden, Goran (2006) *African Politics in Comparative Perspective*, Cam-bridge: Cambridge University Press.

Independent Electoral Commission, Botswana (2002) *Voter Apathy Report*, Gaborone: Independent Electoral Commission.

Institute for Security Studies (2004) *Consolidating Peace and Security in Africa*, Pretoria: Institute for Security Studies.

International Crisis Group Africa (2001) 'Disarmament in the Congo: Jump-Starting DDRRR to Prevent Further War', Africa Report no. 38, 14 December.

International Crisis Group (2005) 'Somalia's Islamists', Africa Report no. 100, 12

December.

International Crisis Group (2007a) 'Crisis in Darfur', December (www.crisisgroup. org/home/index/gfm?id=306081-1).

International Crisis Group (2007b) 'Darfur's New Security Reality', Africa Report no.134,26 November.

International Crisis Group (2007c) 'Somalia: The Tough Part is Ahead', Africa Briefing no. 45, 26 January.

International Crisis Group (2007d) 'Sierra Leone: The Election Opportunity', Africa Report no. 129, 12 July.

International Development Committee (2005) 'Darfur, Sudan: The Responsibility to Protect', *Fifth Report of Session 2004–2005*, House of Commons.

International Refugee Rights Initiative (2006) 'Expanding the responsibility to protect the displaced', *Refugee Rights News*, 3 (2) July: 1–2.

Islamic African Centre (1996) 'The Constitution of the Islamic African Centre of Khartoum', in *A Guide to the Islamic African Centre of Khartoum*, Khartoum: Islamic African Centre.

Islamic Development Bank (1992) *Annual Report 1992*, Jeddah: Islamic Development Bank

Islamic Development Bank (1993) *Annual Report 1993*, Jeddah: Islamic Development Bank

Jackson, Sherman (2007) 'Jihad and the Modern World', in J. J. Donoghue and J. Esposito (eds), *Islam in Transition*, Oxford: Oxford University Press.

Jibril, Abdelbagi (2004a) 'The Darfur Tragedy', *Inside AISA*, 5 (Oct./Nov.): 1–3.

Jibril, Abdelbagi (2004b) 'Carnage in the Darfur Region', *Inside AISA*, 2 (April/ May): 4–5.

Johns Hopkins RC/RC Health Emergency Reference Manual (1999) (www.ifrc.org).

Joseph, R. (1987) *Democracy and Prebendal Politics in Nigeria: The Rise and Fall of the Second Republic*, Cambridge: Cambridge University Press.

Khadiagala, Gilbert (1996) Paper presented to the conference Regionalism and Leadership in African Security, Johannesburg, October.

Khan, Nighat Said (2000) 'The Women's Movement Revisited: Areas of Concern for the Future', in Suki Ali, Kelly Coate and Wangui wa Goro (eds), *Global Feminist Politics*, London: Routledge.

Kiai, Maina (2008) 'There is More to Democracy than Holding Elections: Commenting on the Post Electoral Violence in Kenya', EISA, 15 April.

Kingdom of Saudi Arabia (1986) *Relief Efforts*, Riyadh: National Centre for Financial and Economic Information, Ministry of Finance and National Economy.

Khanam, Farida (2007) 'On Islam and Jihad' (www.alrisala.org/Articles/tolerance/jihad.htm).

Kokoke, A. and Mazrui, A. (1988) 'Uganda: The Dual Policy as the Plural Society', in Larry Diamond, Juan J. Linz and Seymour M. Lipset, *Democracy in Developing Countries: Africa, Volume 2*, Boulder, CO: Lynne Rienner Publishers..

Komolafe, Gbenga (2001) 'Informalisation and Occupational Development in Nigeria', Working Paper No. 3, Centre for Research and Documen-tation, Kano, Nigeria.

Kukah, M. H. (1993) *Religion, Politics and Power in Northern Nigeria*, London: Spectrum Books.

Kurzman, C. (1999) 'Liberal Islam: Prospects and Challenges', *MERIA Journal*, 3 (September).

Kututwa, Noel (2005) 'African Anti-corruption Commitments: A Review of Eight NEPAD Countries', The African Human Security Initiative Paper 7, January.

Lasswell, H. and Kaplan, M. (1950) *Power and Society*, New Haven, CT: Yale University Press.

Lentin, Ronit (2000) 'The Feminisation of Catastrophe', in Suki Ali, Kelly Coate and Wangui wa Goro (eds), *Global Feminist Politics*, London: Routledge.

Leopold, Mark (2005) 'Violence in Contemporary Africa: Reassessed', *African Affairs*, 104 (417) October: 685–95.

Lerner, D. (1958) *The Passing of Traditional Society*, Glencoe, IL: Free Press.

Levitt, Matthew (2004) 'Hizbullah's African Activities Remain Undisrupted', *Royal United Services Institute*, The Washington Institute for Near East Policy, 1 March (www.washingtoninstitute.org/print.phb?CID=4638template=CO6).

Lewis, Bernard (1966) *The Arabs in History*, New York: Harper & Row.

Lindberg, Staffan I. (2006) *Democracy and Elections in Africa*, Baltimore, MD: Johns Hopkins University Press.

Lipset, S. M. (1960) *Political Man*, London: Heinemann Education.

Lodge, Tom (1997) *Political Corruption in South Africa*, Broederstroom: African Studies Association of South Africa.

Loots, Elsabe (2006) 'Road Map for Africa's Recovery', *Africa Insight*, 36 (3–4) December: 2.

Luckham, R. (1991) 'Militarism: Force Class and International Conflict', in R. Little and M. Smith (ed.), *Perspectives on World Politics*, London: Routledge.

Lukes, S. (1988) *Emile Durkheim*, London: Penguin.

Lusk, Gillian (2005) 'Treaty Gives Sudan a Shot at Peace', *The Washington Times*, 25 January.

McFate, Sean (2008) 'US Africa Command: Next Step or Next Stumble?', *African Affairs*, 107 (426) January: 111-20.

Macpherson, C. B. (1973) *Democratic Theory: Essays in Retrieval*, Oxford: Oxford University Press.

Magasela, Wiseman (2006) 'Towards a Constitution-based Definition of Poverty in Post-apartheid South Africa', in S. Buhlungu, J. Daniel, R. Southall and J. Lutchman (eds), *State of the Nation: South Africa 2005-6*, Cape Town: HSRC Press.

Magubane, E. C. (1983) 'Imperialism and the Making of the South African Working Class', *Contemporary Marxism*, 6: 19-56.

Mair, Stefan (2003) 'Terrorism and Africa', *African Security Review*, 12 (1) (www. iss.co.za/Pubs/ASR/12no1/CMair).

Mandivenga, E. C. (1991) 'Resurgence of Islam: Implications for African Spirituality and Dialogue', *Religion in Malawi*, 3: 12-21.

Mans, Ulrich (2004) 'Briefing: Sudan: The New War in Darfur', *African Affairs*, 103 (April): 291-4.

Marchal, Roland (2004) 'Islamic Political Dynamics in the Somali Civil War, before and after September 11', in Alex de Waal (ed.) *Islamism and its Enemies in the Horn of Africa*, London: C. Hurst.

Mathekga, Ralf (2008) 'Institute for Justice and Reconciliation', *Business Day*, 23 January.

Matlosa, Khabele (2003) *Electoral System Reform, Democracy and Stability in the SADC Region: A Comparative Analysis*, Johannesburg: EISA.

Maxwell, Simon and Christiansen, Karin (2002) 'Negotiating as Simultaneous Equation: Building a New Partnership with Africa', *International Affairs*, 78 (3) July: 477-91.

Mazrui, Ali (1986) *The Africans: A Triple Heritage*, London: BBC Publications.

Mazrui, Ali A. and Tidy, Michael (1986) *Nationalism and New States in Africa*, London: Heinemann.

Mennen, T., Frye, E. and Messick, R. E. (2007) 'Enforcement of Anti-corruption

Laws: The Need for Performance Monitoring', in *Global Corruption Report* (www.transparency.org/news_room/in_focus/2007/gcr_2007).

Mill, J. S. (n.d.) *Considerations of Representative Government*, London: H. Brown & Co.

Mistry, P. S. (2005) 'Reasons for Sub-Saharan Africa's Development Deficit that the Commission for Africa did not Consider', *African Affairs*, 104 (417) October: 665–78.

Mittelman, James H. and Pasha, Mustapha Kamal (1997) *Out from Underdevelopment Revisited*, Basingstoke: Macmillan.

Mkutu, Kennedy Agade (2007) 'Small Arms and Light Weapons among Pastoral Groups in the Kenya–Uganda Border Area', *African Affairs*, 106 (422) January: 47–70.

Moinuddin, H. (1987) *The Charter of the Islamic Conference*, Oxford: Clarendon Press.

Moyo, A. (2001) 'Religion in Africa', in A. Gordon and D. Gordon (eds) *Understanding Contemporary Africa*, Boulder, CO: Lynne Rienner.

Moyo, Gugulethu and Ashurst, Mark (eds) (2007) *The Day after Mugabe*, London: Africa Research Institute.

Mtimkulu, Bereng (2005) 'The African Union and Peace Support Operations', *Conflict Trends*, 4: 34–6. ACCORD, Durban.

Muhammaed, Yusuf Sarki (2002) 'Hero Worship', *Focus on Africa*, 13 (1) January–March: 51.

Musa, I. A. (1985) 'Islam and Africa', in Khair El-Din Haseeb (ed.), *The Arabs and Africa*, London: Croom Helm.

Mustapha, Dr Raufu (2007) Paper presented to the conference 'Nigerian Elections 2007', SOAS, University of London, 15 May.

Nathan, Laurie (1998) *Good Governance: Security and Disarmament*, Cape Town: Centre for Conflict Resolution.

Ndebele, Nothando (2007) 'Economy and Land', in G. Moyo and M. Ashurst (eds), *The Day after Mugabe*, London: Africa Research Institute.

NEPAD (2005) Executive Summary. Available at www.nepad.org/2005/com4africa/06executivesum (accessed 3 January 2008).

NEPAD Secretariat (2002) *NEPAD at Work: Summary of NEPAD Action Plans*, Pretoria: NEPAD Secretariat.

NEPAD Secretariat (2005) African Post-Conflict Reconstruction Policy Framework,

Governance, Peace and Security Programme, June (www.nepad.org/2005/aprwforum/PCRPolicyFramework_en.pdf).

Nordstrom, Carolyn (1998) 'Girls behind the Front Lines', in Lois Ann Lorentzen and Jennifer Turpin (eds), *The Women and War Reader*, New York: New York University Press.

Nugent, Paul (1995) *Big Men, Small Boys*, London: Pinter.

Nugent, Paul (2004) *Africa since Independence*, Basingstoke: Palgrave.

Nwajiuba, Chinedum (2000) *Informal Credit in Liberalised Financial Market: A Study of Women Associations in Imo State*, Kano: CRD.

Nyanduga, Bahame Tom (2006) Special Rapporteur on Refugees, IDPs and Asylum Seekers, African Commission on Human and People's Rights (www.achpr.org; www.africancomtcoalition.org/content_files/files/SEMINARON INTERNATIONAL DISPLACE3MENTIN THE ECOWASREGION.doc).

Nzongola-Ntalaja, T. (1983) 'Class Struggle and National Liberation in Zaire', *Contemporary Marxism*, 6: 57-94.

Okuma, W. (1963) *Lumumba's Congo: Roots of Conflict*, New York: Ivan Obolensky.

Omari, C. K. (1984) 'Christian Muslim Relations in Tanzania: The Socio-Political Dimension', *Journal of the Institute of Muslim Minority Affairs*, 5 (2): 373-90.

Osborne, R. (2005) *Greece in the Making 1200–479bc*, Routledge: London.

Ostergard, Robert L. Jr. (2002) 'Politics in the Hot Zone: AIDS and National Security in Africa', *Third World Quarterly*, (April): 333-50.

Ottaway, Marina (1999) *Africa's New Leaders: Democracy or State Reconstruction*, Washington, DC: Carnegie Endowment for International Peace.

Ottaway, M. and Ottaway, D. (1986) *Afrocommunism*, New York: Holmes and Meier.

Ouma, S. O. A. (2005) 'Corruption in Public Policy and its Impact on Development: The Case of Uganda since 1979', *Public Administration and Development*, 11 (5): 35-52.

Oxfam (2007) 'Africa's Missing Billions', Oxfam Briefing Paper 107, Amnesty International, IANSA and Oxfam International (www.oxfam.org/en/policy/bp107_africas_missing_billions).

Parsons, T. (1968) *The Structure of Social Action*, New York: The Free Press.

Patterson, Amy S. (ed.) (2005) *The African State and the AIDS Crisis*, Aldershot: Ashgate.

Patterson, A. and Haven, B. (2005) 'Aids, Democracy and International Donors in Ghana', in Amy S. Patterson (ed.), *The African State and the AIDS Crisis*, Aldershot: Ashgate.

Pawson, Lara (2003) 'An Overview of democracy in São Tomé e Principe: Legislative Elections in 2002', special report for the Africa Programme, Chatham House, RIIA, January.

Pfaff, R. H. (1967) 'Disengagement from Traditionalism in Turkey and Iran', in C. Welch (ed.), *Political Modernisation*, Belmont, CA: Wadsworth.

Piombo, J. R. (2007) 'Terrorism and US Counter-Terrorism Programs in Africa: An Overview', *Strategic Insights*, 6 (1) January: 2.

Prendergast, John (2004) Special Adviser to the President of the International Crisis Group. 'The Darfur Deadline: Assessing Inter-national Response', paper presented at a meeting held at the House of Commons, 16 September.

Randall, V. (ed.) (1988) *Political Parties in the Third World*, London: Sage.

RDP News (1995a) June.

RDP News (1995b) October.

Reuters (2007) 'Sierra Leone's Civil War' (www.alertnet.org).

Rice, Condoleezza (2001) 'US Wants Africa to Support War', www.news.co.sa/, 30 October.

Riley, Major General Jonathon P. (2006) 'The UK in Sierra Leone: A Post-conflict Operation Success?', Heritage Lectures no. 958, Heritage Foundation, 15 June (www.heritage.org).

Robertson-Snape, Fiona (2006) 'Corruption, Collusion and Nepotism in Indonesia', *Third World Quarterly*, 20 (3): 589-602.

Robinson, Francis (1998) *Islamic World*, Cambridge: Cambridge University Press.

Roth, G. and Wittich, C. (eds) (1968) *Max Weber, Economy and Society*, vols. 1 and 2, New York: Bedminster Press.

Rustow, D. (1970) 'The Politics of the Near East', in G. Almond and J. Coleman (eds), *The Politics of Developing Areas*, Princeton, NJ: Princeton University Press.

Sabala, Kizito (2004) 'African Commitments to Combating the Spread of Small Arms and Light Weapons: A Review of Eight NEPAD Countries', AHSI Paper 4, August.

Said, Edward W. (1994) *The Politics of Dispossession*, London: Chatto & Windus.

Salih, M. A. Mohamed (2004) 'Islamic NGOs in Africa: The Promise and Peril of

Islamic Voluntarism', in A. de Waal (ed.), *Islamism and its Enemies in the Horn of Africa*, London: C. Hurst.

Salih, M. A. Mohamed (2007) 'African Liberation Movement Governments and Democracy', *Democratization*, 14 (4) August: 669-85.

Salihu, Amina (ed.) (2003) *Community Empowerment Capacity Enhancement Needs Assessment*, Abuja: Kano State, CDD and World Bank Institute.

Salim, Ahmed (1985) 'Arab Communities in Africa', in Khair El-Din Haseeb (ed.), *The Arabs and Africa*, London: Croom Helm.

Salim, Salim Ahmed (1995) Paper presented to Royal Institute of International Affairs meeting, May.

Sandrey, R. (2006) 'The African Merchandise Trading Relationship with China', *Inside AISA*, 3 (December): 35-48.

SAPS (2001) 'Quarterly Report 1998', in H. Deegan, *The Politics of the New South Africa: Apartheid and After*, Harlow: Pearson.

Schumpeter, Joseph (1943) *Capitalism, Socialism and Democracy*, London: Unwin.

Shah, Anup (2003) 'Conflicts in Africa: Sierra Leone 2001' (www.globalissues.org).

Smillie, Ian, Gberie, Lansana and Hazleton, Ralph (2002) *The Heart of the Matter: Sierra Leone*, Diamonds & Human Security, Partnership Africa Canada (www.africaaction.org/docs).

Shillinger, Kurt (2006) 'African Soil is Fertile for Jihadists', *Business Day*, South Africa, 5 October.

Shils, E. (1975) 'Centre & Periphery', in *Essays in Macrosociology*, Chicago: University of Chicago Press.

Sibisi, J. (1996) 'Local Government in South Africa', *Democracy in Action*, 10, 5, 1 September: 11-15.

Smelser, N. J. (1966) 'Mechanisms of Change and Adjustment to Change', in J. Finkle and R. W. Gable (eds), *Political Development & Social Change*, New York: John Wiley & Sons.

Smelser, N. J. (1963) 'Mechanisms of Change and Adjustment to Change', in B. F. Hoselitz and W. E. Moore (eds), *Industrialisation and Society*, The Hague: UNESCO.

Soares, Benjamin F. (2007a) 'Rethinking Islam and Muslim Societies in Africa', *African Affairs*, 106 (423) April: 319-26.

Soares, B. (2007b) *Islam in Africa*, London: Palgrave.

Sonn, Tamara (1990) *Between Qur'an and Crown*, Boulder, CO: Westview.

South African Institute of Race Relations (2007) *South Africa Survey*, Johannesburg: South African Institute of Race Relations.

South African National NGO Coalition (2002) 'Africa and NEPAD', *NGO Matters*, 7 (4): 15.

Spence, J. (ed.) (1999) *After Mandela*, London: RIIA.

Stern, Sir Nicholas (2005) 'Africa's Economic Prospects', paper presented at Wilton Park, May.

Stuart, Sir Moody (2003) Paper presented to Southern African Business Association meeting, London, 2 July.

Sule-Kano, Abdullahi (2004) 'Amajiri Phenomenon and the Crisis of Traditional Qur'anic School in Northern Nigeria', *CRD Newsletter*, January–March: 2–4.

Surty, Mohammed Ibrahim (1995) *Islam, the Qur'anic Overview*, Birmingham: Qur'anic Arabic Foundation.

Surty, Mohammed Ibraham (1996) *Muslims' Contribution to the Development of Hospitals*, Birmingham: Birmingham: Qur'anic Arabic Foundation

Surty, Mohammed Ibrahim (2000) *The Most Comprehensive Qur'anic Verse on Socio–Economic Ethics and its Relevance to Modern Life*, Birmingham: Qur'anic Arabic Foundation.

Sutton, F. (1963) 'Social Theory and Comparative Politics', in H. Eckstein and D. E. Apter (eds), *Comparative Politics: A Reader*, New York: The Free Press of Glencoe.

Tayob, Abdulkader (2006) 'Liberal Islam: Between Texts and its Modern Condition', *ISIM Review*, 18 (Autumn): 10–11.

Thomson, Alex (2000) *An Introduction to African Politics*, London: Routledge.

Throup, David (1998) *Economic and Social Origins of the Mau Mau*, London: James Currey.

Thucydides (1998) *History of the Peloponnesian War*, transl. Steven Lattimore, Indianapolis, IN: Hackett Publishing.

Tinsley, Becky (2005) 'Darfur: The Genocide Continues', *Waging Peace*. Info@wagingpeace.info, June.

Touray, Omar A. (2005) 'The Common African Defence and Security Policy', *African Affairs*, 104 (417): 635–56.

Transparency International (2006) 'Global Corruption Barometer' (www.transparency.org).

Transparency International (2007) 'Global Corruption Report' (www.transparency.org).

Tripp, Aili Mari (2000) *Women and Politics in Uganda*, Oxford: James Currey.

Turabi, Hassan (1993) *Islamica*, 15 March.

Turshen, Meredith and Twagiramariya, Clotilde (1998) *What Women Do in Wartime*, New York: Zed Books.

Ugowe, C.O.O. (1995) *The Nigerian Legacy*, Ibadan: Hugo Books.

Ugwu, Emmanuel (2008) 'Electoral Commissions Seek Indigenous Political System', *EISA*, 12 May.

UNAIDS and World Health Organisation (2002) *AIDS Epidemic Update*, December 2002, Geneva: UNAIDS.

UNAIDS and World Health Organisation (2006) *Global Facts and Figures*, Geneva: UNAIDS.

UNCTAD (2007) UNCTAD *Handbook of Statistics 2006–7* (www.unctad.com/en/docs/tdstat31).

UNFPA (2004) *The Cairo Consensus at Ten: Population, Reproductive Health and the Global Effort to End Poverty*, New York: United Nations Population Fund.

UNIFEM (2007) 'Capacity Development for Promoting Gender Equality in the Aid Effectiveness Agenda', Discussion Paper, September (www.unifem-easternafrica.org/genderequalityinaid).

UN News Service (2008) 'Sudan: Secretary-General Calls for More Resources for Darfur Peacekeeping Mission', 8 February (http://allafrica.com/stories/200802060232.html).

UN Office on Drugs and Crime (2005) *Crime and Development in Africa* (www.undoc.org/pdf/African_report.pdf).

UN Security Council (2003) Report on Liberia, S/2003/498, 24 April.

United States Institute of Peace (2004) 'Terrorism in the Horn of Africa', Special Report No. 113, January.

Upton, Maureen T. (2004) 'Global Public Health Trumps the Nation-State', *World Policy Journal* (Fall) (www.worldpolicy.org/journal/articles/wpj04-3/Upton.html).

Utomi, Professor Pat (2007) 'Nigerian Elections 2007', Step Back Lecture, Royal African Society, SOAS, 15 May.

Venter, Denis (2003) 'Democracy, Governance and Leadership: Towards an African Renewal', RAU Occasional Papers 1.

Waging Peace (2005) 'Dirty Money: Is Your Pension Propping Up Sudan's Dictators?' (www.wagingpeace.info/index.php).

Wagner, M. D. (1993) 'Trade and Commercial Attitudes in Burundi before the 19th Century', *International Journal of African Historical Studies*, 26 (1): 33-45.

Wai, D. (1985) 'African-Arab Relations in a Universe of Conflict', in Khair El-Din Haseeb (ed.), *The Arabs and Africa*, London: Croom Helm.

Wakili, Haruna (2001) *Pluralism and Religious Conflict in Nigeria: A Case Study of North Western Nigeria since 1970*, Kano: Centre for Research and Documentation.

Wallerstein, Immanuel (1983) 'The Integration of the National Liberation Movement in the Field of International Liberation', *Contemporary Marxism*, 6: 166-71.

Walsh, J. (1993) *The Growth of the Catholic Church in the Diocese of Jos 1907-78*, Ibadan: Ambassador Publications.

Walton, Michael (2005) 'Equity and Development', paper presented at Wilton Park, May.

Walubiri, Peter (2008) 'Uganda', *Regional Roundup*, 19 March, EISA, Johannesburg.

Weber, Max (1974) *The Protestant Ethic and the Spirit of Capitalism*, London: Unwin University Books.

Weiner, M. (1967) 'Political Integration and Political Development', in C. Welch (ed.), *Political Modernisation*, Belmont, CA: Wadsworth.

Welch, C. (ed.) (1967) *Political Modernisation*, Belmont, CA: Wadsworth.

Whiteside, Alan (2008) *HIV/AIDS: A Very Short Introduction*, Oxford: Oxford University Press.

Whiteside, Alan, de Waal, Alex and Gebre-Tensae, Tsadkan (2006) 'Aids, Security and the Military in Africa: A Sober Appraisal', *African Affairs*, 105 (419) April: 201-18.

Williamson, Roger (2005) *The Commission for Africa: Implementing the Findings*, Report on Wilton Park Conference SO5/9, 16-20 May.

Wlodarczyk, N. (2005) 'Aspects of Violence and the Logic of Conflict and Peace in Africa', *African Affairs*, 104 (417) October: 679-81.

Wolff, K. H. (ed.) (1960) *Essays on Sociology & Philosophy by Emile Durkheim*, Columbus, OH: Ohio State University Press.

Woodward, P. (1997) 'Sudan: Islamic Radicals in Power', in J. Esposito (ed.), *Political Islam*, Boulder, CO: Lynne Rienner.

World Bank (1993) *The IDA and the Tenth Replenishment B.02.4.93*, Washington, DC: World Bank.

World Bank (2006) *World Development Report 2006: Equity and Development* (http://web.worldbank.org/wbsite/external).

World Bank (2007) *Global Monitoring Report 2007* (www.worldbank.org).

Wycoff, Karl (2004) 'Fighting Terrorism in Africa', US Department of State (www.state.gov/s/ct/rls/rm/2004/31077).

Yinger, M. J. (1970) *The Scientific Study of Religion*, New York: Macmillan.

Youde, Jeremy (2005) 'Enter the Fourth Horseman: Health Security and International Relations Theory', *Whitehead Journal of Diplomacy and International Relations*, Winter/Spring (www.ciaonet.org/cowsepack/cp08/cp08g.html).

Young, C. (1980) *Ideology and Development*, New Haven, CT: Yale University Press.

Yousuf, H. S. (1986) *African Arab Relations*, Brattleboro, VT: Amana Books.

Zack-Williams, Tunde, Frost, Diane and Thompson, Alex (2002) *Africa in Crisis: New Challenges and Possibilities*, London: Pluto.

Zakat Chamber (1995) *ElZakat Report*, Khartoum: Zakat Chamber.

Zakat Chamber (1997) *Role of Zakat in Economic Development & Social Justice*, Khartoum: Zakat Chamber HQ.

Zebadia, A. (1985) 'Islam', in Khair el Din Haseeb (ed.), *The Arabs and Africa*, London: Croom Helm.

찾아보기